AF463941

DE LA VERITÉ

ENTANT QV'ELLE EST distincte de la Reuelation, du Vray-semblable, du Possible & du Faux.

Cet œuure a esté composé par Monsieur EDOVARD HERBERT Baron de Cherbury en Angleterre, & du Château de l'Isle de Kerry en Irlande, & Pair de ces deux Royaumes.

Et a esté dedié au Lecteur d'vn Iugement entier & candide.

Reueu & augmenté par le mesme Auteur.

TROISIEME EDITION.

M. DC. XXXIX.

AV LECTEVR INGENV.

IE te donne auis dez le commencement de cet œuure, mon cher Lecteur, que ce ne sont pas les veritez de la foy, que ie propose, mais celles de l'entendement, quelque ambitieux que te puisse sembler le tiltre qu'il porte de la *VERITÉ*: car pour ce qui est de la foy, ses veritez ont leur propre lumiere, dont ie ne traite point icy: & ie fuy tellement toute sorte de dogmes nouueaux, que mon dessein ne va qu'aux seules veritez vniuerselles. C'est pourquoy tu dois enuisager tout ce que tu trouueras de la foy en plusieurs endroits de ce Liure, comme des choses qui se sont presentees d'elles-mesmes; car ie n'ay peu autrement distinguer n'y expliquer en particulier ce que i'auois à deduire. Quant au suiet total de cet œuure, c'est la raison generale de rechercher la verité, laquelle est en tous les hommes. Ce qui est si dificile, que nul n'a iamais embrassé expressément ce suiet en general. Ioint qu'entre tous ceux qui font estat de sçauoir les bonnes lettres, ie *n'en ay peu rencontrer iusques à present, qui ayent osé entreprendre de donner vne bonne definition de la Verité. Peut-estre que la dificulté de la trouuer les en a empeschez, & ce dautant plus, qu'ils se sont plus efforcez de suiure les opinions des autres, que la nature des choses, pour establir vn systeme de doctrine. Ie trouue toutesfois de tres-celebres Auteurs, qui non seulement euitent les erreurs, mais établissent des veritez fort autentiques, soit par bonne & heureuse rencontre, ou autremēt. Certes en quelque maniere que les choses qu'ils ont dites, semblent estre veritables, ce n'est pas sans suiet, si l'on demande s'ils ont eux-mesmes esté veritables, car doit on dire que celuy qui auāce vne verité, sans la sçauoir, soit veritable? Mais suposons qu'il soit veritable, quelle sera cette verité? Ne croiras-tu pas, mon cher Lecteur, que cōme le discours de ces ignorans (qui ne sçauent pas l'art de lire ny d'escrire) est confus & indigeste, la doctrine qu'ils apuyent seulement sur vne legere coniecture, ne soit rien aussi qu'vne opinion empruntée & suiette à l'erreur. Et neanmoins, de quelque maniere que la chose se passe, ie ne leur defere pas seulement beaucoup, mais ie me tiens grandement honoré de suiure leur auis, lors qu'il est veritable: quoy que i'aye souuent* remarqué qu'ils se sont trompez eux-mesmes, & qu'ils ont imposé aux autres, lors qu'ils n'ont point connu les loix & les sentiers de la Verité dont i'ay parlé. Il faut donc que ceux qui veulent entrer dans le temple de la Verité, quittent les opinions dez l'entrée, car ils trouueront que toutes choses sont découuertes par le sens, lors qu'ils n'vseront d'aucune preuention. Certes nous serions maltraitez, si nous auions vne regle certaine pour comprendre les obiets exterieurs, & que nous n'en eussions point pour comprendre les choses interieures sans errer, & les veritez eternelles, lors qu'elles sont prises dans leur rang. Ne vous étonnez pas cependant si les écoles anciennes n'ont pas assez bien expliqué tout cecy, car tandis qu'ils ont mieux aymé refuter les opinions des autres, que d'establir ce qui estoit de la verité, ils l'ont laschement abandonnée, ou ne s'en sont pas souciez.

Or ne vous imaginez pas que les Auteurs de nostre temps ayent mieux rencontré partout, car il semble qu'ils ont perdu l'esprit auec la liberté, quand ils se sont rendus esclaues de l'opinion des autres, ne se souciant pas de la raison, quoy qu'ils s'estiment grãds Personnages: de là vient que suiuant les pays & la creance diuerse, qu'ils ont, ils s'efforcent particuliere-

ment d'euiter la pauureté, & que pour ce suiet, ils ne se soucient pas tant de ce qui est veritable, que de ce qui torne à leur vtilité. C'est pourquoy ils embrassent tout à fait les opinions des Docteurs, dont ils ne voudroient pas s'eloigner tant soit peu, sinon lors qu'ils desirent faire paroistre leur subtilité. Il ne faut donc pas atendre que ces Docteurs qui sont gagez, nous donnent aucune chose, qui soit parfaite & veritable, puis qu'il iroit de leur interest, s'ils quittoient leurs coustumes & leurs opinions.

Il n'y a que celuy qui est entierement libre & ingenu, dont on doiue esperer cela.

Neantmoins, afin que l'on ne pense pas que ie me vueille attribuer cette loüange, ie veux bien que le Lecteur sçache, qu'encore que ie raisonne librement, & que ie ne suiue point les interests, ou les opinions d'autruy, & partant que ie cherche la Verité sans aucun doüaire (comme l'on a dit autrefois) ie n'ay quasi iamais eu moins de temps & de loisir pour aucun employ, que pour celuy des lettres, tant pource qu'il m'a fallu suiure les armes en plusieurs Prouinces, que parce que mon Ambassade m'a tenu cinq ans en France, & que i'ay esté fort occupé pour les affaires publiques & pour les miennes. C'est pourquoy l'on ne doit pas atendre de moy vn examen si parfait, comme merite le suiet que ie traite, tant pour les susdites raisons, que parce que ie suis resolu auec l'ayde de Dieu, d'eclarcir par raisons & par exemples, tout ce qui peut icy sembler obscur, dans vn liure des causes de l'erreur, particulierement si ie connois que cet œuure ayt esté bien receu.

Il sufit cependant d'auoir ietté les fondemens, & de les auoir fait paroistre, comme dans leur Ienographie, ou dans leur plan. Quant à la metode dont ie me sers, il m'a fallu vser de nouueaux Vocables, ou du moins faire seruir (par tout où i'ay peu) ceux qui sont en vsage, à mon dessein. I'ay choisi le dernier, pource que i'en ay restitué quelques-vns à leur vray sens & les autres à leur construction originelle: par exemple i'entends par la nature (que quelques-vns appellent le fatum, & d'autres ie ne sçay quoy de depraué) la prouidence Vniuerselle de Dieu; & par la liberté, que quelques-vns prennent pour ie ne sçay quoy d'illiberal, i'entens le sentiment interieur, par le moyen duquel l'homme peut choisir tel party qu'il voudra. Semblablement, ie prens la diction faculté (qui n'est guere vsitée dans les escoles) pour la force, ou puissance interne, qui respond à son propre ob-

iet sous les conditions requises.

C'est pourquoy il ne faut pas tant prendre garde aux paroles dont ie me sers, comme à mes definitions. Car ie ne veux pas qu'en vne doctrine si difficile l'on s'arreste aux dictions vulgaires. Or si l'on m'accorde cela, i'espere que ce que ie diray ne deplaira pas aux Ortodoxes, ny mesme aux Heterodoxes: atendu que ie n'ay pas fait voir le iour à ce liure pour émouuoir des Controuerses, mais plustost pour en donner la solution, ou du moins pour les abolir; ce que i'ay voulu faire sçauoir au Lecteur.

De nostre Chasteau de Mont-gommery le 14. d'Octobre 1637.

DE

DE LA VERITÉ ENTANT QV'ELLE EST DISTINCTE DE LA REVELATION, DV VRAY-SEMBLABLE, DV Possible, & du Faux.

PVIS qu'il est arriué que les Opinions que l'Antiquité a forgees, font vn tel preiudice aux nostres, qu'au lieu de rechercher la Verité par les moyens qui sont conuenables pour cet effet, chacun s'accommode tellement à la regle de quelque Assemblee, ou Eschole estrangere, qu'il renonce à ses propres lumieres & sentimens. Et puis que toutes sortes de Questions ne buttent pas, comme iadis, à rechercher la Verité des choses, mais que leur Bonté est mal traittee, (ce qui eust semblé merueilleux à nos Ancestres) que peut-il maintenant y auoir de si sain & entier dans les choses, que l'esprit inquiete, & qui se possede mal, puisse embrasser? C'est de là que sont sorties tant de sectes, de diuisions, de subdiuisions & de confusions, qui tourmentent si fort l'esprit des sçauans, & la conscience des ignorans. De sorte qu'il semble que la doctrine du monde est bastie de principes plus contraires, que n'est le Monde mesme; quoy qu'vne certaine ame de la Verité penetre ce chaos informe & monstrueux en opinions, & donne mesme la vie & le mouuement aux erreurs. C'est donc cette Verité dont ie me propose de chercher & de trouuer la source dans cet ouurage; ce que i'entreprens auec intention d'accorder tellement ce qui appartient à la Nature ou Prouidence commune, auec ce qui concerne la Grace ou la Prouidence particuliere des choses, que chacune demeure entiere dans son estage & dans sa dignité.

I'examine donc premierement la Verité mesme, & puis les choses que l'on produit comme veritables, car c'est ainsi que l'on examine la balance auant les marchandises que l'on veut peser, puis qu'elles ne peuuent estre distribuees auec equité, si l'on ne l'ajuste premierement. Et cependant ie ne peux assez admirer les Autheurs qui desirent qu'on estime leur doctrine veritable, attendu qu'ils sont si esloignez de sçauoir *ce que c'est* que Verité, ou *qu'elle elle est*, ou *de quelle estenduë*, ou *de combien de sortes il y en a*, ou *à quoy elle bute*, ou *comment*, *quand*, *où*, *d'où & pourquoy elle est*, qu'il semble mesme qu'ils n'ayent pas entendu ce qu'ils ont dit de la Verité, dont ie mets icy briefuement l'histoire, apres auoir remarqué qu'il y a eu dans tous les siecles, des Philosophes si malheureux & si opiniastres, qu'ils ont enseigné auec autant de soin, & d'ardeur que l'on ne pouuoit rien sçauoir, comme ils ont enseigné que l'on pouuoit connoistre toutes choses. De là vient que les vns ont dit que la Verité estoit cachee dedans vn puits, qu'ils ne sçauoient qu'vne chose, à sçauoir qu'ils ne sçauoient rien, & cent autres sottises & contradictions semblables, afin de paroistre les plus sages des hommes. Et d'ailleurs les autres ont dit auec vn indicible preiudice de la Verité, & auec vne estrange arrogance, que par les principes de la cognoissance (qui seuls nous appartiennent) on pourroit trouuer les principes de la constitution des choses, afin de persuader qu'ils n'ignorent rien. C'est de là qu'ont commencé les differentes Sectes, chacun cherchant à s'establir & à se mettre en reputation, suiuant la faueur & les suffrages du peuple ignorant. Il s'est par apres formé vne nouuelle secte inconnuë aux siecles precedans, laquelle voulant faire son profit de ces dissensions, a tasché d'establir ses doctrines contre l'ordre de la Raison, sur vne certaine Foy enuelopee, & implicite, en s'approchant de l'opinion de ceux qui tiennent qu'on ne peut rien sçauoir.

Mais ce procedé est inique & blesse les facultez, car en preferant la Foy à la Raison, ils se rendent iuges auant que de sçauoir l'estat de la cause. Y a-t'il aucune chose, pour extrauagante quelle soit, que l'on ne puisse persuader par cette voye? & chacun n'en pourra-il pas vser pour establir ses resueries? Il faut donc tellement expliquer la Verité que l'on attribuë à l'opinion commune, à sçauoir qu'il y a des choses qui surpassent la Raison, ausquelles il faut adiouster foy, qu'il faut receuoir, & embrasser les communes Notions, & les tenir pour les principes des demonstrations, mesme sans aucun prealable adueu des facultez.

Nous receurons donc pour veritable tout ce qui est dans l'adueu de tous, car ce qui se fait en tous lieux ne peut arriuer sans la prouidence vniuerselle de Dieu, qui dispose les momens des actions. Et certes si l'instinct naturel a quelque pouuoir dans nous, il est certain qu'il peut ce que ie viens de dire, & que par le mesme moyen qu'il opere sans discours dans les Elemens & dans les plantes, il le peut faire aussi dans nous, particulierement en ce qui concerne nostre conseruation, attendu qu'il y a plus de choses à desirer dans l'homme, & que dans luy tous les animaux reçoiuent leur perfection. Nous tirons donc la doctrine de l'instinct naturel du consentement vniuersel, laquelle nous estimons qu'il faut croire, encore qu'elle manque d'autre preuue. Et cependant i'aduouë que le combat & la contradiction des opinions m'ont bien donné de la peine, considerant que les vns estiment leurs doctrines veritables, & appellent les autres faussaires, menteurs, & imposteurs, & que ceux-cy en disent autant d'eux: de sorte que ie n'ay peu trouuer aucun lieu pour reposer mon esprit, comme estant requis de renoncer à mes propres facultez, & d'embrasser celles des autres: & finalement l'on me commande de quitter ma propre raison, & l'on ne me menace de rien moins que de la damnation eternelle, (suiuant quelques doctrines) si ie resiste tant soit peu. Certes voyant ces terreurs, soit iustes ou iniustes, ie n'ay point cherché d'autre secours que de Dieu, vers lequel m'estant tourné, i'ay impetré son ayde salutaire, par le moyen d'vne Foy vraye & sincere, par l'Oraison, & par toutes les facultez qui prouoquent sa grace, ou sa prouidence particuliere. Et puis i'ay fueilleté les Autheurs, afin de remarquer ce que c'est que cette Verité, par le commun adueu de tous, & i'ay trouué dans les differentes Philosophies, Religions, Langues & Prouinces, & dans tous les siecles, que ce liure n'est autre chose que la Vraye Philosophie, & que l'autre est la vraye Theologie, & la doctrine de la vraye Eglise, & le vray secret du salut.

Or puis que i'ay remarqué que la Verité, comme vn attribut commun, est le but de toute sorte de doctrine, i'ay recherché ses definitions dans les Autheurs, & n'en ay point rencontré qui ne soient imparfaites, ou contradictoires, ou qui n'vsent de circonlocution; d'où i'ay pris occasion, apres auoir quitté les liures, de mettre mes Veritez en ordre, lesquelles ie donne au public, comme estant vn ouurage commun de la nature & de la grace.

I'ay donc remarqué que comme nous ne pouuons pas sçauoir toutes choses, il n'estoit pas vray que nous ne puissions rien sçauoir, mais qu'en effet nous pouuons sçauoir quelque chose, à sçauoir celles qui ont le tesmoignage de quelque faculté, quoy qu'il ne s'ensuiue pas que la conformation se fasse, encore que la faculté & l'obiet soient presens; car si les conditions ne s'y rencontrent, chacun se contentera de ses bornes: c'est ce qui m'a apris que la Verité qui est entre les obiets & les facultez est extremement conditionnelle, & neantmoins ayant consideré les loix, & l'analogie des Veritez, i'ay remarqué que chaque faculté se peut conformer auec son propre obiet, par l'entremise de quelques conditions, & partant que la faculté, qui desire la felicité eternelle, estant en tous les hommes, ne luy à peu estre donnee en vain, & qu'elle peut se conformer par son moyen, ou par ses conditions, à sçauoir par la vraye Religion: car Dieu mesme n'a point proposé la fin sans le moyen, & la nature ne permet point cela: d'où ie conclus que la Beatitude eternelle est possible. Et tous les hommes seront de mon aduis, si la notion commune, qui conuient à la rose, leur conuient, à sçauoir que les choses qui affectent toutes les facultez d'vne mesme maniere, ont vne mesme force. Ie fais donc vn mesme iugement de tous les hommes que de moy-mesme, & ie pose pour vne commune notion, qu'il n'y a iamais eu d'homme parfait, sain & entier, qui n'ayt les mesmes facultez emprainctes & grauees dans son interieur. C'est pourquoy il faut croire que les facultez necessaires pour la sagesse, pour la resipicence, pour la science, & pour la conscience, qui nous ont esté donnees auec les obiets, n'ont iamais manqué à l'homme en aucun temps, ny en aucun lieu; la rose a maintenant la mesme force qu'elle auoit autrefois à Pergame : ce qu'il faut aussi conclure des facultez, des obiets, & de la prouidence vniuerselle des choses : car cette instruction fera que nous iugerons mieux des choses, quelque diuersité qu'il se puisse rencontrer dans les conformitez des choses puisees de l'histoire Vray-semblable : si toutefois le Lecteur iuge que la Verité eternelle, que nous puisons icy d'vne legitime conformation des facultez, est aisee à conceuoir, ou qu'il medite quelque definition de la Verité, ou qu'il la tire des Autheurs. Mais s'il n'y a nulle definition, ou qu'elle soit ridicule, ne se trompera-il pas miserablement ? Qu'il considere celle qui dit que la Verité *est ce qui est*, ne conuient-elle pas aussi en quelque sorte à l'erreur ? qu'il considere s'il peut trouuer *ce que c'est* que la Verité, par la definition qui porte qu'elle est *vne droiture qui ne peut estre comprise que par l'esprit*, qu'il voye s'il peut sçauoir par quelles loix les choses & l'entendement, ou l'entendement & les choses s'égalent, se respondent & se conforment, en lisant les definitions qui disent que la Verité est vne *adequation*, ou *conuenance*, ou *conformité de la chose & de l'entendement*, ou *de l'entendement & de la chose*. Ie serois trop long si ie voulois rapporter toutes les autres : il suffit que chacun pense à part soy sa definition, ses loix, & ses conformitez ; & si tu n'en trouue point qui satisfasse à ton interieur, examine & considere ce que i'escris. Car comme quoy proposeras-tu tes veritez, si tu ne connois pas encore toutes tes propres facultez, ny leur force & les conditions des conformitez, ny mesme ce que c'est que la Verité ? ou pour le dire en vn mot, comment comprendras-tu toutes les veritez, puis que tu ne sçais pas seulement les conditions necessaires à la conformation de l'vn des sens ? Il en faut dix pour apperceuoir simplement ces caracteres; si tu les sçais, poursuis ; & si tu les ignores, examine auant que passer outre : car ceux qui tiennent que les sens se peuuent quelquefois tromper aux obiets, disent vray, mais ils se trompent eux-mesmes, s'ils disent que les sens peuuent estre trompez, lors que les circonstances & les conditions necessaires y interuiennent. Il faut donc conclure que ceux qui doutent tellement de tout, qu'ils veulent qu'on ne puisse rien sçauoir, ignorent les conditions requises à la conformation des facultez auec leurs obiets. D'où il s'ensuit que toute la difficulté consiste à trouuer le nombre, & l'ordre des facultez, & les loix qui seruent à leur conformation, tant auec leurs propres obiets, qu'auec les communs: car nulle chose ne peut estre vraye de la verité de l'intellect, si elle n'a le tesmoignage de quelque faculté, bien qu'elle soit vraye de la verité de la chose. Et c'est là le fondement de nostre doctrine, quoy que tu ne doiue pas estimer que cette distinction suffise, encore qu'elle soit tres-vtile, car si tu ne peux distinguer la Verité de la chose d'auec celle de l'apparence, & celle du concept d'auec celle de l'entendement, tu ne pourras te deliurer entierement des sophistes; il faut donc remarquer que toute la doctrine de ma verité se reduit à la legitime conformation des facultez, lesquelles chacun remarquera differentes en soy-mesme, suiuant les differences des obiets. Cependant l'on void librement tout ce qui est vray, (car les obiets respondent harmoniquement aux facultez, & les facultez aux obiets) afin qu'apres vn iuste examen de toutes les propositions, tu remarques quel sera le sens en chaque doctrine, attendu que chacun peut apperceuoir & sentir, de quelle maniere il est affecté par les differentes doctrines. C'est pourquoy lors que l'on commande de rendre graces à Dieu, & de garder la Iustice, la Temperance & la Force, le consentement interne se fait, & la faculté interieure respond, & enseigne que la chose est telle qu'on la sent. Finalemēt cette doctrine est approuuee par la regle du consentement vniuersel, car tout le monde en est d'accord; au lieu qu'à l'esgard des vices & des opinions, l'on ne sent pas vn consentement entier & parfait, & le consentement vniuersel n'y interuient pas, d'où il arriue que ce que l'on veut persuader par cette voye, n'est receu qu'auec des doutes & des scrupules. Nous enseignons donc icy à n'entreprendre rien par dessus les facultez, & à considerer tousiours dans les Autheurs de quelle faculté ils se seruent pour prouuer leurs opinions; car si les choses qui sont vrayes ont le tesmoignage de quelque faculté, celles qui seront fausses n'en auront point. C'est pourquoy elles ne te peuuent appartenir, puisque quelque examen qu'elles ayent peu souffrir, elles ne te sont ma-

nifestees

nifeſtees par aucun teſmoignage des facultez. Cepen dant les choſes veritables, les vray-ſemblables, les poſſibles, & les fauſſes ſont meſlees d'vn eſtrange artifice, mais ie donneray le moyen de les ſeparer par mes Zetetiques, qui ſeruiront d'vn rampart tres-aſſuré contre les opinions, afin que tu ne croyes pas trop de choſes, ſi tu n'ayme mieux embraſſer des contradictions toutes entieres. Quant à la Verité de la reuelation, ie la reconnois volontiers, pourueu que ce qu'on auance ſoit vrayement reuelé. Car les choſes que l'on ſçait par l'hiſtoire, ne ſont pas ſeulement diſtinguees par l'action du ſentiment des choſes que l'on pourra receuoir par le moyen de la Foy diuine, mais elles en ſont auſſi eſloignees cõme le Ciel l'eſt de la terre, & comme le ſont ſemblablement les vrayes reuelations d'auec les fantaſtiques & trompeuſes. Ie ſuis neantmoins bien eſloigné d'eſtablir aucune opinion nouuelle, puis que ie fais la recherche de celle qui a eſté la plus receuë dans toute ſorte de Philoſophie, de Religion & de temps, & que ie m'atache par tout à elle, ſinon lors que le diſcours eſt contraire au ſens bien conformé, ou qu'elle repugne diametralement à quelque commune notion : car ie remarque que bien que nulle doctrine ne ſoit fauſſe, neanmoins les erreurs populaires ne laiſſent pas de ſe prouigner ſouuent, & de s'eſtendre merueilleuſement, lors qu'il s'y rencontre beaucoup de veritez meſlees. C'eſt pourquoy il n'y a rien qui preocupe l'eſprit ſi puiſſamment comme fait la religion, quoy que fauſſe, atendu que l'eſprit n'a nulle plus grande conformité que celle qui le lie auec Dieu. Nous n'auons cependant parlé que fort briefuement de la Verité qui ſe rencontre dans le diſcours, dans l'eſcri ture & dans l'action, parce qu'on les peut aisément entendre de ce que nous auons dit.

Neanmoins si quelqu'vn maintient qu'il peut enuisager le vray, encore qu'il ne sache pas d'où vient cette verité, comme il void la lumiere, bien qu'il ne regarde iamais le Soleil, ie ne m'areste pas à cela; mais apres cette preface ie comprens toute la doctrine de la Verité en sept Propositions, desquelles l'on verra par apres l'explication, afin de nous esleuer de ces petits principes à des choses de plus grande importance.

I.

Il y a de la Verité.

Ie n'ay point d'autre intention dans cette Proposition, que de dire qu'il y a de la Verité, contre l'impertinence & la sotise des Sceptiques.

I I.

Cette Verité est eternelle, ou aussi ancienne que les choses mesmes.

Cette Proposition montre que le sujet de la verité est *l'estre*, partant *ce qui est*, *ce qui a esté*, *ou ce qui sera*, a vne verité, qui se conuertit auec ledit *estre*; d'où les nouueaux Philosophes ont pris ocasion de l'apeller *la passion de l'estre*; or i'ay aiousté, *ou aussi ancienne*, afin de distinguer les veritez eternelles d'auec les temporelles, car cette verité *Hebert est assis*, ne sera pas vraye, lors qu'il cheminera.

III.

Ceste Verité est par tout, & en tous lieux.

Cette troisiesme Proposition sert pour rechercher quel est le lieu, ou l'estenduë de la verité. Ie dis donc que tout *estre*, soit finy ou infiny, & mesme le *non estre*; est contenu dans l'estenduë de la verité, car il y a quelque sorte de verité vers les non estres, que l'on feint, & qui sont faux : puis que l'on peut vrayement enoncer qu'ils sont tels ; & partant la verité est d'vne tres-grande estenduë, & aproche si pres de la nature de l'infini, que mesmes elle surpasse *l'estre* en quelque maniere.

IV.

Ceste Verité est euidente en soy-mesme.

Cette Proposition nous fait passer de la *Verité* qui est és choses mesmes, ou de la raison par laquelle les choses sont distinguees des autres, à la *Verité* qui est dans les apparences des choses ; d'où l'on tire vne certaine proprieté de la verité des choses, à sçauoir son euidence, à laquelle ie donne le propre nom de *Verité d'apparence*; or ie dis qu'elle est *euidente en soy*, parce qu'il y a plusieurs choses necessaires auant qu'elle soit en nous. Et cette verité d'aparence est grandement conditionelle, & ne se conforme pas aisément auec les choses, c'est pourquoy les aparences peuuent estre fausses, bien que les choses ne le puissent estre ; quoy que la fausse aparence ayt sa verité, car elle parestra vrayement telle, encore qu'elle ne soit pas veritable par la verité de la chose. C'est pourquoy ie distingue entierement les *Veritez des apa-*

rences d'auec celle des choses, parce que celle de l'aparence est conditionelle, & celle de la chose est absoluë; celle-là a quelque chose de reel, & celle-cy est la chose mesme, celle-là peut estre expliquee, & mesme separee en quelque maniere, & celle-cy demeure en soy-mesme, & est toujours en mesme estat. Mais ie montreray ailleurs en quelle sorte la verité de l'aparence respond à celle de la chose : car il sufit maintenant de remarquer que ces veritez conditionnelles seruent de fondement aux especes, lesquelles demeurant en la memoire, retiennent tellement la nature des choses, d'où elles ont esté puisees, qu'elles ont quasi mesme raport & conuenance auec les sens internes, qu'auec leurs prototypes: c'est pourquoy ce qui est beau dans l'espece, nous afecte de mesme sorte que le beau mesme : ce qui n'ariue pas aux especes de la chaleur & du froid, parce que cette nature grossiere & corporelle ne passant pas au delà des sens externes, se dépoüille, ou s'étaint en eux.

V.

Il y a autant de Veritez comme il y a des diferences des choses.

Cette Proposition, laquelle comprend les Veritez des aparences dans le denombrement des veritez des choses, sert pour diuiser la nature vniuerselle de l'estre en ses differences tant communes, que propres & particulieres; d'où l'on a semblablement le caractere de l'estre, lequel est mis au rang des veritez par sa diference : partant comme l'on tire vne nouuelle verité d'vne nouuelle diference, de mesme l'on a vne nouuelle diference, lors que l'on a vn nouueau terme, de sorte que ces trois choses s'établissent mutuellement. Ie dis enfin que la diference, dont la raison se peut rencontrer en plusieurs, est commune; & qu'elle est propre, quand elle ne se peut rencontrer qu'en vn seul: Or entre les communes diferences, les vnes sont moins, & les autres plus communes; desquelles nous prenons les genres souuerains & subalternes, iusques à ce que nous rencontrions les especes, & la diference qui rétraint l'essence, ou la *quiddité* de la chose. Nous disons que tout ce qui definit l'estenduë de la diference s'apelle *terme*. C'est à la recherche de ces choses qu'il faut apporter vne grande diligence, par ce qu'il n'y a nul autre moyen pour trouuer nos veritez. Il faut aussi remarquer que les diferences seruent de signes & de caracteres pour comprendre le raport mutuel que les choses ont entr'elles: car nous recherchons les disproportions des choses par leurs propres diferences, comme leurs proportions & raports par leurs diferences communes; de sorte que toute leur analogie consiste en ces deux choses. Partant les diferences ont les raisons des obiets, soit qu'on les remarque dans les choses, dans les paroles, dans les signes, & dans nous, ou hors de nous. Et, ce qui merite d'estre consideré, si l'on ajouste, ou si l'on oste vn terme à l'vne de ces choses, l'obiet se change, & l'on a vne nouuelle diference, dont il peut y auoir vne nouuelle verité. Ceux qui desirent le nombre des diferences, qu'ils lisent les Dictionaires, quoy qu'imparfaits, lesquelles on trouuera merueilleusement embroüillees dans les opinions des Auteurs.

VI.

Les diferences des choses nous sont manifestees par les puissances, & les facultez qui nous sont imprimees.

Ie feray voir incontinent, que toute diference est vn certain principe d'indiuiduation, auquel il y a quelque chose d'analogue en nous, qui treuue & établit les termes : de sorte que, comme i'ay proposé cy-deuant, la verité de la chose & de l'aparence, ie propose maintenant celle du *concept*, laquelle a de propres circonstances (outre celles qui sont necessaires pour la verité de l'aparence, sans lesquelles elle ne peut subsister. Or de toutes les precedentes il n'y a que celle-là qui nous apartienne, & toutefois le concept ne s'égale pas tousiours parfaitement auec les choses : car si l'organe n'est entier, s'il a quelque mauuaise qualité, si les opinions qui ont preocupé l'esprit sont fausses, tout le concept est alteré & peruerty ; de sorte qu'outre cette verité, il est necessaire d'ajouster celle de l'entendement, lequel seul peut iuger par le moyen de son intelligence naturelle, ou de ses notions communes, si nos premieres facultez ont exercé leurs fonctions bien ou mal : car le Prince des Orateurs a autrefois bien dit, que *Dieu a renfermé l'intelligence dans l'ame, & l'ame dans le corps*. Or cette Proposition est indefinie, & se doit entendre des diferences, qui peuuent estre conformees par leurs facultez analogues: car nul homme de bon iugement n'a iamais douté qu'il n'y ait plusieurs choses qui nous sont cachees, quoy qu'elles soient en éfet. Et neanmoins celuy qui embrasse dauantage que ses facultez ne luy permettent, se trompe folement ; ce qui arriue par tout aux credules. I'expliqueray cependant les facultez qui sont requises pour la verité, tant du concept, que de l'entendement. Il suffit icy d'auertir que le fondement de la verité des choses est en elle mesme, & que celuy de nostre verité est dans l'entendement, car il n'y a que luy qui puisse corriger les erreurs ; d'où ie tire la Proposition qui suit, tandis que le Lecteur considerera combien il faut connoistre de choses pour les veritez composees, puis qu'il en faut tant sçauoir pour les simples veritez.

VII.

Il y à vne certaine Verité de ces veritez.

Cette Proposition nous donne la *verité de l'entendement*, & l'établissement des precedentes, car lors qu'il considere qu'il a bien entendu, il retorne à la premiere verité. Il y a donc plusieurs choses necessaires pour la verité de l'entendement, à sçauoir celle de la chose, celle de l'aparence, & celle du concept ; mais il ne faut pas en demeurer là, car lors qu'on vient à la composition, & que l'on cherche la nature commune des choses, c'est en vain que l'entendement s'efforce d'aquerir la parfaite connoissance des choses, si toutes les veritez ne se conforment deuëment entr'elles, c'est pourquoy la verité de l'entendement est vne chose bien dificile, bien delicate, & bien precieuse, car ces veritez estant composees, il y a autant d'erreurs que d'opinions, iusques à ce que les choses, & leurs aparences soient conformees, tant entre elles mesmes, qu'auec les facultez internes ; & iusques à ce que la nature commune des choses soit entierement establie, suiuant l'analogie des diferences. Or nous auons desia preparé la voye à la verité, quoy qu'il falle ajouster les conditions en vn autre lieu; ce n'est pas neanmoins que i'en vueille donner de nouuelles, ce sont les mesmes dont tu vses, sans le sçauoir, ne prenant pas beaucoup garde que si elles manquent, la verité manquera quant & quant, & que les facultez ne peuuent autrement se conformer auec leurs obiets. Toutefois la verité a quelque sorte d'étenduë, aussi bien que la santé: & bien que quelques conditions ne se rencontrent pas, il est neanmoins assez aisé de faire le chois des veritez; parlons premierement des plus communes: *Car chaque faculté a quelque chose de propre pour se conformer auec l'obiet qui luy est proportionné*: Et quoy que tu fasse, tu ne rencontreras point d'autre verité que la nostre, dont tu verras la definition apres nos Zetetiques. I'ay cependant inuenté ces sept Propositions, afin de distinguer les diferentes conceptions de la verité, qui en comprennent tous les rudimens, quoy que briefuement. Et c'est par là, & non autrement, que l'on peut soudre les merueilleuses contradictions des autres, esquelles ils s'enferrent, lors qu'ils manquent en l'vne ou l'autre de ces veritez, ne sachant pas en quelle maniere il les faut distinguer. D'où il appert que toute sorte de verité est distinguee en *verité de la chose, verité de l'aparence, verité du concept, & verité de l'entendement*. Or la verité de la chose est la conformité de la chose inherente en elle mesme, par laquelle chaque chose subsiste en ce qu'elle est.

La verité de l'aparence est la conformité conditionnelle de l'aparence auec la chose: la verité du concept eſt cette conformité conditionnelle, qui ſe trouue entre nos premieres facultez, & les choſes conſiderees ſelon leurs apparences: la verité de l'entendement eſt la conformité requiſe entre les conformitez precedentes. D'où il s'enſuit que toute notre verité eſt vne conformité, & puis que toute conformité eſt vne relation, toutes les veritez ſeront des relations, & des raports actuels, ou imprimez dans les ſens; ſans qu'il falle croire autre choſe de la verité. Et par ce que toute verité (excepté celle de la choſe) eſt conditionelle, ſi l'on conſidere la choſe de plus pres, l'on trouuera qu'il faut remarquer trois choſes en toute ſorte de verité, à ſçauoir *ce que l'on conforme*, ou l'objet; *ce qui conforme*, ou *la faculté*, & puis *les moyens, les loix, & les conditions de la conformité*. Parlons premierement de la verité de la choſe, ou du vray objet. Nous diſons donc que le vray & le total obiet eſt celuy, lequel apartenant à notre analogie, peut totalement alterer nos facultez, & qu'il ne contient aucune choſe, vers laquelle elles ne ſe puiſſent porter. Cette definition eſt exacte, quoy que l'on puiſſe à bon droit douter s'il ſe rencontre vn tel obiet. Il faut cependant ſe ſeruir de la regle, qui nous oblige à ne pouuoir aler plus auant que ne permettent nos facultez, & à determiner des obiets auec beaucoup de retenuë. Car il n'eſt pas ayſé de ſçauoir pourquoy les herbes, les beſtes brutes, & mille autres choſes paroiſſent ſur le teatre de ce monde, encore qu'elles ayent de l'analogie auec nous. Neanmoins par ce que tout ce que nous comprenons, en quelque ſorte que ce ſoit, ſemble nous apartenir, il faut rechercher les loix & les conditions de ce raport.

La premiere condition consiste en ce que l'obiet doit se trouuer dans notre Analogie.

Il n'est pas assez constant qu'il y ayt vn veritable obiet, encore que la chose soit reellement, & en effet, car c'est vne commune notion fondee sur l'experience mesme, qu'il y a plusieurs choses dans la nature, dont nous ne connoissons nullement les causes, ny les éfets: c'est pourquoy nul homme de bon iugement ne niera iamais, non seulement que les merueilles du Ciel, mais aussi que celles qui concernent l'analogie interieure de ce monde sublunaire, sont hors de la portee des sens ordinaires, de sorte que quelque verité qu'ait la chose, & quelque veritable marque d'obiet qu'elle puisse donner, elle n'est pas totale à l'égard de ce qu'elle cache en soy. C'est pourquoy l'on ne peut auoir qu'vne science imparfaite, & selon quelques termes, quoy que l'on ne doiue pas atribuer le defaut aux facultez, qui peuuent comprendre toutes choses, pourueu que les moyens requis y soient, mais seulement aux conditions. Il sufit cependant que nous arrestions notre connoissance à notre propre analogie.

La seconde condition est, que l'obiet ayt vne iuste grandeur.

Car il y a des choses qui nous sont cachees, à raison de leur petitesse, comme il ariue aux atomes, ou aux trespetites parcelles des choses: ce qui est constant tant aux obiets de l'atouchement & de la veuë, qu'en ceux des autres sens, lors qu'ils ne leur impriment nulle qualité sensible: De là vient que nous ne sentons pas les petites parties des odeurs, des saueurs, &c. De sorte qu'il n'y a point d'autre faculté que l'entendement, qui puisse comprendre les tres-petites choses: toutefois l'on void dans les écoles que la ligne materielle se peut diuiser en vne infinité de parties, mais ils se trompent, à raison qu'ils ne considerent pas cette condition qui requiert en premier lieu vne certaine grandeur pour paruenir à la verité de l'obiet. C'est donc vne notion commune, qu'il y a de certaines parties des choses, qui ne peuuent estre aperceuës que par le seul entendement. Nous pouuons neanmoins arriuer aux choses qui ne sont point, par la voye de la negation, car notre entendement diuin comprend les choses, & se porte mesme plus oûtre. Or ce ne sont pas seulement les choses tres-petites qui ne peuuent estre aperceuës par nos sens, car tout ce qui est transcendant surpasse la comprehension de l'homme; d'où il ariue que l'on ne conçoit l'infini & l'eternel que fort imparfaitement, & sous l'image du fini & du temps.

La troisiesme condition requise à la verité de l'obiet, consiste en ce qu'il ayt quelque diference pour son caractere.

Car ce que l'on ne peut connoitre par nul terme, ne peut estre distingué des autres choses, c'est pourquoy les premieres notions se prennent de la diference des choses, soit que l'on considere les facultez exterieures, ou les internes, car les diferences seruent à determiner la matiere rude & confuse, afin que par leur moyen on puisse connoistre l'analogie des choses. Or toute diference a son principe d'indiuiduation, lequel luy sert de caractere, & le distingue de toute autre chose : de sorte qu'en mesme façon que la connoissance exterieure des choses naist des termes externes, de mesme l'on establit chaque obiet qui répond à la faculté analogue, laquelle est dans nous par le principe d'indiuiduation, ou par son terme interieur. Ce qu'il faut remarquer au commencement de notre doctrine, puis que tu ne peux autrement aperceuoir l'analogie du petit monde, d'auec le grand.

La quatriesme condition pour établir la verité de l'obiet, consiste en ce qu'il doit estre connaturel & proportioné à quelque faculté.

Car il ne sufit pas en general que la chose soit dans notre analogie, si oûtre cela il n'interuient quelque afinité particuliere, car nous auons cy-deuant aduerty que les facultez se meuuent harmoniquement vers leurs obiets, ce qui est assez euident par le sens interieur, qui est le iuge supreme en ce qui est de ses obiets. Or il y a des afinitez entierement dissemblables : d'où il ariue que les proprietez de quelques herbes, & fruits, &c. se conforment d'vne maniere entierement diferente de celle des bestes brutes; ce que les plus sçauans arboristes remarquent tant dans la Ciguë, le Napellus, &c. que dans le doronic, le laurier, la rose, &c. Quant à l'aliance qui est entre les obiets & les facultez (qui ne se conforment pas confusément) nous en parlerons ailleurs, n'y ayant point d'autre moyen par lequel tu puisse éuiter l'erreur. Car ce sont là les premieres conditions qui sont requises pour expliquer l'obiet, qu'on apelle ordinairement *la chose*.

La premiere condition pour la verité de l'aparence consiste en ce que l'obiet doit demeurer vn certain temps requis.

Nous passons des conditions qui designent le veritable obiet, à celles qui seruent pour la conformation des especes, ou des aparences des choses auec leurs prototypes, entre lesquelles celle-cy doit estre mise la premiere, en quelque sorte qu'on la prenne, car si l'on n'a le temps requis de la part de l'obiet ou de la faculté, l'on ne comprend point les choses, quelque conuenance qu'elles ayent auec leurs obiets. De là vient qu'on n'aperçoit point les missiles tirez par les canons, & les autres machines militaires, ny les odeurs & les saueurs qui passent trop viste, ny mesme les sons, ce qui est plus étrange: car ce que tu oys semble proceder d'vne certaine reciprocation, sans laquelle nul ne s'entendroit parler, quant aux obiets de l'atouchement, lequel est le fondement des autres sens, l'on peut douter s'ils peuuent passer si viste, qu'il ne les aperçoiue pas; il est neanmoins raisonnable de croire qu'ils peuuent si peu afecter en passant tres-vîte, qu'il n'en sentira rien, quelque conuenance qu'ils ayent auec luy; mais lors qu'on passe de la faculté externe à l'interieure, le temps est tellement necessaire, que sans luy l'on ne peut rien faire. C'est delà qu'il ariue qu'on fait tant de iugemens temeraires, & que sortent tant de fausses creances, ou plustost qu'il n'en sort nulle creance, à raison des Propositions que l'on n'examine pas assez ; & que nous ne nous plaignons pas que notre temps & notre vie est employee de la sorte, car nous sommes nez pour examiner & pour resoudre toutes sortes de doutes qui en valent la peine, afin de les raporter à notre vsage : cependant que ceux qui employent si mal le temps, considerent de quelle impetuosité roule cette grande machine, de sorte qu'à chaque moment la nature fait vn tres-grand chemin par son mouuement rapide, tandis que la moindre de nos pensees s'étend par de grans espaces de temps.

La seconde condition requise pour la verité de l'aparence consiste en ce que l'obiet requiert vn milieu propre pour passer.

Le milieu requis est aussi necessaire de la part des obiets, que de la part des facultez ; i'ay neanmoins toujours mis les conditions de la part de l'obiet, autant que i'ay peu, afin que les facultez puissent paroitre dans leur entier ; Or entre toutes les conditions, qui acomplissent la verité de l'entendement, il n'y en a point de plus necessaire ny plus diferente que celle-cy, car le milieu qui sert à l'obiet du goust est autre que celuy du toucher (puis qu'il ne gouste point le dur, & le mol) & celuy de l'œil est diferent de celuy de l'ouye : (comme l'on experimente en l'air qui n'est pas iluminé) & afin d'acheuer en peu de mots, l'on trouuera qu'il faut toujours quelque chose de nouueau dans le milieu en chaque nouuelle diference, afin de le conformer comme il est requis, quoy que cela consiste souuent en si peu de chose, qu'il apartient plus tost à vn Matematicien de le demontrer, qu'au Philosophe naturel. Finalement lors qu'on passe aux facultez internes, l'on peut remarquer que ce qui est principe en soy, peut estre milieu à l'égard des autres; c'est ainsi que la faculté de voir, quoy qu'elle soit principe à son égard, n'est que milieu au respect de l'entendement; ce qui ariue mesme aux communes notions, qui sont les moyens souuerains de toutes demonstrations. C'est donc des moyens que l'on puise la certitude de la verité, de sorte qu'apres les facultez & les obiets qui leur conuiennent, il faut toujours en lisant les Auteurs, obseruer les moyens dont ils ont vsé pour prouuer ce qu'ils proposent: & par ce qu'ils sont diferens, l'on ne peut les expliquer tous ensemble. Il faut en atendant que le Lecteur se persuade que Dieu nous a tellement pourueus de ce qui est necessaire, que si les facultez, les obiets, & les moyens de conformation nous sont octroyez par sa prouidence commune, le reste apartient à notre soin & diligence, à la charge que si nous en iouyssons, nous raportions le tout à sa grace, ou prouidence particuliere; car c'est à cette seule condition qu'il nous a acordé du pain, des alimens, & des habits en cette vie, & la beatitude eternelle apres, laquelle tous desirent si ardemment.

Il faut cependant remarquer comme vne chose de grande consequence, que la nature ne se porte point oûtre les moyens, & qu'elle ne manque iamais en cela: & l'on doit encore considerer que les moyens ont d'autant plus de perfection qu'ils sont plus simples, de sorte que chaque milieu doit estre pur, & denué de toute sorte de qualité, qui puisse corompre les proprietez des aparences: partant la veuë se trompe plus aisément dans vn air troublé, que dans celuy qui est clair & serain; & plustost encore dans l'eau que dans vn air troublé, comme le iugement se trompe plustost dans les afections turbulentes, telles que sont la colere & la crainte, que lors que ces afections sont tranquilles; c'est pour cette mesme raison qu'vne odeur en empesche vne autre, & qu'vne opinion ferme la porte à l'autre, & la chasse quelquefois tout à fait.

Cependant les veritez des aparences se corrompent dans vn milieu impur & afecté, suiuant le degré de la qualité qui les corrompt: De là vient qu'vne infinité d'absurditez suit d'vn principe mal posé, & qu'vne simple erreur se tourne en plusieurs: mais il n'y a rien dans toutes les parties du systeme humain, qui soit plus suiet à ces tromperies que la conscience, car si ce que l'on supose est impur, elle deuient sale & impure. Il faut donc vser d'vne grande precaution auant que de receuoir les principes, & l'on ne les doit prendre que des communes notions, dont i'auertis icy, parce que bien que cecy soit toujours dangereux, il ne l'est neanmoins iamais tant que lors qu'il est question de la conscience. Or il y a des milieux qui sont hors de nous, & d'autres qui sont partie de nous mesmes: où il faut remarquer qu'il est plus aisé d'estre trompé en ceux qui sont hors de nous, qu'en ceux qui font vne partie de nous mesmes; de là vient qu'entre tous les sens externes la veuë se trompe plustost dans ses obiets, & puis l'ouye, & l'odorat, & finalement le goust, & le toucher; mais celuy qui distingue l'vtile d'auec le nuisible se trompe encore moins, parce qu'il aproche dauantage du dictamen de la nature: c'est pourquoy l'aliment que la langue chargee de fiel iuge estre amer, ne

laisse

laiſſe pas de faire ſa fonction, pourueu que les organes qui ſeruent à la cuiſſon dudit aliment, ſoient ſains & entiers. Car les facultez ont vne communication d'autant plus grande qu'elles ſont plus neceſſaires : mais apres tout cela, notre eſprit peut vſer d'vn autre mouuement contraire, & ſe tenir de quelle part qu'il voudra.

La troiſieſme condition qui concerne la verité de l'aparence requiert vne iuſte diſtance.

La diſtance eſt l'vne des conditions exterieures, car quant à notre égard, les choſes qui ſont diſtinguees ſans confuſion par quelque diference, ſont aſſez diſtantes & éloignees. Or la diſtance, auſſi bien que le milieu, ſemble eſtre neceſſaire tant de la part des facultez que des obiets, quoy que pour vne meſme raiſon ie la mette de la part des obiets, car comme leurs aparences ne paſſent point par de certains milieux, de meſme l'experience enſeigne qu'ils ſe cachent & ſe perdent en de certains éloignemens. Mais c'eſt particulierement aux ſens externes, & aux internes corporels qu'apartient cette condition, car les facultez intimes ne ſont pas liees aux diſtances; de là vient que les facultez intellectuelles ont couſtume d'auoir quelques pretenſions vniuerſelles, ce que perſonne n'ignore que le ſeul inſenſé. Or nous diſons generalement que la diſtance eſt telle qu'il faut, lors que les parties qui compoſent le tout peuuent eſtre aperceuës tant à leur égard, qu'à celuy du tout, où l'on doit remarquer que les degrez de connoiſſance ſont diferens, lors qu'il ariue que l'obiet produit diuerſes aparences. C'eſt pourquoy l'œil void pluſtoſt la lumiere de la flamme, que le toucher n'en aperçoit la chaleur, & que l'on aprehende plustost l'odeur agreable de l'aliment conuenable, que sa saueur, & que l'on conçoit plustost dans l'interieur la beauté de la symmetrie, que l'on n'en conçoit la raison, parce que celle-là est l'obiet de l'instinct, & celle-cy est l'obiet du discours, & que la conformation se fait d'autant plus viste, que le sens est plus interieur. C'est en cette sorte que l'on peut dire que la veuë & l'ouye sont les sens les plus interieurs: or les animaux qui ont ces deux sens, & particulierement la veuë, ont aussi les autres, quoy qu'il ne s'ensuiue pas qu'ayant ces autres, ils ayent aussi les deux susdits; d'où il apert que la doctrine des sens apartient à la veuë & à l'ouye: d'où l'on peut tirer plusieurs corollaires tres-beaux, si l'on cognoist le systeme general des choses, & le raport qu'ont les choses celestes & eternelles, auec les terrestres & caduques. Mais il faut faire vne autre obseruation excellente, à sçauoir que les choses se conforment tres-vite, lors que leurs aparences peuuent passer par plusieurs trous, car puis que toute verité d'aparence ne passe pas dans les sens, & que quelques-vnes semblent rejallir de la matiere mesme, comme celles qu'on apelle obiets communs dans les écoles, à sçauoir *la figure, le mouuement, le nombre*, &c. Il faut croire qu'elles sont d'vne nature plus sublime & plus excellente, tant parce qu'elles se conforment plus viste, que parce qu'elles trouuent plusieurs auenuës dans le corps qui est assez ouuert. D'où il ariue que nous pouuons comprendre le sens des paroles, lors que nous ne prenons pas garde à leur son, à raison du concours de plusieurs facultez, & que nous entendons d'autant plus viste que la memoire nous soulage dauantage. Or si tu vſe de cette raiſon pour dire pourquoy tu n'entens pas ces choſes, parce que la memoire ne te ſert peut-eſtre pas en cette recherche, cela ne nous éloignera pas de notre ſuiet, quoy que l'on paſſe à d'autres choſes : il ariue donc que les obiets ſont repreſentez imparfaitement & auec diminution, lors que les aparences ſe portent par des diſtances trop vaſtes, & que la repreſentation en eſt d'autant plus imparfaite, que l'éloignement eſt plus grand : quoy que i'aye enſeigné cy-deuant, que la verité a quelque étenduë, auſſi bien que la ſanté. Il eſt donc aſſez aiſé d'aperceuoir les obiets éloignez, quoy qu'il ſoit dificile de iuger des choſes celeſtes par l'œil, tant à raiſon du milieu, que de la trop grande diſtance : c'eſt pourquoy ie laiſſe ce que l'on a couſtume d'aſſeurer des choſes celeſtes par le ſeul témoignage de la veuë, comme vne choſe douteuſe. Or il n'ariue pas ſeulement que les obiets de la veuë ſe diminuent dans vn trop grand éloignement, car l'on obſerue la meſme choſe dans les autres obiets, qui ont leurs milieux hors de nous ; de là vient que le ſon ſe termine dans vn ſiflement obſcur & moleſte.

Il ſemble fort étrange cependant comme quoy la faculté, qui conſidere la proportion des choſes, peut tirer la connoiſſance des éloignemens inconnus des connus, car il n'y a point d'autre moyen de iuger de l'interualle, ou de la diſtance des choſes : de là vient qu'il eſt dificile de coniecturer combien elles ſont éloignees, lors que nous ne ſçauons pas ce qui eſt entre nous & elles : car l'on ne diſtingue point l'vn des bords d'auec l'autre d'vn fleuue que l'on void de loin. Finalement afin que nous paſſions à l'interieur, l'on doit remarquer qu'entre les eſpeces conseruees dans la memoire, celles-là sont les plus eloignees, qui n'ont aucune mutuelle relation, c'est pourquoy l'on se souuient mieux de ce qu'on a fait autrefois, s'il se raporte à l'afaire presente.

La quatriesme condition qui sert à la verité de l'aparence, est que l'obiet ait vne situation commode.

La situation apartient particulierement aux sens internes, comme fait la distance aux externes, car c'est pour neant que l'on a vn milieu, & vn éloignement tel qu'il faut, si la situation n'est commode: & il importe beaucoup d'obseruer la partie par laquelle on commence, car celuy qui est couché sur le ventre, est fort diferent de celuy qui est couché sur le dos, celuy qui est couché, de celuy qui est leué, celuy qui nous tourne le dos, d'auec celuy qui nous regarde, & toutes ces situations sont fort diferentes d'auec celuy qui se tient sur la teste, & a les pieds en haut; ce que tu peux experimenter non seulement sur toy-mesme, mais aussi en ces caracteres, afin que tu ne manque point d'exemple: & si tu les renuerse ils se representeront tout au rebours.

Neanmoins l'entendement peut corriger l'erreur en faisant reflexion sur les conditions, par lesquelles les aparences se conforment aux choses, mais entant que la situation marque la place, ou l'espace qui est tout autour: il n'y a nulle faculté exterieure qui aperçoiue les obiets sans remarquer le lieu. Or i'apelle la situation requise, celle qui, lors qu'vn milieu, & vne distance conuenable se rencontrent, represente l'obiet proprement arangé, selon ses vrayes parties & ses termes. Cette situation ſemble eſtre neceſſaire de tous les deux coſtez, & neanmoins i'ay mis la ſituation de la part de l'obiet, auſſi bien que les autres conditions, lors que cela s'eſt peu faire; toutefois pour ce qui eſt de la compoſition conſideree dans l'interieur, elle eſt encore neceſſaire, oûtre toutes les conditions qui ſeruent pour trouuer la verité; car elle eſt le commencement de l'ordre, parce qu'il eſt beaucoup plus aiſé de comprendre les choſes les vnes apres les autres; ce que l'on experimente dans l'entendement, & particulierement dans la memoire. Partant tout ce qui contribuë à conſeruer l'ordre des choſes en general, & finalement tout ce qui concerne la metode, ou la diſtribution deſdites choſes, peut eſtre raporté à la ſituation. C'eſt pour cela que les choſes qui s'oublient ayſément, ne ſe conſeruent pas dans ta memoire, ou dans celle d'autruy; la memoire n'eſt donc pas ſeulement labile ſans l'ordre, mais les degrez meſme des biens ne ſont pas autrement conſiderez dans l'entendement, & la Sageſſe humaine ne peut rien faire de plus grand. De là vient que les termes diferens, qui répondent aux diferentes proportions des facultez, ont vne tres-bonne ſituation; de ſorte qu'il n'y a nulle condition de celles qui ſont requiſes pour les veritez compoſees, qui trouble dauantage que la mauuaiſe ſituation.

Ayant les conditions qui établiſſent la verité de l'aparence, voyons quelque definition de l'aparence, laquelle n'eſt autre choſe que la copie, ou la forme qui ſuplee la choſe meſme, laquelle ayant eſté conformee ſous ces conditions auec ſon original, & eſtant découlee de ſon obiet par vne certaine maniere ſpirituelle, peut meſme eſtre conſeruee en l'abſence de l'obiet. Or elle ſe confor me auec les facultez externes, ou bien auec les internes. Celles qui se conforment aux facultez externes, se dépoüillent de leur nature, car l'aparence du son harmonique conserué dans la memoire, ne tinte pas, quoy que l'espece, dont notre esprit tire du plaisir, étant remise en la memoire nous redonne encore vn nouueau contentement, comme l'on prouue par le sens interne. Or ces especes ou aparences, qui emanent des obiets, semblent auoir vne nature homogene, atendu que chaque parcelle a mesme raison que le tout, car la grandeur d'vne montagne n'entre pas dans l'œil selon toute sa dimension, de sorte qu'il semble que l'espece soit toute en tout, & toute en chaque partie, comme est la forme. C'est pourquoy la voix de l'orateur s'étend & sufit pour chacun en particulier, & nul ne reçoit toute la voix: or l'on ne peut examiner si ces especes sont corporelles, ou non, si l'on ne demeure premierement d'acord ce que c'est qu'vn corps. Il est certain qu'elles sont terminees de tous costez, & qu'elles sont portees par les vents, (si ce n'est qu'on en excepte celles qui passent par l'œil) car l'experience enseigne qu'vn grand vent fait vaciler les figures ou especes des corps, quoy qu'il soit dificile de sçauoir si cela vient de l'inegalité du milieu, ou de l'ébranlement de l'organe, ou plustost de l'espece qui tremble.

Il est tres-certain que l'aparence passe en droite ligne par le milieu, lors qu'il est simple, c'est pourquoy s'il est empesché, elle va obliquement; cependant c'est vne chose merueilleuse comme ces especes se conseruent en la memoire sans aucune grandeur euidente, ou sans contrarieté, car leur grandeur ne pese point, & elles ne se surpassent point les vnes les autres, mais elles sont tellement dépoüillees d'antipathies, qu'elles se marient ensemble mutuellement, car le combat qui se fait quelque fois, ne semble pas proceder de l'aparence des choses, mais des facultez, qui sont destinees pour l'examen des choses. Le doux n'est pas contraire à l'amer, ny le chaud au froid, ny le loup à l'agneau, parce que les especes se sont dépoüillees de la nature elementaire, quoy qu'elles conseruent leur propre nature dans l'analogie interne qui nous concerne, & qui se termine à la haine, ou à l'amour. C'est ainsi que les conformations des facultez internes sont extremement diferentes de celles des facultez externes.

Ie sçay que l'école ajoute vne condition, qui consiste en ce que l'obiet afecte le sens moderément, mais lors que l'obiet demeure assez de temps, qu'il a vn milieu, & vn éloignement tel qu'il faut, & vne situation commode, qu'ils considerent s'il peut tellement ocuper le sens, ou empescher la sensation, que notre esprit ne puisse faire sa fonction. Quant à moy ie reiette vn iugement retreci, la chose estant douteuse, mais si l'on ajoûte les conditions qui suiuent, pourquoy les yeux plus prominens ne pourront-il pas librement & auec plaisir enuisager le Soleil?

Vous auez veu la verité de l'obiet, ou de la chose, & de l'aparence, il faut maintenant considerer la *verité du concept*, n'y ayant qu'elle entre les precedentes qui nous apartienne: car elle a ses veritez aussi bien que les autres, (excepté celle de la chose) & qui plus est, elle a des conditions, en quelque sorte qu'on la regarde, c'est pourquoy elle est extremement conditionelle, car outre les conditions que requert la verité de l'aparence, elle a les siennes propres, sans lesquelles elle ne peut nullement ſubſiſter. Ie diſtingue donc la verité du concept d'auec celle de l'aparence, en ce que celle-cy eſt hors de nous, & que celle-là eſt vne partie de nous meſmes, & partant elles gardent vn certain ordre mutuel dans leur conſtitution : car comme celle-cy eſt la vraye conformité externe auec ſon original, de meſme celle-cy eſt la vraye conformité interieure de l'obiet ſelon l'aparence ſuſdite ; de ſorte que ces veritez ſont entierement diſtinctes, car bien que l'aparence ſoit repreſentee ſelon les conditions requiſes, le concept peut eſtre faux, & au contraire ; de ſorte qu'il eſt neceſſaire de poſer la verité de l'entendement, outre la precedente, lequel puiſſe corriger l'erreur par reflexion ſur les conditions, dont les facultez ont vſé pour ſe conformer à leurs obiets : par exemple, l'obiet paſſant par vn diafane coloré, ſi l'organe eſt vîte, l'erreur eſt redoublé ; Et lors que ce qui eſt blanc en l'obiet, eſt de couleur de pourpre dans le diafane, & iaune dans l'œil qui a la iauniſſe ; quoy que l'aparence qui donne le pourpre, ſoit vraye, & ſemblablement que le concept qui nous montre le iaune, ſoit vray, (car ſi les conditions ſuſdites interuiennent, il faut croire qu'on void ces couleurs) toutefois l'aparence n'eſt pas vraye ſelon la verité de l'obiet, (parce que le milieu requis a manqué) ny le concept ne doit pas eſtre eſtimé vray de la verité de l'aparence, par ce que l'organe a eſté vitié.

C'eſt pourquoy il faut retorner aux conditions (ce qui apartient ſeulement à l'entendement) afin de pouuoir trouuer cette verité. Où il faut remarquer que l'entendement n'eſt iamais deceu, lors que l'on propoſe vn obiet veritable auec les veritables loix des conformitez, car bien qu'il n'opere point s'il n'eſt prouoqué, qu'il réponde ſeulement à ſon obiet analogue, & ce fort imparfaitement, ſuiuant ce que nous auons dit, ſi toutes les conditions ne s'y trouuent, neanmoins quand on a vn obiet (quoy que tiré de la memoire) & de veritables conditions, ie ſoutiens que l'entendement opere vrayement, quoy qu'en ſonge; au lieu que ſans cela il reſue, meſme en veillant: Et ſi l'on remarque bien tout cecy, l'on reſoudra les doutes que l'on propoſe contre l'immortalité de l'ame, dont ie parleray apres. Il faut cependant reduire toutes choſes à leurs principes, tant en ce qui concerne les ſens externes, que les internes. Car il n'y a que la ſeule conſcience qui puiſſe iuger, en faiſant vne reueuë ſur ſes communes notions, lors qu'eſtant troublee elle doute ſi l'entendement a bien operé. Ie viens aux conditions qui rendent le concept veritable, ſi l'aparence eſt vraye, & partant ie dis:

Que la premiere condition de la verité du concept conſiſte en ce que l'organe ſoit entier.

Car ſi les organes des facultez externes ou internes ſont comprimez, conſtipez, enflez, foulez, peruertis, rouges, tortus, dilatez, rompus, contus, coupez, piquez, ou relachez, tout le concept de l'organe ſera vitié.

La deuxieſme condition de la verité du concept eſt que l'organe n'ayt nulle mauuaiſe qualité.

Car il ne ſufit pas que l'organe ſoit entier, ſi les eſprits animaux ſont en trop grande abondance, ou impurs, épais, turbulens, obſcurs, & meſlez de vapeurs, ou s'ils sont trop déliez, ou qu'ils ayent quelque obstruction: ou bien si les nerfs sont mal afectez, soit de froideur, de seicheresse, d'humidité, ou d'inflammation : si les parties voisines, qui ont de la sympatie, sont blessees; si les humeurs pechent en quantité, ou s'ils manquent, s'ils sont alterez, ou s'ils se corompent. De là vient que ceux qui ont la iaunisse voyent tout iaune, que la langue des fiévreux sent toutes choses ameres; & que naissent dans l'interieur les erreurs dependans de la preuention, & des actions ineptes; & lors que les preocupations sont fausses, nous voyons les monstres & les resueries qu'elles engendrent, dont nous parlerons plus amplement dans le traité *des causes de l'erreur.*

La troisiesme condition de la verité du concept consiste en ce que la faculté qui aperçoit qu'elle aperçoit, soit constante sans vaciler.

Car c'est pour neant que les autres facultez font leur deuoir, si celle-cy n'est apliquee; de là vient que l'œil de celuy qui dort, ne void point, bien qu'il soit ouuert, & que les facultez qui s'atachent aux choses externes, ne font que badiner dans ceux qui veillent, lors que cette faculté se rend atentiue ailleurs : & finalement c'est en vain que les aparences des choses aduertissent auec empressement & importunité qu'elles sont presentes, lors que cette faculté est empeschee ailleurs.

La quatriesme condition requise à la verité du concept est, que la faculté analogue soit apliquee.

Les facultez requerent aussi bien vn bon ordre en leurs conformations, comme font les organes, & leurs ouuertures; c'est pourquoy celuy qui voudroit transposer, & tirer hors de leur ordre les propres obiets de l'instinct naturel du sens interne, externe, ou du discours, feroit comme l'insensé qui voudroit receuoir & ouyr les sons auec le nez, & qui voudroit sentir les odeurs auec les oreilles; & renuerseroit sans doute le systeme entier de la verité. Il faut donc remarquer sur tout ce que ie viens de dire, atendu qu'il n'y a point de plus grand erreur entre les Auteurs que celuy-cy; car lors qu'ils detruisent les notions communes (qui sont des principes sacrez) par leurs discours, qu'ils veulent qu'on reçoiue ce qui est du discours, comme si c'estoient des notions communes, & qu'ils portent les sens externes à ce qui apartient seulement aux sens internes, & au contraire, rien ne peut demeurer en son propre lieu. De sorte qu'il faut estre tres-exact à considerer si ce qu'ils desirent que l'on croye, consiste dans la conformation legitime des facultez auec leurs obiets, car l'on ne doit point les écouter autrement. Il faut donc premierement remarquer que l'instinct naturel requert le premier degré de certitude; les sens internes le second, les sens externes le troisiesme, & que le discours n'a que le quatriesme, parce qu'estant le dernier, il a besoin d'vn plus grand nombre de conditions, & parce qu'il s'éloigne plus de l'ame, ou du principe de la preuue; dont on verra l'explication en plusieurs endroits de cet œuure.

Ce sont donc là en general les conditions qui sont necessaires pour les simples veritez, lesquelles interuenans, la verité de l entendement s'y retreuue quant & quant; Quoy qu'outre cela la lumiere soit necessaire pour la veuë, dont nous parlerons ailleurs. Et cependant il est bon de remarquer que les facultez ne se peuuent pas bien conformer qu'auec leurs propres obiets, auec lesquels ils ont du raport, & de l'afinité. C'est pourquoy la pensee ne comprend l'infiny que sous l'ombre du finy, ny l'eternel que sous la raison du temps : quoy que nous ayons des facultez interieures qui répondent à l'infiny & à l'eternel, à sçauoir celles qui sont eternelles, & lesquelles nous desirons demeurer eternellemēt. Et neanmoins l'entendement asorty de ses communes notions, enseigne que l'infiny surpasse notre pensee, & que l'eternel n'est pas mesuré par notre temps. Il faut donc auoir icy vn peu de patience, iusques à ce que nous soyons hors de ce corps & de ce monde. Au reste il semble que nous soyons trop subtils dans les choses grossieres, & que nous soyons trop grossiers dans les subtiles. D'où il ariue que nous atribuons quelquefois vne nature corporelle aux esprits, & vne nature spirituelle aux corps; au lieu qu'il faut iuger de chacune par les facultez analogues, acompagnees de leurs propres circonstances, c'est en cette maniere que chaque chose garde son ordre, & son rang, & que la creance qui vient des facultez conformees comme il faut, receura son établissement & sa fermeté.

Apres auoir parlé de ce qui nous est necessaire pour établir les conditions requises pour les simples veritez, ie viens à la *verité de l'entendement*, lequel ayant quelque chose de diuin, n'a pas besoin d'estre aydé par les choses exterieures, & se contente de ses veritez ; car bien qu'elles semblent s'éuanoüir en l'absence des obiets, neanmoins elles ne peuuent estre tout à fait oyseuses, atendu que les obiets ne leur peuuent manquer, non plus qu'elles ne peuuent manquer aux obiets.

Or ces veritez sont *certaines notions communes qui se trouuent en tous les hommes sains & entiers, dont l'esprit ayant esté donné du Ciel, iuge des obiets qui paroissent sur le theatre de ce monde*. C'est donc par ce seul moyen que l'entendement iuge tellement des choses connuës, & des nouuelles, qu'il n'y a que luy seul qui puisse discerner si nos premieres facultez ont rencontré la verité dans la poursuite qu'ils en ont fait. Et neanmoins il ne s'areste pas là, car apres auoir confronté les notions receuës au dedans auec les conditions requises, il les represente desormais dans l'interieur, comme legitimes & conformes, ou comme mauuaises & diformes : de sorte que ces elemens, ou principes sacrez ne sont pas puisez de l'experience, & des obseruations, atendu que nous ne pouuons mesme rien experimenter & obseruer sans leur ayde, car il en faut du moins quelqu'vn, & si nous n'auions trouué escrit & graué au dedans de nous mesmes, *que nous deuons rechercher la nature des choses*, (car ce ne sont pas les obiets qui nous impriment cette connoissance) & si nous n'auions quelques notions communes de cela, nous ne pourrions distinguer ces choses, ny mesme faire la recherche d'vne nature commune, & puis ce seroit en vain, & mesme auec dommage, que nous sentirions les representations, & les terreurs des images, si l analogie interne, par laquel le nous iugeons si elles sont bonnes ou mauuaises, ne nous estoit representee par des notions imprimees dans l'ame, car nous ne sçauons point cecy d'ailleurs.

Par consequent celuy qui remarque combien contribuent les obiets dans l'analogie exterieure des choses pour estre comprises, & qui considere ce que nous y aportons du notre, sçaura ce qui y ariue d'étranger, ou ce qu'il y a de naturel, & de dicté par la nature. Or nous n'obeissons pas seulement à la nature dans le choix que nous faisons du bien & du mal, & de l'vtile & du nuisible, mais dans l'analogie exterieure, par laquelle nous distinguons le vray d'auec le faux, nous auons des facultez cachees, lesquelles estant excitees par les obiets, s'y conforment tres-volontiers. D'où il ariue que tout ce qui impetre aysément vn adueu, treuue quelque faculté conformante dedans nous; mais l'on ne connoist pas pour cela si elle est entre les facultez qui considerent *le passé*, *le vray-semblable*, *le futur*, *le possible*, ou *les veritez eternelles*. Il faut donc voir à quelle question cecy apartient, car le sens qui est excité à la tristesse par des choses funestes, n'est pas toujours conforme à l'obiet, d'autant qu'il faut croire qu'il a obey à la crainte, & non à la verité, si les conditions necessaires n'y sont pas interuenuës. I'estime donc qu'il faut premierement considerer ces choses, & ce d'autant plus, que l'experience enseigne que la verité est plus suiete à se mesler auec l'erreur, qu'elle est plus sublime, & plus necessaire. Or l'entendement ne se trompe iamais, lors que l'on a vsé de toutes les conditions precedentes; & quoy qu'elles ayent esté absentes, il peut corriger l'erreur en faisant reflexion sur les conditions, qui seruent pour conformer les obiets auec les facultez. Les veritez de l'entendement sont donc *certaines notions communes, qui sont en tous ceux qui sont sains & entiers, lesquelles comme parties des sciences, & puisees de la sagesse vniuerselle, sont grauees & emprain̄tes dans l'interieur par le dictamen de la nature.* I'exhorte donc le Lecteur de choisir, separer, & mettre en ordre lesdites notions, car si on les arange bien chacune en leur ordre, estant separees de la multitude des fausses opinions, elles sont mysterieuses, croyables, & fondees en des grandes authoritez, & chassent bien loin les fables, les erreurs, & les opinions nuisibles: donnez donc ces notions, ou bien les atendez de nous. Et que la grandeur de l'ouurage ne vous épouuante pas, car bien que l'on puisse réueiller vne infinité de facultez vers vne infinité de nouueaux obiets, neanmoins i'expliqueray en peu de propositions, toutes les notions communes qui acomplissent cet afaire. Et cependant ie comprens tout ce qui a esté dit iusques icy, dans vne seule notion commune, à sçauoir *que les facultez se conforment fort bien auec leurs obiets par le moyen des conditions precedentes*. Or ceux qui enseignent que les sens se trompent ne prennent pas garde à cecy, & ne remarquent pas que toute verité qui concerne les obiets est suiette aux conditions, lesquelles interuenant, l'entendement ne peut pas mesme se tromper dans les songes, comme i'ay desia dit. Quant à la verité composee, elle regarde les vniuerselles, dont la regle est, que l'entendement lors qu'il considere les vniuersaux est veritable, si les veritez particulieres, sur lesquelles ils sont bastis, se conforment au vray entr'elles mesmes. La verité composee est vn grand ouurage, car elle forme sa nature vniuerselle des choses de cette seule proposition fort simple, à sçauoir, *que les choses qui afectent, & frapent nos facultez d'vne mesme maniere, sont vne mesme chose à notre égard*; De sorte que nulle doctrine ne peut subsister, si elle n'est veritable : partant cette proposition, *l'homme est animal*, n'a point d'autre verité, que celle qui vient de ce qu'il y a des certaines choses dans les choses animees, qui nous touchent de mesme sorte : de maniere que cette these est veritable en quelque façon, dont ie parleray plus amplement dans mes Zetetiques. I'ay traité iusques icy des diferentes significations de la verité, afin que l'on entende plus aysément ma doctrine, laquelle examine particulierement la faculté, ou ce qui conforme l'obiet, ou ce qui est conformé, & finalement les loix de la conformation. C'est pourquoy i'expliqueray premierement le nombre & l'ordre des facultez, & leurs obiets tant propres que communs, & puis le reste des loix qui seruent à la conformation.

Il y a autant de facultez, comme il y a de diferences des choses, & au contraire.

Nous disons que la faculté est *toute sorte de puissance interieure, qui explique le sens diferent comparé à l'obiet diferent*: nous dirons ailleurs ce qui apartient à l'ame, & au corps: car il sufit maintenant de remarquer que les facultez qui nous sont communes auec les brutes, se portent seulement aux obiets qui apartiennent aux brutes ; & pour en parler plus particulierement, ie dis que le nombre des facultez intellectuelles, ou corporelles est établie par cette proposition, de sorte qu'il faut croire que l'obiet estant donné, la faculté est aussi donnee, & à rebours.

Car il n'y a pas plus de merueille de remarquer les diferences des obiets qui sont hors de nous, que celle des facultez qui sont dans nous, pourueu que tu estimes que toute sorte de principe d'indiuiduation a mesme dans les diferences quelque chose d'analogie en nous, (où sans doute il faut toujours reuenir) ou pourueu que tu remarques les loix selon lesquelles le petit monde se raporte au grand; si ce n'est que celles-cy viennent de celles-là. Mais afin que ie laisse les autres raisons, ie prens mesme nos sens pour tesmoins, qui sont afectez d'vne diferente maniere & non acoutumee, par toute sorte de nouuelles diferences, comme l'experimente tout le monde; & partant puis qu'il est necessaire qu'il y ait quelque principe d'indiuiduation hors de nous mesmes, pourquoy ne sera-il pas permis de mettre derechef quelque faculté analogue & proportionee dans nous ? si toutefois l'on veut reduire dans l'enclos d'vne seule faculté analogue, plusieurs diferences qui ne sont liees par aucun raport, si ce n'est peut estre qu'elles entrent par vn mesme sens, ou par mesme ouuerture; ce qui n'empesche pas neanmoins qu'elles n'inferent vn sens diferent, & qu'elles ne requerent vn certain milieu diferent de conformation (ce qu'il faut particulierement remarquer.) Auisez si cela ne vous fait pas reconnoitre votre ame, dont nous maintenons l'vnité, & non ses facultez, qu'elle étend & rend diferentes à diuers obiets, car elles sont comme autant de rayons de l'ame, qui passent, & se faisant paroistre par les diferens passages des sens, aperçoiuent les especes qui leur sont proportionees, suiuant la mutuelle analogie des choses; & cependant les écoles nous troublent merueilleusement en donnant d'autres diferences à de nouuelles facultez, & non aux autres: mais puisque le sens mesme enseigne la diuersité des obiets & des facultez, (duquel nous nous seruons par tout, non comme d'vn iuge, mais comme d'vn témoin tres-valable & souuerain dans nos veritez) il ne nous faut pas icy arester dauantage. C'est donc vne autre faculté (quoy qu'elle passe par vn mesme organe) qui considere *l'existence* de l'obiet, que celle qui en considere *l'essence*, que celle qui enuisage *les qualitez*, que celle qui regarde *la quantité*, que celle qui contemple *les relations*, que celle qui void *les milieux*, que celle qui regarde le *lieu*, que celle qui regarde le *temps*, que celle qui considere *les causes*, que celle qui considere la *fin*, & finalement que celle qui regarde quelques parties de ces choses, ou qui considere les complications en quelque diference que ce soit, lesquelles ie comprendray dans mes Zetetiques sous les questions, *à sçauoir*, *quoy*, *quel*, &c. Mais lors qu'on est ariué à l'interieur, la faculté qui discerne *l'vtile*, & le *nuisible*, est diferente de celle qui le veut, ou qui ne le veut pas; & celle qui cherche la nature particuliere de l'obiet est diferente de celle qui en recherche la nature commune; or ie dis que tout ce qui aporte vn nouueau sentiment dans les choses, aporte aussi vn nouueau principe d'indiuiduation. Il ne faut pas neanmoins que tu produise pour choses nouuelles, ce que tu auras souuent experimenté, atendu qu'il ne se rencontre peut-estre dans tels obiets que quelque nouuelle complication des diferences, qui sont desia assez connuës, de sorte qu'il ne faut rien icy remarquer dauantage. L'on doit enfin raporter quelques vnes des choses qui paroissent comme nouuelles dans les obiets, *au lieu*, *au temps*, *au milieu*, ou aux autres circonstances qui auront changé.

N'estime donc pas qu'il se forme vne nouuelle faculté lors qu'vne violette vient à pousser son bouton, laquelle estoit peut estre cachee quatre ou cinq iours deuant dans le sein de la nature, mais que c'est la mesme que tu connoissois desia. Il faut encore prendre garde de ne poser pas des facultez contraires pour les choses que l'école nomme *contraires* : car la plusspart des choses que le vulgaire nomme *contraires* diferent seulement en degré.

De sorte que ie ne dis pas qu'vne faculté regarde le chaud, & l'autre le froid, mais qu'vne regarde le *temperament*, l'autre *ses degrez* : ny qu'vne faculté regarde le lourd, ou pesant, & vne autre le leger, mais qu'vne regarde la ponderosité, & l'autre ses degrez : de mesme ie ne dis pas qu'vne faculté regarde *le blanc*, & vne autre *le noir*, mais qu'vne regarde la *couleur*, & vne autre ses degrez. Il ariue la mesme chose aux sens internes, car ie ne dis pas qu'vne faculté regarde la vertu, & vne autre le vice : mais qu'vne regarde ce qu'il faut faire, & vne autre les degrez, *la fin*, *la maniere* & les autres circonstances des actions. Nous prenons cependant la diference, ou ce que l'on enonce dans la question, *Qu'est-ce* ? ou celle qui vise à la quiddité du milieu de ces contrarietez, car ses degrez répondent à la question, de quelle qualité, ou de quelle quantité : ce qu'il est bon de remarquer, non seulement dans le systeme vniuersel des vertus, & mesme des choses naturelles, mais aussi dans chacune de leurs parties. Or il faut remarquer en toutes ces choses, que la faculté qui considere leurs degrez se mesle par tout ; & la plusspart des choses n'ont point d'autre loy pour leur diference. Mais ie traiteray plus amplement dans mes Zetetiques de la raison, qui sert à la recherche de l'essence ou quiddité des choses.

Certes i'estime que le Lecteur doit estre content s'il considere que ses facultez s'auisent de certaines choses quant à *leurs quidditez*, d'autres quant à *leurs quantitez*, & d'autres quant à *leurs qualitez*, & ainsi des autres, iusques à ce qu'il ait parcouru toutes mes questions. Mon aduis est donc que chaque nouuel obiet est conforme par vne nouuelle faculté; c'est ainsi que celuy qui a remarqué à la premiere veuë d'vn serpent ce qu'il a de commun auec l'anguille ou la lamproye, qu'il a souuent consideré, & qu'apres qu'il a passé des communes diferences aux propres & particulieres, qui determinent l'essence de la chose, il remarque qu'il est necessaire d'admettre quelque principe d'indiuiduation, qui ne soit ny quelque diference commune, ny son degré, ny aucune complication, mais la forme mesme, laquelle ayant la connoissance de son espece, reduise ces communes diferences à l'vnité du serpent. Et lors qu'en passant des sens externes aux internes (entre lesquels ie dis qu'il y en a quelqu'vn qui répond à la forme ou au principe de l'indiuiduation du serpent) il se sentira peut-estre frapé de quelque horreur, il est raisonnable de croire que ce ne sont pas les diferences communes, qu'il auoit desia connuës, qui l'afectent en cette maniere, mais que cela vient de quelque vertu de la forme mesme, laquelle se fait paroistre suiuant ces afections, tant és sens externes qu'és internes, par vne certaine analogie secrete. Tu distingue donc ce serpent des autres animaux, & tu en as horreur, à cause de la nature commune des choses, ou à raison de la correspondance & de la proportion que tu as auec le grand monde. D'où il apert que tout nouueau principe d'indiuiduation produit quelque espece nouuelle, à laquelle répond vne faculté particuliere, qui se trouue dans nous, qui se manifeste par vn nouueau sens, ou indice. Et si quelqu'vn le nie, il le faut conuaincre par les quidditez mesmes des indiuidus, dont la distinction d'auec les autres choses de mesme espece est assez euidente en elles mesmes, & en leurs efets. Car bien que la nature des actions qui procedent des essences & quidditez soit fort secrete & cachee (si l'on a égard aux sens externes) neanmoins personne n'a douté qu'elle ne soit veritable. De là vient que tout ce qui est nouueau est aysément conserué dans la memoire, car nos facultez s'expliquent, & s'étendent en la presence d'vn nouuel obiet. Tu peux encore remarquer dans toy-mesme, que les facultez analogues se forment suiuant le nombre des principes; mais il faut établir les caracteres internes par les diferences : où l'on doit remarquer soigneusement que les communes diferences montrent toujours vne nature commune, & les particulieres vne particuliere : de sorte que ce qu'il y a de nouueau dans l'obiet, marque sa nature particuliere; car quant aux diferences communes elles sont par tout de mesme façon : disons donc qu'elles sont *les mesmes*, dans cette diuersité d'obiets, lors qu'elles afectent les facultez d'vne mesme sorte, apres auoir deuëment consideré les termes; nous les disons *semblables*, lors qu'elles nous afectent quasi de mesme maniere; *diuerses*, lors que les autres ont quelque chose de commun auec elles; & *contraires*, quand elles n'ont rien de commun. Lors que les diferences communes sont compliquees dans les obiets, ie veux aussi que les facultez soient compliquees, entre lesquelles celle qui considere la chose dans son estat naturel, paroist comme la plus eminente, parce qu'elle est la mieux proportionee au principe d'indiuiduation; c'est par ce moyen qu'elle distingue l'homme qui est à cheual, non seulement d'auec la beste, mais aussi qu'elle le distingue d'auec vn autre homme.

C'est encore ainsi qu'il faut iuger, que lors qu'on r'apelle de la memoire les obiets tant simples que composez, si l'on ajoûte, ou si l'on oste vn terme, l'on infere quant & quant vne nouuelle diference, (quant à la complication) d'où l'on a vn nouuel obiet, duquel il se peut donner vne nouuelle verité: dont tu viendras aysément à bout, si apres auoir bien conformé les diferences des aparences auec les veritez des choses, tu les conforme encore auec les veritez de l'entendement. Or les obiets répondent aussi bien aux facultez, comme font les facultez aux obiets; lesquelles on distinguera partout, si l'on sent que les vnes s'émeuuent seulement à la presence des obiets, & que les autres agissent mesme lors que les obiets sont absens. C'est pour cette raison, qu'il faut auoüer que puisque tout homme est pressé de faim & de soif, il y a quelque chose dans la nature, qui pourra satisfaire à ses apetits, bien qu'il ne nous parust icy nul aliment, ou breuuage, & que si la felicité eternelle (quoy qu'il n'y en eust aucune icy) est desiree de tous les hommes, il faut dire que si elle n'est facile, elle est du moins possible. Or les milieux sont icy considerables, car si on les a, l'on a quant & quant la vraye conformité de l'obiet. Cependant nous reseruerons pour vn autre lieu le discours de ce qui concerne le corps & l'esprit. Or nos facultez ne regardent pas seulement le present, mais aussi le passé, & l'auenir, ce qu'il est aussi facile de comprendre par les sourdes & secretes sympaties & antipaties, qui nous émeuuent à regarder à l'amour, ou à la haine, que par les predictions que font quelquefois ceux qui sont saisis de quelque maladie, de la fureur, ou de l'enthousiasme.

Ces choses nous seront donc reuelees apres auoir quité ce corps; mais puis qu'en atendant, les facultez qui semblent ne cesser point d'agir qu'en presence des obiets, paroissent nouuelles à de nouueaux obiets, qui empesche que nous ne puissions toujours trouuer de nouuelles facultez iusques à l'infini, s'il naissoit toujours de nouueaux obiets? De façon que tu peux bien trouuer vn terme dans les choses, mais tu n'en sçaurois trouuer dans toy mesme.

Or ceux qui nient cette source feconde des facultez, comme trop ample, & ceux qui la reiettent comme fausse, doiuent prendre garde qu'ils rétreignent, & reduisent vne infinité de perfections de l'esprit dans vn tel détroit, qu'en ne donnant que cinq sortes d'obiets aux cinq sens, ils desautorisent la grande multitude des dictions qu'on void dans les Dictionaires, & les efacent, comme n'ayant nul apuy de raison. Certes quoy que dient les Sophistes, il ariuera que si l'on ne met autant de facultez que de diferences, toute la science humaine sera reduite à cinq accidens, & la creance des choses n'aura point d'autre fondement que les qualitez perissables; dont l'absurdité paroist assez par leurs propres argumens, car ils ne s'apuyent pas sur le son, sur la couleur, l'odeur & la saueur, ny sur le dur & le mol, par où ils veulent qu'on les croye.

Mais pour dire quelque chose du plus grand nombre des noms des facultez, (qui semblent estre troublez par ma doctrine) ie desirerois que l'on eust donné des noms à toutes les facultez conformantes, qui n'en ont point encore: car comme le sens, quoy que diuers, lequel se porte aux richesses par auarice, aux honneurs par ambition, & aux voluptez par lasciueté, est neanmoins apellé *apetit*, lors que toutes ces facultez, qui conforment ces choses, se reünissent dans vne mesme racine: de mesme puis qu'il y a des notions communes pour toutes ces choses, ie suis d'auis qu'on leur donne des propres descriptions, & puis qu'on les reduise à vne seule parole: ce que i'estime encore necessaire, tant pour les sens internes, que pour les sens externes, afin que l'on reduise toute sorte de dispute à cette question, *par quelle faculté prouue tu cela?* atendu que l'on ne peut donner aucune verité de l'entendement, sans le témoignage de quelque faculté; de sorte que toutes les facultez tant internes, que les externes, qui regardent la figure, le mouuement, le nombre, la distance, &c. ayent leurs noms, tant propres que communs suiuant l'habitude des diferences; car c'est vne chose honteuse que les Vocables qui abondent en des choses hors de nous, soient defectueux és choses qui sont dans notre interieur. C'est donc à quoy ie prouoque tes sens internes, par des labyrintes & des détours, en vsant de circonlocution au lieu de propres noms, qui nous manquent. Voila ce que i'ay voulu dire du nombre des facultez (dont bien que tu ne comprisse pas la raison, tu ne comprendras pas moins bien ce qui suit) mais nous disposerons desormais leur bataillon mal ordonné, selon que l'indigence des paroles, & des vocables nous le poura permettre. Or puis que l'homme, qui est vn animal d'vne structure si nombreuse, a tant de diferentes &

de merueilleuſes facultez tant exterieures qu'interieures, ie trouue qu'il eſt aſſez dificile de les diſtribuer; neanmoins toute ſorte de preuue, qui doit ſe prendre des facultez, peut eſtre reduite au nombre de quatre; car ſoit que les facultez agiſſent ſur les obiets, ou les obiets ſur les facultez, ie dis que tout ſens eſt

l'inſtinct naturel

Ou le ſens qui naiſt des facultez qui conforment les notions communes

ou

le ſens interne,

ou

le ſens externe,

ou

le diſcours

deſquels i'aſſeure cette grande choſe, à ſçauoir

Que tout ce qui ne ſe connoiſt point par l'inſtinct naturel, par le ſens interne, par le ſens externe, ou par le diſcours, ne peut eſtre pris, ny aprouué pour veritable.

Puis qu'il n'y a point d'autres facultez que celles-cy, ie les diuiſe en quatre ordres, quoy qu'il ne falle pas que tu croye que cela ſufiſe: car ſi quant & quant tu ne connois les obiets conuenables, & les loix, ou les conditions par leſquelles elles ſont conformees, tu n'auras autre choſe dans tes opinions que la vray-ſemblance ou la fauſſeté; c'eſt pourquoy tu dois examiner cecy ſerieuſement. Ie te veux cependant auertir que les facultez diuines que i'attribuë à l'eſprit, ne ſont bornees d'aucunes limites (car elles ont des obiets communs, outre ceux qui leur ſont propres) & qu'elles peuuent tellement penetrer les facultez corporelles, qu'elles peuuent ſentir leurs ſentimens, car (nous n'auons point de vocable plus propre pour exprimer cecy:) de là vient qu'elles peuuent entendre & aymer les choses caduques, quoy que les facultez corporelles (soit qu'elles apartiennent à l'apetit irascible, ou au concupiscible) ne puissent s'éleuer aux choses diuines. Voicy donc le sens de cette Proposition. *Tout ce qui ne se connoist pas par ces facultez bien conformees, ne peut nullement estre prouué comme veritable, total, intellectuel, vniuersel & necessaire.* De sorte que dans la lecture de toutes sortes de liures, il faut remarquer par quelle faculté ils prouuent ce qu'ils mettent en auant: car cette seule question donne vne merueilleuse facilité à refuter, & à bannir les fables & les opinions: où lors que ce qui est vray requert la faculté, & l'obiet conuenables, & les loix qui doiuent interuenir à la conformation, toutes les conditions manqueront és choses fausses, & il en manquera quelques-vnes dans les vray-semblables. Or celuy qui propose vne preuue de l'instinct naturel, doit aporter quelque notion commune, qui ne puisse estre reiettee que des insensez, ou de ceux qui sont priuez de l'vsage de raison: que s'il propose sa preuue de la part du sens interieur, ou de l'exterieur, tu as les mesmes facultez pour en faire le iugement, quand les mesmes obiets & les mesmes conditions se rencontrent desquelles il se faut aussi seruir, si tu n'aymes mieux n'auoir qu'vne foy douteuse, si l'on procede par le discours, ie conseille qu'on reiette ce qui se propose, si la raison est autrement déduite que de quelque notion commune, de sorte qu'on le puisse seulement estimer pour vray-semblable, si la preuue manque, ou pour faux, s'il est oposé à quelque notion commune. Cecy estant posé, les Philosophes, les Retoriciens, & les Historiens ne pouront t'imposer, car tu tireras tes veritez analogues de toute ſorte de doctrine. Or il faut premierement traiter de l'inſtinct naturel, ou de la faculté qui conforme les notions communes.

De l'inſtinct naturel.

Puis que ce qui ſe preuue par le conſentement vniuerſel, doit eſtre vray, & conformé par quelque faculté interne, (car iamais nulle raiſon ne perſuadera que cela ſoit faux) & que l'homme n'a aucune faculté, à laquelle on doiue pluſtoſt attribuer cette verité, ie dis que *l'inſtinct naturel* eſt la faculté conformante, à condition que chacun puiſſe choiſir tel vocable qu'il voudra, ſi celuy dont i'vſe ne luy plaiſt pas, pourueu que les veritez, qui ſont établies par le conſentement vniuerſel, demeurent en leur entier. De ſorte que le *conſentement vniuerſel* ſera la regle ſouueraine de la verité: & qu'il n'y a rien de ſi grande conſequence que de bien choiſir ces communes notions, & les mettre chacune en leur lieu comme des veritez indubitables. Ce qui eſt maintenant plus neceſſaire qu'il n'a iamais eſté: car puis que ce n'eſt pas ſeulement par les raiſons que l'on égaye dans vne ſi grande diference de vocables, de perſuader dans la chaire, mais que l'on vſe de certaines terreurs pour mettre tellement la foy dans la teſte & dans l'eſprit (quoy que la conſcience, & les ſens interieurs y repugnent) que tous ceux qui ſont hors de l'Egliſe de ces Predicateurs, ſoit par ignorance, ou par erreur, ſont ſi criminels, qu'ils doiuent ſans aucun delay encourir la damnation eternelle, les paures mortels étonnez de ces foudres n'ont point de lieu de refuge, ſi l'on ne poſe quelques fondemens inébranlables de la verité, qui soient apuyez sur le consentement vniuersel, & ausquels on puisse auoir recours dans les doutes de la Theologie, ou de la Philosophie.

Car puis que toutes les nations desirent que la loy, c'est à dire leurs communes notions, soient reduites à vn certain ordre, & neanmoins que cette loy ait esté diuersement donnee par de diferens Legislateurs : & finalement puis qu'entre certaines loix il y a quelquefois de la contrarieté, & qu'il y a vn tres-grand consentement entre les autres, soit qu'on regarde la religion, ou le droit ciuil & politique, ie tiens que *ce consentement vniuersel est la doctrine de l'instinct naturel, & l'ouurage de la prouidence diuine.* Ie m'étonne cependant de l'opiniastreté auec laquelle le miserable homme embrasse toutes les opinions des Docteurs, ou qu'il les reiette toutes, & comme ne sachant point faire le choix, (impuissant qu'il est) il renie ses facultez en s'embroüillant miserablement dans vne foy implicite ; & parce qu'il n'est pas assez courageux pour mépriser les terreurs, il craint & hayt.

I'aioute que les doctrines vulgaires ne sont pas tout à fait fausses, ny vrayes, car il n'y eut iamais aucune Religion ou Philosophie si barbare qui n'ait eu sa verité, & neanmoins si elle a esté corompuë par l'erreur (comme il a coutume d'ariuer) l'on ne peut autrement la remettre dans sa splendeur, que par la separation qui depend de notre methode. Car si les choses qui sont vrayes ont le témoignage de quelque faculté, celles qui seront fausses n'auront aucun témoignage. Le consentement vniuersel doit donc estre pris, à mon auis, pour la premiere & la souueraine Theologie & Philosophie ; à quoy la diuine prouidence sert grandement, laquelle a tellement declaré en ces derniers ſiecles ce qui a eſté inconnu aux precedents, qu'il ſemble qu'il n'y a plus rien digne d'eſtre ſceu, qui ne nous ait eſté declaré. Or nous ne tirons pas ſeulement ce conſentement vniuerſel des loix, des religions, des philoſophies, & de toutes ſortes de mouuemens, & écrits des Auteurs, mais nous voulons outre cela, que certaines facultez nous ſoient tellement imprimees, que par leur moyen ces veritez ſoient conformees. Nous laiſſons cependant les inſenſez & les fols, quelque Egliſe, école, ou opinion qu'ils puiſſent ſuiure: de ſorte que nous ne fauoriſons point icy l'hereſie, ou l'eſprit phanatique; tant s'en faut que nous ouurions le chemin à l'eſprit particulier : nous diſons ſeulement qu'il eſt ayſé d'établir les veritez generales qui ſont neceſſaires, & que le conſentement vniuerſel (qui ne s'établit point ſans la prouidence diuine) eſt la regle vnique de la verité és choſes neceſſaires ; or i'embraſſe ce labeur d'autant plus volontiers, qu'en ce faiſant i'entreprens la cauſe de Dieu, qui a donné les notions communes en tout temps, en tout lieu, & à tous les hommes, comme les moyens de ſa diuine prouidence vniuerſelle. Si neanmoins il reſte quelque doute dans l'examen que ie fais des notions communes, & des autres choſes, ie prie le Lecteur qu'en quitant toute ſorte de crainte & de hayne, il ſepare par le moyen d'vne communication pieuſe & douce, les choſes qui s'établiſſent par le conſentement vniuerſel, d'auec celles qui ne l'ont pas pour leur apuy, & qu'il regarde pluſtoſt les choſes en embraſſant ce conſentement vniuerſel, comme vne verité irrefragable, que les noms, dont le mépris ſera cauſe que l'on fera de grands progrez dans la ſageſſe. Et bien que l'on ne ſoit pas d'acord de telles ou telles dictions, il ne faut pas reietter entierement ce qui se propose, mais apres auoir fait reflexion sur quelque simple proposition, si l'on ne peut passer outre, il faut y aquiescer, en s'abstenant du discours superflu, lequel a coutume d'introduire l'erreur, lequel est pire que l'ignorance. Car ie dis hardiment qu'il y a eu, & qu'il y a maintenant des hommes, des Eglises, & des écoles remplies de bagatelles, qui ont introduit dans les siecles suiuans des impostures, & des fables (quoy que mal tissuës, encore qu'ils veillent qu'on les croye) qui n'ont point d'autre fondement que les histoires vray-semblables, & quelque discours bouru & impertinent; ce qui ne fust iamais ariué si l'on eust vsé de ma methode.

Ne croyez pas neanmoins qu'elle vous impose de la contrainte, car quelque part que l'on soit, Dieu & la vertu sont des notions communes, desquelles celuy qui s'éloigne ne peut esperer le salut, s'il n'expie ses crimes. Il faut encore prendre garde que ny l'ignorance, ny la pretenduë autorité des Auteurs ne vous persuade que Dieu n'aye pas toujours assisté toutes sortes de personnes és choses necessaires, tant pour cette vie, que pour la vie eternelle; ou mesmes qu'il aye peu leur dénier son assistance, car la prouidence diuine est plus fidele que toutes les histoires; de sorte que si son assistance n'a esté exterieure, il faut croire qu'il l'a supleée dans l'interieur par quelque reuelation, par laquelle elle enseigne les voyes du salut. Quant à l'estat des enfans ou des embrions cela ne vous doit point étonner, car cette prouidence diuine modere les choses qu'elle decrete, par vn iugement iuste & pieux, quoy que secret & caché: & c'est par cette notion commune que ie vous auertis, qu'on peut resoudre tous les doutes qui se peuuent proposer touchant le gouuernement des choses. Nous disons cependant que l'instinct naturel est la faculté qui conforme tout ce qui se croid, ou tout ce qui se commande parmy toutes les nations (car tu ne dois point desirer d'autres voyes, si Dieu t'en auertist.) Or si cet instinct produict des actions égales & de mesme sorte dans les elemens, dans les mineraux, dans les plantes, & dans les animaux, suiuant la diuersité de leur espece, pourquoy ne fera-il pas la mesme chose dans nous? puis qu'il n'y a point de conformité si necessaire, ny si salutaire, que celle qui se fait entre nous, & entre la souueraine puissance, laquelle est la cause, le milieu, & la fin de tout ce qui se void icy.

Ie donne donc à l'instinct naturel tout ce qui se rencontre de mesme façon en tous les hommes, si l'on en separe les choses, ou les paroles mal-entenduës. Quant à ce qui est de surplus, i'y remarque la liberté d'actions, & vne grande varieté. D'où il apert que ce qui se trouue necessairement dans les choses, nous sert seulement de moyens, car la grace nous en donne la iouyssance. Il n'y a dans tout cela que le *franc arbitre* qui nous apartienne, lequel ne seroit plus à nous s'il regardoit necessairement les milieux, comme son terme. Dieu donne donc vne faculté diuine à ceux à qui il donne le franc arbitre, lesquels ont par consequent le mesme moyen dont Dieu mesme se sert; de sorte que comme le mouuement se remarque dans l'homme apres son existence, & apres le mouuement la vie, apres la vie le sentiment, & apres le sentiment le franc arbitre, de mesme nous pouuons passer outre, si nous vsons bien des facultez precedentes; or il faut tenir pour vne loy fondamentale, ou pour vn *fatum*, *que les notions communes, & les autres sens n'agissent, & ne paroissent point s'ils ne sont excitez par les obiets*; quoy qu'il falle croire que les obiets ne peuuent manquer aux facultez, ny les facultez aux obiets en ce qui concerne les choses necessaires : c'est pourquoy il faut conclure que ces notions se trouuent toujours de mesme, soit que l'on die qu'on les excite, ou qu'elles emanent, & soient produites en d'autres façons. Or elles dictent que nous deuons faire quelque chose, & que nous nous deuons abstenir des autres ; elles recommandent que nous vsions de pieté, & de gratitude vers nos bien-facteurs, & particulierement vers Dieu, qui est la premiere cause de tout le reste : si neanmoins il y a de certaines choses qui puissent sembler s'éloigner de la raison, entre celles que prescrit le consentement vniuersel fondé sur les loix & sur les religions, &c. souuiens toy que l'instinct a cela de propre qu'il agist iraisonablement, c'est à dire sans discourir, car les elemens, les mineraux, & les vegetaux, qui semblent n'auoir point de discours, ny de raison, sçauent, ou cherchent en cette maniere ce qui apartient à leur conseruation. C'est donc icy que se verifie le dire commun, à sçauoir *qu'il faut croire des choses qui surpassent la capacité de l'homme*; car puis que la raison est vne certaine deduction des notions communes, qu'elle étend tant qu'elle peut, elle n'a point d'autres principes, qu'elle puisse consulter ; c'est pourquoy *les notions communes sont les principes, contre lesquels il n'est pas permis de disputer*; ou bien elles sont la partie de la science que la nature nous a donné, suiuant sa premiere intention. Ce sont là ces notions dans lesquelles i'ay dit plusieurs fois que l'on void reluire vn échantillon de la sagesse diuine, lors qu'on

les

les ſepare d'auec l'impureté des opinions, & qu'on les reduit à vne certaine methode, & dans vn bon ordre. Or elles ont vne telle connexion, que les diuines & les morales ſont celles qui s'entretiennent le mieux enſemble, car il ſemble que les naturelles ſont vn peu éloignees; neanmoins (ſi les vocables ne nous troublent point) on peut les mettre enſemble auec les autres; de ſorte que l'ordre & la diſpoſition des notions communes, ſemble particulierement fauoriſer l'acompliſſement de la paix vniuerſelle. Ie vous exhorte donc à faire cecy tant que vous pourez, iuſques à ce que le grand ouurage de la prouidence diuine vniuerſelle ſoit acomply. Mais afin que l'on ne puiſſe rien deſirer dans cette methode, i'aporteray icy vn ou deux exemples. *La religion eſt vne commune notion*, car il n'y a iamais eu ſiecle, ou nation aucune ſans religion. Il faut donc voir ce que le conſentement vniuerſel a fait reconnoitre dans la religion, & comparer enſemble tout ce que l'on trouuera ſur ce ſujet, afin de receuoir pour notions communes toutes les choſes qui ſe treuuent & ſe reconnoiſſent les meſmes, dans la vraye Religion.

L'on dira que cela eſt tres-laborieux: mais il n'y a point d'autre moyen pour établir les veritez des notions communes, dont neanmoins ie fais tant d'eſtime, que les ſecrets de la ſageſſe diuine vniuerſelle ne peuuent ſe découurir que par leur ſeul moyen. L'on ne marchera pas moins viſte pour auancer les connoiſſances, lors que l'on aura aquis ces notions. *La Loy* eſt auſſi vne notion commune, c'eſt pourquoy il faut proceder comme cy-deuant, & *receuoir pour des loix bonnes & legitimes, celles qui ſont aprouuees de tout le monde*. Or ſi tu deſire vne methode plus racourcie, ie te la donne aussi : retire toy dans toy-mesme, & entre dans tes facultez, tu y trouueras Dieu, la vertu, & les veritez vniuerselles & eternelles. Mais si tu demande s'il faut reieter l'autorité des volumes entiers, des Auteurs qui nous ont esté communiquez par les siecles precedens, ie dis que non : mais plustost qu'il faut croire que tout ce qui est analogue aux atributs diuins, & qui plus est il le faut receuoir auec action de graces ; toutefois parce que c'est vne commune notion que plusieurs choses se peuuent faire, quoy qu'elles ne se fassent pas, il faut proceder sagement, & auec suspension des choses qui dependent de l'autorité de celuy qui les raconte. Mais si tu demande si les volumes entiers des Auteurs ne nous seruent point pour d'autre bien : ie réponds, qu'ils nous seruent pour exciter les notions communes, ce qui est vn tres-grand bien. C'est pourquoy il est bon de les fueilleter, pourueu que tu distingue *la verité de la chose*, dont le principe est hors de toy, d'auec celle *de l'entendement*, laquelle vient de toy-mesme, & les veritez vniuerselles & eternelles d'auec les particulieres, & temporelles. Remarque aussi que bien qu'on n'afirme pas beaucoup de choses par ma methode, l'on en nie fort peu en recompense, à sçauoir les seules choses, qui sont contraires à la droite raison, ou aux atributs diuins. Ie viens maintenant à la definition de l'instinct naturel, apres auoir consideré qu'il se prend en deux sortes, l'vne entant qu'il est vne faculté conformante, & l'autre entant qu'il est la conformité actuelle, ou reduite à l'acte. Si on le considere en la premiere façon, il est l'instrument le plus prochain de la prouidence diuine vniuerselle, & mesme il en est vne certaine partie grauee dans l'esprit : si on le considere en la seconde maniere. Les instincts naturels sont des actes des facultez qui se trouuent dans tout homme sain & entier, par lesquelles les communes notions, qui regardent l'analogie interieure des choses (comme sont celles qui considerent la cause, le milieu, & la fin des choses, & le bien, le mal, le beau, &c.) & qui concernent particulierement la conseruation de l'indiuidu, de l'espece, du genre, & de l'vniuers, sont conformees d'elles mesmes sans le discours.

Puis que nous n'auons pas de propres vocables pour nous expliquer, le verbe *i'instingue* n'estant point en vsage, i'entendray quelquefois la faculté conformante par l'instinct naturel, & d'autres fois la conformité mesme actuee dans le sens; c'est en cette signification qu'il est icy defini: de sorte que les notions communes, & les instincts naturels, dont ie parleray par ordre, signifient vne mesme chose.

Ie parleray neanmoins premierement de l'instinct naturel entant qu'il est vne faculté; l'instinct naturel entant que conformant, n'est pas l'esprit, ou l'ame par soy-mesme, ny l'ame, c'est à dire l'esprit se raportant à son corps, (car c'est ainsi que nous en parlons) mais c'est son emanation la plus proche, qui auoisine tellement le dictamen de la nature, qu'elle enseigne tout aussi tost la doctrine de la propre conseruation, & qu'elle est si necessaire, qu'il semble mesme qu'elle ne puisse estre ostee par la mort. Car qui empesche que les facultez qui precedent les sens externes, comme l'atouchement, le goust, &c. ne puissent demeurer, encore qu'ils perissent? Or les facultez de l'instinct naturel precedent lesdits sens, & par consequent elles demeurent apres la mort. Et bien que les autres puissent aussi demeurer, car elles s'étendent aux obiets, comme estant exposees par l'instinct naturel, toutefois l'on en peut douter, car si d'autres obiets nous sont representez apres cette vie, nous n'aurons pas besoin d'elles : car nous sçauons par experience & par raison, que la sagesse diuine vniuerselle ne fait rien de superflu, non plus qu'elle ne manque point és choses necessaires; de la vient que l'homme (qui est vn animal d'vne structure si nombreuse) a plusieurs facultez : Quant à la taupe, elle a peu se passer de voir, parce qu'elle vit soubs terre, comme les Zoophytes, ou plantes animales, se peuuent passer de tous les sens exterieurs, excepté de celuy de l'atouchement, c'est pourquoy chaque faculté se porte par degrez l'vne apres l'autre vers les obiets, suiuant le besoin que l'on en a. Et i'estime qu'il importe grandement à ceux qui se proposent la science de l'analogie des choses, de remarquer cette gradation, & ce progrez des facultez, non seulement dans toute la masse, ou dans tout le systeme vniuersel des choses, mais aussi dans l'adolescence de l'homme.

Il est donc raisonnable de croire que les facultez qui naissent auec l'ame, ne perissent point à la mort ; & partant que l'homme s'en peut seruir apres cette vie pour sa propre conseruation : Mais il dépend de la iustice eternelle, qui recompense chacun selon ses œuures, de nous mettre dans vn meilleur estat. Car toutes les loix, les religions, & les Philosophies enseignent que nous auons toujours de la vie, quelle qu'elle soit, & ne permettent pas que nous mourions entierement, atendu que nous demeurons pour le moins dans la proposition de l'intellect agent, c'est à dire de nos facultez. Lors qu'il ariue donc que nos parties corruptibles se separent d'auec les incorruptibles, qui est le grand ouurage de la nature, ce ne sont pas les facultez, mais les organes qui se corompent : de sorte que ce qui se corompt, n'est pas notre, mais seulement ce que nous auons pris d'étranger de la masse de la semence, des alimens, & des autres corps. Et ne seroit-ce pas vne chose bien dure, & bien impertinente, si apres que l'esprit auroit basti la fabrique du corps, il y faisoit des fenestres pour regarder dehors, & que n'ayant aucune porte par où il sortist, il fust écrasé par la ruine & la cheute de son propre bastiment? Il ne faut pas neanmoins s'étonner si quelques-vns veulent que l'ame soit mortelle, car il faut entendre cela de la partie de l'ame, dont ils ont vsé, c'est à dire des sens corporels, qui sont suiets à la mort, à raison qu'ils ne nous apartiennent plus, dont ie parleray ailleurs; il sufit que le sens interne (pourueu que les facultez ne soient point empeschees) puisse dicter l'immortalité de l'ame, de laquelle ie permets de douter à ceux qui ne la sentent point; & ce d'autant plus que chaque religion menace de la premiere mort, ou de la seconde, comme de la peine deuë au peché, quoy que l'on ne puisse sçauoir quelle, ou combien grande doit estre cette seconde crie, ou mort, à raison des conditions qui nous manquent, & qui sont necessaires à la conformation de cette verité, & de ce qu'il n'y a point de consentement vniuersel touchant cecy: car nous ne sçauons pas maintenant dauantage des choses à l'auenir, que nous sçauions de celle-cy lors que nous estions dans la matrice; & certes cette comparaison est d'autant meilleure que tout ce monde d'obiets semble aussi petit à ceux qui ont l'esprit releué & imbu de toutes sortes de ſciences, comme la matrice ſemble étroite à l'embrion. Il faut donc conclure qu'encore que les obiets exterieurs, & les facultez externes periſſent, ſi nous ne pouuons quiter notre vnité (dont le doute eſt vne impieté) cette faculté, que nous apellons *l'inſtinct naturel*, nous demeurera comme vn compagnon tres-fidele, lequel étendra de nouuelles facultez & des obiets nouueaux. Et certes ſi cet inſtinct ſçait ſe conſeruer dans chaque element, quoy que ſans organe, & ſans ſageſſe, il poura rendre l'homme ſeur & ioyeux, pourueu qu'il n'ait point de crimes. Ce qui ſoit dit de l'inſtinct naturel, entant qu'il eſt faculté : mais ſuiuant la ſeconde ſignification, le meſme inſtinct naturel eſt l'acte de quelque conformité, ou quelque conformité reduite en acte; ſuiuant quoy elle eſt vne meſme choſe que la notion commune, & doit eſtre eſtimee comme le doüaire de la nature, & comme vne certaine beatitude, laquelle bien qu'elle ſoit inconnuë à l'homme, entant qu'elle n'eſt pas encore expliquee, neanmoins ſi elle eſt exercee par les obiets des choſes, ou des paroles, ou des ſignes, il faut croire qu'elle ſera vne notion commune : il faut neanmoins que l'homme ſoit ſain & entier, par ce que ceux qui ſont opiniaſtres, inſenſez, & pareſſeux, ne reçoiuent aucune ayde de cette faculté en cette vie par vn ſecret & iuſte iugement de Dieu; encore que l'on puiſſe remarquer qu'il y a de merueilleuſes facultez internes dans les fols, dans ceux qui ſont yures, & dans les enfans, tant pour leur conſeruation, que pour preuenir les incommoditez externes, de ſorte que ces facultez ne manquent iamais entierement. Les communes notions qui ſont nommees par les Grecs κοιναὶ ἔννοιαι, ont eſté les principes ſacroſaincts, contre leſquelles il n'est pas permis de disputer, & desquelles les fondemens, dont on demeure d'acord, ont aproché de plus pres, à sçauoir ceux qui ont esté assuietis à l'examen, quoy que de prime abord ils ayent semblé veritables; c'est en cette maniere que l'on peut croire que le discours a ajoûte quelque chose; à quoy enfin l'on a conioint les experiences, ou les conclusions. L'on a donc donné le premier lieu aux choses qui ne receuoient point de doute (telles qu'il en faut toujours suposer quelques-vnes en toute sorte de dispute) l'on a donné le second lieu à celles qui sembloient vn peu de dure digestion en elles mesmes, ou mal déduites, ou fondees sur des fausses opinions qui auoient preuenu l'esprit, ou peut-estre aussi des choses, des paroles, ou des signes que l'on auoit mal entendu, ou peut-estre de plusieurs de ces choses. L'on a donné le troisiesme lieu aux experiences, & aux conclusions que l'industrie des praticiens a trouué, ou qu'ils se sont rencontrees par hazard : d'où l'on a composé quelque art, qui n'est point suiet à d'autres regles, qu'à celles que l'experience a prescrit, or on les apelle *communes notions*, parce qu'elles sont dans tout homme sain & entier, pourueu que les obiets des choses, des paroles, ou des signes demeurent fermes en leur entier. Car le sens mesme, lequel nous faisons seruir de tesmoin par tout où cela se peut, enseigne que les notions communes sont excitees en la presence des obiets.

Il ne faut donc pas qu'aucun, pour resueur qu'il soit, croye que ces notions nous soient aportees par les obiets, de sorte qu'il ne reste plus qu'à conclure que la nature mesme les a grauees dans nous, & qu'elles sont expliquees suiuant cette loy, & qu'autrement elles peu uent demeurer cachees. Ce qui doit cependant nous persuader que Dieu ne nous fait pas seulement participans de son image; mais aussi qu'il nous donne quelque échantillon, & quelque partie de sa diuine sagesse. I'ose donc auancer que le Createur mesme se découure dans quelques-vnes de ces *notions communes*, puis qu'elles buttent toutes au bien commun.

Or nous les apellons *communes* à notre égard; lesquelles estant communes à tout homme, peuuent estre puisees de toutes sortes d'obiets, comme sont celles-cy, *que les choses ont vne premiere cause, vn milieu & vne fin derniere; qu'il y a vn certain ordre dans les choses, & de certains degrez & vicißitudes*, &c. car celles-là sont les plus *communes*, qui ne sont pas seulement communes à notre espece, mais aussi aux autres especes distinctes de la notre; par exemple, *la raison de la propre conseruation, le desir de la felicité*, &c. de sorte que celles-là ne sont pas si communes, qui ont leurs obiets équiuoques ou douteux, & celles-là sont les moins communes de toutes qui sont empeschees de la preuention des erreurs, ou dont les obiets ne sont gueres souuent conformez, c'est pourquoy on ne peut les nommer *communes*, par ce que les conditions requises à la conformation de nos veritez, ne s'y rencontrent pas. Nous n'apellons donc pas ces notions *communes*, à cause qu'elles se font paroistre en tout homme, bon gré, mal gré qu'on en ayt, mais parce qu'elles seront *communes*, pourueu qu'on ne leur ferme point les passages pour les empescher. Il faut donc donner le premier rang de communauté aux notions, qui se conforment soudainement, & sans aucun delay, par le moyen de toute sorte d'obiet; car celles qui demandent

plus

plus de temps, n'ariuent à leur perfection, que par l'entremise de la raison.

Ie ne peux cependant assez exhorter le Lecteur, qu'il choisisse, qu'il mette à part, & qu'il ordonne ces principes communs, desquels le nombre est determiné & bien petit, (dont ie suis tres-certain) & qu'il en vse comme d'vne idee generale, & d'vn tres-excellent modele de la prouidence diuine vniuerselle; or il ne faut pas s'arester aux diferentes significations, qui se trouuent és dictions des idiomes diferents, non plus qu'aux diferentes manieres de parler, car le vray amateur de la verité peut, & doit surmonter toutes ces dificultez. Et l'on doit icy remarquer soigneusement que ce qui est compris comme vne mesme chose par l'entendement, est souuent expliqué par plusieurs paroles; comme ce qui est diuisé en plusieurs parties par l'entendement, suiuant le langage commun, se reduit quelquefois à vne seule parole. Mais il faut quiter la parole, & passer au sens interne, afin de se desembarasser de ces dificultez: Et remarquez bien particulierement, qu'il se rencontre trois choses en toute sorte de proposition, à sçauoir le *suiet*, *l'atribut*, & le *lien* des deux, lequel est toujours le verbe, *Est*, car le *non est* se peut, & se doit reduire à l'*est*; de sorte que le suiet & l'atribut sont toujours liez, & conioints par le verbe *est*, comme il ariue en la question exprimee par la diction, *quand*, souz la raison du temps *present*, *passé* & *futur*, dont voicy vn exemple.

Nous deuons estre courageux, ou *nous ne deuons pas estre timides*; ces deux propositions veulent dire vne mesme chose; or, *nous deuons*, signifie vne mesme chose que, *nous sommes deuans*; de sorte que la premiere verité de cette propoſition eſt , que nous deuons faire quelque choſe, & que nous deuons auſſi n'en faire pas d'autres, car toutes les ſortes d'aſſemblemens , qui ſe trouuent dans les propoſitions exprimees par, *quand*, ſe peuuent reduire, quoy qu'auec peine, au verbe *eſt*. Or l'on met entre les choſes que nous deuons faire, *que nous deuons eſtre forts & genereux* ; c'eſt pourquoy ces choſes ont leurs *facultez conformantes* : mais l'entendement va plus auant, & enſeigne *que le genereux doit eſtre iuſte* ; de ſorte que cette notion commune aura ſa faculté conformante, diſtincte de la premiere. Mais l'entendement ne s'areſte pas icy, car il dit encore, *que l'homme magnanime & iuſte, doit eſtre ſage, moderé*, &c. c'eſt pourquoy l'on a d'autres *notions communes*, & par conſequent d'autres ſens, ou d'autres creances nouuelles, qui témoignent de nouuelles facultez conformantes. Or le ſuiet de ces propoſitions eſt, *nous*, l'attribut, *forts*, ou *magnanimes*, *genereux*, & *iuſtes*, &c. le *lien* n'eſt autre que le verbe *eſt*, par lequel les *notions communes* ſont conformantes, car les conformitez peuuent ſouuent eſtre conformees, & ſe reduire à quelque vnité : mais ie traite de cecy dans mes Zetetiques, où l'on void les termes, & les bornes de la ſageſſe humaine ; cependant afin que vous puiſſiez tirer ces notions communes hors des écrits & paroles des Auteurs, il faut remarquer apres l'examen de chaque propoſition, à quelle queſtion elle apartient, par exemple, ſi c'eſt à celles qui s'expriment par ces dictions *qu'eſt-ce*, *quel*, *combien*, &c. ſoit que la queſtion ſe faſſe ſimplement, & par ſoy-meſme, ou qu'elle embraſſe d'autres choſes. Puis il faut voir quelles ſont les facultez qui répondent à ces queſtions : & prendre garde de ne déduire point par la voye de discours ce qui se doit prendre nettement du sens exterieur, ou de l'interieur, car les sens tant externes qu'internes, sont les souuerains témoins de leurs obiets. L'on doit enfin examiner les conditions pour auoir vne bonne conformation. Le Lecteur ayant fait tout cecy doit examiner quel sens a la proposition, & quelle est sa verité, c'est à dire à quelle faculté elle se raporte. Il faut donc perpetuellement remarquer que lors qu'on reçoit agreablement & fort volontiers quelque doctrine que ce soit, & que cette reception est (sans aucun scrupule) acompagnee d'vn consentement interne, il y a vne *notion commune*, laquelle a esté conformee par sa faculté analogue. Car i'ay souuent remarqué que les facultez répondent harmoniquement aux obiets. Mettez donc à part cette notion, auant que de passer outre, & la digerez afin d'en vser lors qu'il sera temps. Semblablement si l'on a vn sens desagreable & facheux, il faut voir à quelle notion il est contraire; laquelle ie conseille qu'on déuelope, & que l'on établisse comme vne chose fort vtile; & afin qu'il ne manque rien icy, il faut voir en toute sorte de sens douteux & ambigu, auec quelle faculté l'on conforme l'obiet, car toutes sortes d'obiets ne se conforment pas indiferemment par le sens interne & externe, ou par le discours, mais chacun répond à son propre obiet; & parce que les écoles n'obseruent point cecy, elles procedent ineptement.

Il faut donc remarquer si tu as transposé quelque faculté, ou si l'obiet n'est pas tel qu'il doit estre, ou s'il faut reieter la faute sur l'absence des conditions qui sont cause de ton doute; & par cette maniere tu puiseras les veritez analogues de toute sorte de doctrine.

Si tu ne peux passer plus auant, demeure dans quelque simple proposition, & particulierement si l'afaire dont il s'agist est fort en controuerse : & n'en fais pas peu d'estime lors que tu l'auras mise en son rang : Puis, cependant, qu'il y a des facultez qui regardent les choses presentes, d'autres qui considerent les passees, & d'autres qui regardent les futures, il faut remarquer quelles sont celles qui se conforment, car les facultez sont troublees, & perdent leur ordre, lors que l'on prend les choses presentes pour les futures, ou au contraire, par vne complication mutuelle de ces choses. Tu experimenteras donc quelquefois que ce qui est seulement possible, & ce qui conuient à vne autre personne, t'aportera vn sentiment agreable, comme s'il estoit present, à raison de la preuention : & l'on coniecturera par fois que ce qui est *passé*, est *futur*, & quelquefois les choses *presentes* se meslent auec : mais quand tout soudain à la premiere veuë d'vne chose, tu te sens tellement touché dans l'interieur, qu'il faut estimer que la chose n'a iamais deu estre autrement, les *veritez eternelles* sont conformees, desquelles l'on doit entierement separer les veritez caduques, & les chatoüillements grossiers & corporels, qui nous sont communs auec les bestes, & lesquels nous auons experimenté auec dédain & dégoust. Car les sens corporels ont aussi bien des facultez conformantes en nous, comme dans les bestes, lesquelles sont neanmoins diferentes des facultez *diuines intellectuelles* par la maniere de la conformation, & mesme par le sens. Or il faut cependant que tu t'eforce de distinguer le vray eternel qui est touiours present, & prest, du *passé* ou du *vray-semblable*, & de l'*auenir* ou du *possible*. Il ne faut donc pas s'imaginer que le sentiment qui te touche, lors que les proches te desirent toutes sortes de prosperitez, se conforme autrement que par les facultez qui se réjouissent de l'amitié, & de la propre conseruation. Il y a enfin de certaines choses qui ne sont point autrement facheuses, sinon qu'elles peuuent blesser le corps : c'est pourquoy il n'y faut point chercher d'autres *notions communes*. Et lors que tu auras conformé quelque *notion commune*, il faut voir si elle depend de quelqu'autre precedente ; si tu prends donc la proposition (que ie propose toujours en examinant) à sçauoir, *l'homme est animal*, il faut rechercher d'où vient la verité de cette proposition, & par ce moyen il faut ariuer à cette notion commune, qui enseigne que les choses qui afectent nos facultez d'vne mesme sorte, sont vne mesme chose à notre égard; de sorte qu'il n'y a point d'autre verité de cette proposition. Et si l'on demande la verité de cette verité, il faut répondre qu'on la doit receuoir, comme de la nature mesme, & comme la doctrine de *l'instinct naturel*. Il faut encore remarquer que les veritez peuuent receuoir vn meslange d'erreur, d'autant plus grand qu'elles sont plus sublimes & plus necessaires : c'est pourquoy i'ay souuent remarqué que plusieurs erreurs & absurditez ont esté cy-deuant meslees auec le culte diuin. Il reste beaucoup de choses à dire sur ce suiet, mais parce que tout le liure traite particulierement des *notions communes*, il faut recueillir tout ce qui y est épandu, sans vous arester à dire, que vous ne sçauez pas le moyen de tirer ces *notions communes*, car ie n'ay que trop dit que vous ne sçauez comme se fait le *goust*, *l'odorat*, & *l'atouchement*, quoy que vous les ayez souuent experimentez malgré vous ; de sorte que les choses qui se découurent par de mesmes signes, sont receuës de tous en mesme sorte, doiuent estre prises & tenuës pour *notions communes*, de maniere que nul n'en doit douter.

Neanmoins si tu veux nier ces principes par plaisir, & par opiniatreté, souuiens-toy que tu peux boucher les oreilles, & fermer les yeux, & mesme te defaire, si tu veux, de toute sorte d'humanité; & finalement que la prouidence diuine vniuerselle ne va pas au delà des moyens. Distinguons maintenant ce qui apartient à l'vne & l'autre analogie, apres auoir supose que ce qui se rencontre en tout de mesme façon, vient de *l'instinct naturel*; de sorte que soit que tu considere les actions des elemens, des vegetables, & des animaux, ou mesme de l'entendement, & de la volonté de l'homme, cet axiome ne perdra iamais sa creance, bien que cette faculté regarde principalement l'analogie interne des choses (comme la plus necessaire.) Or de mesme que nos facultez qui discourent, n'ont point d'autre recours en toute sorte de doute que les *notions communes*, ainsi les facultez qui iugent des obiets, entant qu'ils ont de la conuenance, ou de la repugnance, apres qu'elles ont receu les especes externes, n'ont point d'autre origine que *l'instinct naturel*; & partant puis que c'est autre chose de receuoir les especes auec leurs propres conditions, & autre chose de iuger des especes receuës, ces facultez sont aussi distinguees l'vne de l'autre. D'où il arriue que ce qui est conforme aux sens *exterieurs*, n'est pas toujours conforme aux *interieurs*, & au contraire; car ce qui est doux n'est pas toujours sain, & ce qui est sain, n'est pas toujours doux; de sorte que ces facultez répondent diuersement à leurs obiets, c'eſt pourquoy les Auteurs ont donné vn nom ſi barbare à ces notions, (on les apelle eſpeces inſenſibles) dont dependent la conuenance ou la repugnance des choſes. Car ayant eu peur de les faire prendre leur origine de la nature dictante, ou du dictamen de la nature, ils ont inuenté la diction Latine *Inſenſatas*, pour les nommer, & ont atribué les autres connoiſſances à ie ne ſçay quelle ſorte de diſcours. Quant à moy i'atribuë hardiment aux principes, ou notions imprimees dans l'eſprit, toutes les actions qui ne viennent point des obiets externes, ny des humeurs internes; par conſequent ſi tu remarque ce qui eſt externe, ce qui reſte eſt à toy. Et ſi tu entends cecy, tu poſſederas quelque choſe de diuin, ou pour parler plus clairement, ce que tu porte auec toy aux obiets, eſt vn doüaire de la nature, qui la perfectione, & vne doctrine de *l'instinct naturel*: & tout ce qui diſcerne le vray d'auec le faux dans l'analogie exterieure des choſes, ou le bien d'auec le mal dans l'analogie interne du ſyſteme humain, luy apartient; partant, comme nous diſons, ſuiuant l'opinion commune, que les facultez qui voyent, qui oyent, qui ayment, qui eſperent, &c. demeurent cachees, ſans ſe faire paroiſtre en aucune maniere, lors que leurs obiets ſont abſens, quoy qu'elles nous ſoient naturelles, il faut auſſi dire la meſme choſe des notions communes, qui ſont ſi éloignees d'eſtre au rang des experiences, que meſme l'on ne peut faire aucune experience veritable, ſi on ne les ſupoſe. Reietez donc l'opinion de ceux qui diſent que l'ame eſt vne table raſe, ou éfacee, comme ſi nous prenions la puiſſance que nous auons d'agir ſur les obiets, des obiets meſmes. C'eſt donc à tort qu'on l'apelle ainſi. Car bien que l'ame soit comme vn liure clos,qui ne s'ouure qu'aux obiets, elle n'a aucune resemblance auec vne table rase, puis que les notions communes y sont imprimees (ce qu'enseigne mesme le sens, qui est le iuge souuerain de ses obiets.)

Et certes ce seroit vne chose mal seante à la prouidence diuine vniuerselle, de nous auoir donné la liberté de voir, d'ouyr, d'esperer, & d'aymer, si *l'instinct naturel* ne nous aprenoit ce qu'il faut ouyr, voir, esperer & aymer, & iusques à quel point l'on peut se porter en ses actions. Nous auons donc quelques *notions communes* pour ces choses, auec lesquelles s'il se mesle quelque erreur, il le faut separer par le moyen de mes questions, car toute sorte de faculté a sa *notion commune*, par laquelle l'on peut rechercher l'obiet, les conditions & les causes des erreurs; de sorte que si l'on compare, & si l'on met en ordre ces *notions*, l'on connoistra les moyens, dont la prouidence vniuerselle de Dieu se sert, pourueu que l'on fasse tenir le premier lieu à ce qui concerne l'analogie d'entre Dieu & les hommes. Partant si c'est vne *commune notion*, que la nature ne fait rien sans dessein, ou en vain, imagine toy que la nature dit, *Ie ne fais rien en vain*; si c'est vne *notion commune*, *ne fais point à autruy ce que tu ne voudrois pas qu'on te fist*: imagine toy que l'administration de l'vniuers se fait suiuant cette maxime; ce que tu pouras faire dans toutes les autres notions, si tu comprens bien ce que ie viens de dire: pourueu que tu procede sagement, & que tu remarque toujours, que Dieu peut aiouter à cecy, ou diminuer & oster ce qui luy plaira. Nous pouuons cependant sçauoir beaucoup plus aisément les choses qui ne sont pas *notions communes*, que celles qui le sont,

ſont, quoy que celles-cy nous ayent eſté donnees par la nature, & que celles-là nous ſoient étrangeres; ce que i'attribuë au diſcours precipité, & à la creance temeraire, qui ſont cauſe que pluſieurs veulent porter les notions communes par delà leur vraye étenduë, & que l'on erre contre cette notion commune tres-ſolemnelle, laquelle enſeigne que les contraires ne peuuent eſtre veritables en meſme temps.

Ils oſtent par ce moyen la creance aux veritez de la nature meſme, afin d'établir leurs reſueries; ou du moins ils meſlent tellement leurs fantaiſies auec les veritez receuës, qu'on ne ſçauroit diſtinguer l'vn de l'autre. Toutefois i'exhorte ſouuent à rechercher & à remettre en bon ordre (ſans y épargner aucun labeur) les *notions communes* (qui ſeruent de fondement & qui ſoûtiennent la lourde maſſe des erreurs) comme vne choſe de grande importance, car l'on ne peut rien s'imaginer de plus beau que les notions communes bien arangees, & cependant ſi l'on a quelque doute, il faut toujours s'ayder des meſmes *notions communes*, qui ſeules peuuent le reſoudre. Or ce qui eſt le plus dificile en cette matiere, ſe rencontre alors que l'obiet eſt puiſé de la memoire & de l'entendement. Car bien qu'en la preſence de l'obiet requis ſa faculté analogue réponde dans nous à la creance, ou au ſens interne, neanmoins ce qui ſera douteux n'aura point d'autre aueu que douteux, & ce qui ſera faux n'aura du tout point d'aueu. Il faut donc examiner les parties touchant ce ſubiet, & l'on en trouuera de mal conioinctes, car l'entendement ne ſe peut tromper en ſon vray obiet, non plus que le ſens externe (auquel tu crois) ne ſe peut tromper dans le ſien.

Il faut donc dire que l'obiet estant indeu, ou que les conditions (par lesquelles les obiets sont bien conformez) ayant manqué l'erreur s'y est glissé. C'est pourquoy il n'est pas defendu de changer les termes, iusques à ce que l'on aperçoiue l'obiet, qui soit receu sans aucune dificulté. Or il est assez euident que le sens doit estre merueilleusement subtil & atentif, particulierement és choses où le vray & le faux ont coustume de se trouuer, meslez ensemble, & en celles esquelles le sens est douteux: or si l'on veut sçauoir comme l'on peut tirer ce qui est veritable de ces opinions, il faut voir mes Zetetiques. Cherchons maintenant la cause pourquoy il y en a plusieurs qui prennent plaisir dans les erreurs; où il faut remarquer que toute sorte d'erreur est apuyé sur quelque fondement de verité, & partant qu'il a vn sens enuelopé & ambigu, malgré l'opiniatreté, de sorte que c'est l'abus de cette *notion commune*, (qui fait que quelques-vns defendent leurs opinions si opiniatrement) laquelle nous commande de nous arester à quelque opinion apres vne exacte recherche des choses; & cependant il faut croire que l'on a manqué à l'obiet, ou aux conditions, ou qu'il n'y a pas eu assez de temps, ou que toutes les facultez qui sont necessaires pour cette recherche, (dont ie parle dans mes Zetetiques) n'ont pas esté employees: partant le miserable se sentira agité de quelque scrupule, quoy qu'il n'en fasse pas le semblant.

Quant aux *notions communes*, qui viennent de *l'instinct naturel*, elles sont croyables d'elles mesmes, sans qu'il soit besoin de se seruir des sens externes pour les prouuer, lesquels ne passent point au delà de l'écorce des choses sans penetrer leur interieur: il sufit que cecy se puisse prouuer par les *sens interieurs*; & partant ce seroit aussi mal faiт d'apliquer les *sens externes* à ce qui concerne *l'instinct naturel*, comme il seroit mal seant de mettre de l'aliment dans les oreilles, car le *sens externe* n'ariue point à la premiere cause, ny à nulle autre; dont neanmoins nul homme sage n'a iamais douté; or afin que les gros volumes des Auteurs ne te troublent point, ie te conseille d'en tirer les *notions communes*, ou le *consentement vniuersel*, sans que tu te fache, car lors que tu les auras mis en ordre, tu t'aquereras vne grande autorité pour iuger des autres: & il n'y aura nul liure dont tu ne tire du profit en deuenant plus sçauant. Tu auras la conscience mesme pour témoin: or si quelques-vns demandent si cette doctrine des notions communes donne quelque chose de nouueau, ie réponds qu'elle donne vne certitude matematique dans les choses, car l'on prouue tellement tout ce que l'on auance par les propres principes, que toutes les choses qui sont deduites pat cette voye, meritent vne égale creance: par exemple, le feu tiré de la pierre sera aussi veritable que la pierre mesme. Ie laisse cependant les opiniatres dans leurs *vray-semblables*, & dans leurs resueries, & leur demande s'ils veulent se seruir de *l'instinct naturel* pour établir leur creance.

Or suiuant ma definition, ie dis, que l'instinct naturel, ou la doctrine des notions communes sert grandement pour la conseruation de l'indiuidu, de l'espece, du genre & de l'vniuers, car si cette loy interne tiree de la commune sagesse de la nature n'empeschoit la corruption mutuelle des choses, elles se combateroient tellement qu'il n'en demeureroit pas vne seule dans son entier; mais par ce que la conseruation generale des choses semble dependre par tout de la propre conſeruation des indiuidus, la prouidence particuliere de la Nature (qui eſt en chaque animal) commençant par les indiuidus, & puis s'étendant apres à l'eſpece, & au genre, a moins de ſoin de ce qui eſt eloigné : Et s'en retourne ainſi par les meſmes degrez, par leſquels la prouidence diuine vniuerſelle eſt arriuee iuſques à nous, laquelle ſemble auoir plus de ſoin de l'vniuers, puis apres du genre, & en ſuite de l'eſpece, & finalement de l'indiuidu. C'eſt ainſi que ce qui nous conſerue, eſt conſerué, & que la nature & la grace cedent reciproquement l'vne à l'autre, ſuiuant qu'il eſt neceſſaire pour le gouuernement de cet vniuers ; de ſorte que dans ce grand debat & contention parmy les elemens, auſſi bien que parmy les autres creatures (pour leur propre conſeruation) on peut remarquer que la ſuperieure nature conforme le plus ſouuent l'inferieure, bien que les periodes ſe perfectionnent pluſtoſt en quelques-vns, & par ainſi Dieu a voulu que les autres animaux receuſſent leur perfection dans l'homme, auquel outre les facultez communes il en a donné de particulieres pour la vertu, & la religion. Et finalement il y a vne ſouueraine prouidence, qui gouuerne & modere la prouidence vniuerſelle de la nature, & la particuliere de la grace. D'où il ariue que celle qui ne paſſe point au delà des moyens, & celle qui nous en donne la ioüiſſance, s'acordent fort bien enſemble, & qu'elles demeurent chacune en leur entier, de là vient encore qu'oûtre l'analogie d'entre Dieu & l'homme, à laquelle tous ſont portez, & rauis de leur bon gré par quelque ſorte de culte & d'honneur, tu ſens vne notion grauee dans ton cœur, qui te defend, dans l'analogie des choſes entre elles meſmes, que tu ne fasse point à autruy ce que tu ne voudrois pas qu'on te fist. Ceux là sont donc bien impies, qui blasphement contre cette nature, ou prouidence vniuerselle, & qui disent qu'elle est entierement corompuë & deprauee, atendu que c'est de sa bonté qu'ils ont la puissance, dont ils abusent pour la calomnier, mais quoy? ils disent qu'ils releuent la grace par ce moyen. A quoy ie réponds, que si cette grace est vniuerselle, elle fait vne partie de la prouidence generale; & si elle est particuliere, qu'ils n'ont pas encore trouué des remedes qui soient égaux au mal, & qu'ils détruisent la grace vniuerselle, pour rendre leur grace particuliere plus recommendable, quoy qu'ils l'embarassent tellement de conseils, de iugemens secrets, & de predestinations, que si l'on ne puise le salut du decret eternel & du bon plaisir de Dieu, il est inutile de le procurer & de le desirer par la foy & par la priere, ou par toutes les facultez qui prouoquent la grace, ou la prouidence particuliere. Qu'ils prennent donc garde s'ils ne détruisent pas ces deux sortes de graces en s'eforçant d'établir la particuliere; & s'il ne s'ensuit pas delà qu'ils atribuent entierement le salut à vne certaine destinee des Stoiques, & non à la nature, ou à la grace; & certes tout ce qu'ils disent dans leurs obiections, & dans leurs conclusions, reuient à ce que nous auons dit. Mais il en va tout autrement, & si l'homme fait tout ce qui est en sa puissance, il faut croire que cette grace salutaire ne luy manquera point, car la prouidence diuine commence où l'humaine finit. C'est donc iniustement que les hommes se plaignent de leur nature, car il est raisonnable de croire que la prouidence diuine fournit des moyens à tous les hommes, par lesquels ils peuuent estre agreables à Dieu. Or pour acheuer l'explication de la definition donnee; Ie dis, que l'instinct naturel conforme ces notions communes par elles mesmes sans aucun discours : quoy que ie ne nie pas qu'il n'y ait plusieurs veritez qui ne se connoissent pas sans le discours: mais les *notions communes*, qui seruent à ces veritez, ne tiennent que le second rang; & bien que le discours ayt les mesmes choses pour son obiet, neanmoins ces facultez sont fort diferentes, car *l'instinct naturel* est la premiere faculté tant dans l'homme que dans l'vniuers; & le discours est la derniere de toutes les facultez ; de sorte que tous les sens, tant les internes que les externes, se treuuent entre les deux facultez precedentes, qui sont extremement diferentes; quoy que ceux qui établissent toutes choses par ie ne sçay quel discours inutile, soient de contraire auis.

Quant à moy, ie dis que tout ce que les écoles apellent *droite raison*, ou *intelligence*, ou *entendement*, n'est autre chose que la deduction de quelque principe, ou *notion commune*, qui se fait dans sa moindre étenduë, par le moyen de mes questions. A quoy l'on peut ajoûter les conclusions qui se tirent generalement de l'experience, par ce qu'elles acomplissent la connoissance des choses. Pourueu toujours que ce dont il est conuenu entre tous, soit reduit comme en son dernier ressort à *l'instinct naturel*: c'est donc là qu'il faut mettre le terme des facultez qui seruent au discours, afin qu'en reuenant au propre principe, apres auoir fait l'examen ordinaire, tous s'y reposent : & cependant il faut euiter tres-soigneusement les contradictions, qui emportent souuent la troupe miserable des demi-sçauans, car l'on ne doit pas croire qu'vne *notion commune* ait esté bien deduite, si elle est contraire à quelqu'autre : par consequent, comme nous voyons que quelques vnes des parties du corps humain, ne sufisent pas pour le composer, & que mesme toutes les parties ne le peuuent faire, sans toutes les ioinctures, & les articulations necessaires : de mesme le tres-beau systeme de la verité ne peut ariuer à sa perfection par le moyen de quelques-vnes, ou de toutes les *notions communes*, si on ne les reduit en leur ordre. C'est pourquoy ie desire grandement qu'on établisse ces principes par le *consentement vniuersel*, & qu'on les mette en vn bel ordre; que nul mortel ne puisse desormais imposer, & que les hommes credules ayent où se pouuoir refugier en toutes sortes de doutes, & de dificultez. Ce seroit en vain que les Predicateurs les plus renommez vanteroient leurs miracles qu'ils annoncent, si on ne les remarquoit auparauant veritables, non seulement en ce qui concerne la premiere cause, c'est à dire Dieu : mais en ce qui apartient à la fin, qui consiste dans la recompense & dans le chastiment, comme aussi en ce qui concerne les moyens, à sçauoir la vertu, ou le vice, & ce à la faueur des facultez analogues, qui en cecy font toujours leur fonction. C'est donc icy que le chemin est fait par les *notions communes*, parmy lesquelles si l'on mesle des choses fausses, & des particulieres, il faut reuenir à l'examen de la faculté, par laquelle l'on prouue ; & c'est en cette maniere que l'on peut toujours croire pieusement ce qui est analogue aux atributs diuins, il faut donc puiser les veritez de la bonne conformation des facultez, car ceux qui les conforment auec des objets qui ne sont pas propres, les déguisent & les cachent d'vn masque.

Or nous donnons ſix marques pour diſtinguer les *communes notions* qui viennent de *l'inſtinct naturel* conſideré en ſoy, de celles qui ont beſoin du diſcours pour eſtre conformees, c'eſt à dire pour ſeparer celles du premier ordre, d'auec celles du ſecond.

La premiere ſe prend de la priorité; car *l'inſtinct naturel* eſt la premiere de nos facultez, & le diſcours eſt la derniere; de là vient que cette faculté procure ſa propre conſeruation dans les elemens, & les Zoophytes, & meſme dans l'embrion, & qu'en s'étendant de degré en degré vers les obiets, elle preuient par tout les notions du diſcours. C'eſt pourquoy *l'inſtinct naturel* aperçoit la beauté de la ſymmetrie d'vne maiſon baſtie ſelon les regles de l'architecture, auant la raiſon, qui n'eſt point parfaite, qu'apres que l'on a comparé auec beaucoup de peine toutes les proportions qu'ont les parties, tant entre elles qu'auec le tout, ce qui ne ſe fait pas meſme ſans l'ayde des *communes notions*.

La meſme choſe ſe rencontre dans la beauté des viſages, & dans la proportion de toutes les parties du corps, & dans les concerts de muſique, &c. car bien que le ſimple peuple ſe plaiſe à ces choſes, l'on ne dit pas neanmoins qu'il ſoit Matematicien, ou Muſicien.

La ſeconde marque eſt priſe de *l'independance*, car ſi elle depend de quelque *notion commune*, elle n'apartiendra donc plus au premier rang, mais au ſecond, (quelque veritable qu'elle puiſſe eſtre) par conſequent lors qu'il n'y a point d'autre premiere notion, à laquelle on puiſſe auoir recours, il faut croire qu'elle eſt du premier ordre, & partant que c'eſt d'elle que doit dependre tout le progrez de la preuue.

La

La troisiesme est tiree de *l'vniuersalité*, c'est pourquoy ie dis que la loy souueraine de *l'instinct naturel* (si l'on en excepte les fols) est le *consentement vniuersel*, car i'ay tousiours estimé que les choses particulieres ne sont pas sans soupçon, & qu'elles tenoient de l'imposture, ou du moins qu'elles estoient meslees auec l'erreur. En fin les *communes notions* sont vniuerselles d'elles mesmes (comme estant prises de la sagesse mesme de la nature) quoy que le discours les fasse descendre aux choses particulieres.

La quatriesme marque se tire de la *certitude*, car elles ont vne si grande autorité, que celuy qui en douteroit, renuerseroit tellement toute la nature des choses, qu'il se despoüilleroit en quelque sorte de l'humanité; partant il n'est pas permis de disputer contre ces principes, lesquels on ne peut nier, lors qu'on les entend : car l'on dit fort bien que l'entendement consent de soy-mesme aux principes, & la volonté à la fin.

La cinquiesme se prend de la *necessité*, car il n'y a nulle *notion commune*, qui ne serue à la conseruation de l'homme : & ces notions sont si pleines de mysteres, qu'estant rangees en ordre, elles peuuent faire voir vn échantillon de la sagesse eternelle vniuerselle, dont nous n'auons point d'autre excellente idee dans nous ou hors de nous; c'est pourquoy nous nous gouuernons par notre propre conseil, & le destin est tellement disposé par le franc arbitre, que s'il n'y a que Dieu qui soit sage dans l'insensé, l'vn & l'autre est dans le sage. Dispose donc ces notions, & garde toy bien de t'éloigner de toy-mesme, par quelque discours temeraire, comme si elles estoient hors de toy-mesme : mais par vn retour dans toy-mesme chemine par les mesmes degrez, par lesquels le tres-sage ouurier des choses est venu iusques à toy.

La sixiesme se prend de la *maniere de la conformation*, car les *notions communes* se conforment soudain, (pourueu que l'on comprenne le sens des choses, ou des paroles) au lieu que le discours va lentement, & qu'il opere par ses especes, & ses questions, en alant & reuenant à l'infiny, de telle sorte qu'il reiette le témoignage du sens, d'où l'on void vn nombre infini d'erreurs dans les écoles, lors qu'elles vsent du discours contre l'experience, pour donner des qualitez aux elemens, ne prenant pas garde qu'elles atribuent au discours ce qui concerne les sens, & au contraire; & que chaque faculté a son étenduë, oûtre laquelle elle ne peut rien faire que mal à propos.

Il faut cependant remarquer que l'on peut persuader par vne fausse hypothese ce qui est de *l'instinct naturel*, car il porte sa creance auec soy, c'est pourquoy le culte diuin peut estre proposé par vne fausse religion; dont il faut atribuer la faute au discours, car la vraye religion n'a pas besoin de cela.

Nous disons donc que les veritez de *l'instinct naturel* ne sont pas seulement distinguees de celles du discours par la *priorité*, *l'independance*, *l'vniuersalité*, la *certitude*, & la *necessité*, mais aussi par la *maniere de la confirmation*; de sorte que si *l'instinct naturel* n'a son terme, le discours chancelant agitera tellement ses doutes, & ses especes, qu'il ne poura s'arester à aucune chose. D'où il apert que ce grand Medecin qui demandoit la raison pour preuue de ce qui apartient à *l'instinct naturel*, vsoit d'vn mauuais procedé, car il se vouloit seruir d'vne chose inferieure, à sçauoir de la *raison*, pour détruire vne chose superieure, à sçauoir cette doctrine sacree de *l'instinct naturel*.

Qu'il ne soit donc point permis à aucun de reclamer, lors que toutes ces marques des veritez de *l'instinct naturel* conspireront. Et si tu demande quelles sont ces *notions communes*, ie réponds que pour estre *communes*, elles doiuent se trouuer dans toy, de sorte que celles qui sont informez & si mal digerees, à raison des erreurs qui s'y trouuent meslez, qu'elles ne paroissent point en toy, peuuent te faire comprendre les mesmes choses que nous aprenons auec vn labeur prodigieux, des loix, des religions, & de tous les liures des plus sages, pourueu que tu les distingue, & que tu les reduise en ordre, par le moyen de nostre examen, en prenant garde quelle est la faculté, dont tu te sers pour prouuer. Cependant ie troue que tout siecle, toute prouince, & tout homme soit grec, ou barbare; ancien, ou nouueau, n'est que trop sçauant. D'où il ariue que l'on a plustost coustume de passer au delà de la verité (c'est à dire au delà de la bonne conformation des facultez) que de demeurer au deçà. I'ay donc expliqué deux metodes pour rechercher ces *notions communes*. Embellis-les maintenant, & les dispose tellement, que chacune trouue son degré & son rang; car tant s'en faut que tu y rencontre du déplaisir, qu'au contraire tu receuras vn contentement fort particulier, lors que tu aperceuras la correspondance harmonique des facultez en ton interieur, par laquelle elles sont conformees. Et il ne faut pas que tu t'ennuye en puisant ces notions des sentences des Auteurs, car toutes & quantes fois que tu sentiras l'operation de quelque faculté dans toy-mesme, tu dois reduire la proposition, à laquelle répond ton sens interieur, à sa derniere notion, & à sa faculté conformante, & la receuoir & la regarder comme vne chose premiere; si tu entens cecy, il n'est pas besoin que tu t'areste icy dauantage. Car si tu as les mesmes obiets, & les mesmes facultez, pourquoy vn autre sera-il deuenu plus sage que toy? toutefois si tu trouue qu'il te soit trop malaysé de faire vn corps de ces *notions communes*, i'ay dessein de te releuer de cette peine; ie t'auertiray cependant, que ie ne desire point d'autre recompense de la peine & du temps que i'ay employé à ce liure, sinon que tu croye que i'estime que nous auons beaucoup gagné en ce que Dieu a ajousté par sa grace, ou prouidence particuliere. Car ie ne veux pas tellement recommander ce qui est de la nature, ou de la prouidence commune, qu'il ne puisse & ne doiue estre procedé, & surmonté par la grace, ou par la prouidence particuliere.

Ie pretends icy seulement que cet ouurage de nature, qui tient du diuin, & paroist tous les iours comme vn effet de la prouidence vniuerselle, puisse cy-apres ou par sa propre excellence, ou par le moyen de son remede salutaire, demeurer libre & exempt des blasphemes; & c'est ainsi que ie maintiens la cause de Dieu.

De l'obiet de l'instinct naturel.

Or puis que toute sorte de faculté diuine intellectuelle a deux obiets, dont l'vn est propre & l'autre commun, (car les facultez corporelles n'en ont point d'autre que celuy qui leur est propre) il faut premierement expliquer le propre obiet de *l'instinct naturel*; lequel est la *beatitude eternelle*: car puis que toute sorte de *notion commune* & de bonne action naturelle est pour l'amour d'elle, nous tendons tous à cette beatitude eternelle; partant ce mesme instinct naturel, qui commence par tout, tant dans nous, que hors de nous, par la propre conseruation, se termine à la beatitude eternelle, comme à sa derniere fin; ce qui est si vniuersellement veritable, qu'il conuient mesme en quelque façon à ceux qui n'ont pas l'vsage de raison, car il semble qu'ils cherchent, en leur maniere, vn estat qui dure toujours, & qui les mette à leur ayse: cependant, bien que la mort nous dépoüille de quelque chose d'exterieur, la premiere faculté de l'instinct naturel demeure, laquelle donne ce desir mesme à la nature elementaire; & bien que les choses ayent des periodes diferentes, elles conuiennent neanmoins en ce qu'elles desirent vnanimement la beatitude eternelle, quoy que par fois ineptement & en vain. Il semble donc que la beatitude eternelle est le propre obiet de l'homme, & l'obiet commun de toutes choses. Mais ie laisse maintenant ce qui ne nous apartient pas; ie prouueray seulement que la raison de la propre conseruation, qui se trouue dans tous les hommes, se termine & tend proprement, & de soy-mesme à la beatitude eternelle. Car puisque si la conseruation n'est eternelle, tant s'en faut que les choses soient conseruees, qu'au contraire il est necessaire qu'elles perissent, & se perdent. Et puisque la meilleure maniere de conseruation est celle qui nous rend tout à fait bien-heureux, il s'ensuit que la beatitude eternelle sera l'obiet total de l'instinct naturel. C'est donc à cette vie (& non à la caduque & mortelle) qu'il faut dresser tout ton esprit, tout ton amour, & toute ta creance, car si tu ne l'aquiers, tu manque au milieu du chemin; pense donc que tu fais vne grande chose, lors que tu ose l'esperer (car cecy n'est pas facile aux méchans:) quoy que si tu ne la recherche par le moyen de toutes les facultez deuëment conformees, ton esperance sera froide & vaine. Remarque cependant vne chose tres-excellente en ce qui concerne la liberté, à sçauoir que tu es en tel estat, que tu ne sçaurois t'empescher de desirer d'estre bien-heureux, & que tu n'es point libre en cecy, car quelque obiet que tu prenne pour ta beatitude, tu témoigne par là qu'il te rend bien-heureux (& si tu desire de retourner dans le neant, tu declare par ce desir que tu place la beatitude dans l'aneantissement) partant le témoignage du sens interne, qui dit que tu es libre, vient de ce que tu vse de ta liberté au choix des moyens, pour ariuer à la beatitude; car Dieu s'est tellement comporté auec nous, qu'il nous a donné le choix des choses, qui nous conduisent à nostre beatitude : de sorte que si l'vne ne nous succede pas selon nostre desir, il nous est permis d'en éprouuer vne autre.

Or si tu n'es assez aduerty de ces choses par le dégoust & l'ennuy des voluptez corporelles qui se reïterent si souuent, Dieu mesme, qui est le principe, le milieu, & la fin derniere, t'en auertira; par où nous resoudrons cette grande question de la liberté, en vsant de cette propre distinction, que *nous sommes libres quant aux moyens*, & non quant *à la derniere fin.*

Quant à l'obiet commun de *l'instinct naturel*, c'est tout ce qui se peut conformer par les autres facultez, tant intellectuelles que corporelles, ou pour parler plus clairement, tout ce qui sert à l'ame & au corps, car cette faculté, qui est l'instrument immediat de la prouidence diuine vniuerselle, penetre, & void par tout : de là vient qu'il n'y a rien si éloigné de nous, que cette faculté n'en puiſſe tirer quelque choſe de veritable & de bon.

Partant comme tous les biens particuliers en leur derniere fin, ſe raportent à la beatitude eternelle, de meſme toutes les moyennes facultez ſont ordonnees ſouz celle qui tend à la beatitude eternelle. Voila donc l'ordre des choſes : car nous verrons ſur la fin du liure comme la doctrine du bien ſouuerain s'acorde auec celle-cy. Cependant ie dis que cette beatitude eternelle eſt ſi neceſſairement l'obiet de l'inſtinct naturel, qu'il n'y a nul ſiecle, nul lieu, nulle religion, nulle Philoſophie, où l'on ne voye cet obiet pourſuiuy, quoy que l'on y ait meſlé de l'imprudence, & de la contradiction. Par conſequent quelque diſpute que l'on ait touchant la queſtion, *quelle eſt cette beatitude, combien elle eſt grande, où elle eſt*, &c. l'on eſt pourtant tombé d'acord que *la choſe eſt*; de ſorte que ſi l'on ne renuerſe tellement la nature, que l'on déguiſe le tout, la beatitude eternelle ſera poſſible, il faut conſiderer les moyens, leſquels eſtant donnez, l'on a ſemblablement la conformité de l'obiet. Or l'on doit à ce dernier ſiecle auoir expliqué clairement, que la beatitude eternelle eſt l'obiet de l'inſtinct naturel. Cecy eſtant poſé, ie viens aux ſens moyens, tant interieurs qu'exterieurs, de la bonne conformation deſquels dépandent la verité, & la beatitude.

Les ſens internes ſont les actes des conformitez des obiets, auec les facultez qui ſont dans l'homme ſain & entier, leſquels eſtant expoſez par l'inſtinct naturel, conſiderent le raport interieur des choſes, particulierement en ſeconde inſtance, & à raiſon de l'inſtinct naturel.

Nous ſuiuons l'ordre de la nature : nous auons dit cydeuant que l'inſtinct naturel eſt la premiere des facultez, par ce qu'elle eſt dans les elemens, dans les mineraux, dans les plantes, &c. Voicy la ſeconde qui ſe rencontre dans les coquilles, zoophytes, & autres ſemblables, qui ſemblent eſtre priuez de l'vſage des ſens externes, car elles ont ſeulement vn certain eſprit interne, qui ne leur donne qu'vn ſentiment fort obſcur, quoy qu'il ſe faſſe aſſez pareſtre dans les afections qui ſont neceſſaires pour la conſeruation de l'indiuidu, ou de l'eſpece; ce qui ſe remarque non ſeulement dans la fabrique de l'vniuers, mais auſſi dans l'embrion, car auant que l'excellente conſtruction des ſens externes ſoit acheuee, l'on a déja vne certaine ichnographie des ſens internes grauee au dedans; de ſorte que tout le baſtiment futur depend d'vn certain ébauchement de ces ſens. En fin ſi tu y prens garde ſoigneuſement, tu trouueras que c'eſt le ſens interne, qui ſe change le premier à la rencontre de chaque obiet; & lors qu'il en a eſté afecté, les eſprits animaux chacun ſelon leur pouuoir, s'excitent & ſe mettent à faire leurs deuoirs.

Il faut donc donner le premier lieu au *ſens interne*, apres l'inſtinct naturel, ou la ſageſſe eternelle, laquelle eſt grauee en nous, par ce qu'il l'aproche de ſi pres, qu'il a le meſme obiet, & que toutes les doctrines qui ſe puiſent des obiets, commencent & finiſſent par quelqu'vn de ces ſens : c'eſt pourquoy tant s'en faut qu'ils doiuent eſtre ſeparez, ie les ay voulu icy propoſer tous enſemble; où il faut remarquer qu'ils ont vne certaine identité de racine auec l'inſtinct naturel, quoy qu'ils ſoient aſſez diſtincts par les diferences precedentes. Apres donc que les notions communes ont fait leur fonction, quelques notions & ſens particuliers s'eſueillent, leſquelles ſont

conformez

conformez par leurs propres facultez : *Et de cette sorte sont non seulement les sens qui respondent au principe de l'indiuiduation de chaque diference, (comme nous auons remarqué auparauant) mais les sens aussi par lesquels les obiets sont iugez bons ou mauuais.* Il faut donc dire que ces sens sont compris sous la definition generale de l'instinct naturel, entant qu'ils conuiennent à tous les hommes : car *aymer*, *esperer*, & *auoir conscience*, se trouue dans tous, quoy que l'on nomme ces sens, *particuliers*, entant qu'ils sont terminez par des obiets particuliers. Car celuy qui ayme, & qui espere cecy, ou cela, se determine par son afection à quelque chose de particulier, & sent qu'il ayme, ou qu'il espere cecy ou cela. Cependant les sens particuliers combatent souz les sens vniuersels, lors que l'on conforme les facultez selon ce qui est requis ; & les facultez qui s'employent vers les obiets diuins, ou corporels, sont du ressort des notions communes, qui apartiennent aux afections. Pense cependant que tes facultez s'étendent en tous lieux aux choses, & ne crains pas que cela te preiudicie, car si tu n'as quelque impression d'infinité dans toy, comment auras-tu esté fait à l'image de Dieu. Tu pouras trouuer vne fin des choses, mais tu n'en sçaurois trouuer en toy ; Asseure donc hardiment que lors qu'il paroist vn obiet nouueau, tu sens quant & quant vne nouuelle faculté analogue, pourueu que tu remarque bien les loix que nous auons aportees cy-deuant. Il faut neanmoins que les choses inferieures soient regies par les superieures, comme i'ay remarqué. Et l'on doit conseiller les notions communes, atendu que l'on ne peut en nulle autre maniere vuider les procez, qui se font en toutes sortes de doutes. D'où il apert que l'on a deux sortes de raisons des sens internes, à sçauoir *la commune*, & *la particuliere*: c'est pourquoy i'auoue qu'il peut y auoir quelque conformité particuliere entre quelque faculté particuliere (qui sera peut-estre surnumeraire) & entre l'obiet particulier. Mais parce que cecy sert d'azyle aux opinions, & mesme aux erreurs; & parce que dans les choses naturelles ces actions dependent le plus souuent des corps, & de certains principes superficiels, qui ne passent point au delà de leurs sympathies, nous les reiettons comme estant bien éloignees de notre doctrine, car nous recherchons cette verité commune & eternelle, qui est prise des facultez, & à laquelle se reduit l'examen particulier de tout ce qui est vray, & de tout ce qui est bon. Toutefois auant que ie vienne à ma diuision solennelle, qui donne quelques facultez internes à l'ame, & quelques autres au corps, il faut remarquer que les sens que i'explique icy, sont ceux qui considerent simplement le raport interieur des choses, & leurs caracteres les plus secrets. C'est pour cette raison que ie donne le dernier lieu au discours, lequel s'exerce en l'vne & l'autre analogie. C'est donc maintenant que ie requiers que tu t'apliques plus que iamais tes sens internes, & pour ce subiet ie desire qu'ils soient subtils, aigus, & ardents, qu'ils ne s'amusent point à des bagatelles, & qu'ils ne demeurent point oysеux, car il y a de certains sens internes qui se bouchent aussi aysément que les oreilles & les yeux.

Il faut aussi remarquer soigneusement l'afection, ou le sens, car toute la resistance que tu ressens en toy, vient ou de l'erreur qui est present, ou de celuy qui s'est déja coulé, & qui s'est peut-estre meslé auec quelque verité, ou qui a passé en habitude, & a fait comme vn cal, car (comme i'ay fouuent dit) la verité eft vne certaine harmonie entre les obiets & les facultez proportionnees, laquelle a vn fens qui luy répond tres-librement, & auec vn grand plaifir, fans hefiter en aucune façon. Apres cette inftruction tu peux remarquer deux actions mutuelles dans les chofes, car les obiets agiffent fur nous, & nous agiffons fur eux; ce qui fe fait quafi dans vn mefme moment, de forte que la diference eft prefque infenfible. Il ne faut donc pas difioindre les facultez internes, ou externes, fi l'on ne veut contreuenir à la raifon : Quoy que ie die que de certains fens internes fe changent les premiers, tant parce qu'ils excitent les externes, que pour ce que les actions fe terminent toujours à quelque fens interieur, en quelque maniere qu'on les eftabliffe. Or puis que l'inftinct naturel fe reduit premierement aux fens interieurs particuliers, en s'éloignant de fon vnité, (car les notions communes, où les maximes de la natu re font conformees enfemble par vn lien merueilleux) & qu'ils ont couftume d'eftre afectez par la nature repugnante des obiets; Il faut vfer d'vne grande difcretion dans la conclufion que l'on fait des chofes, de peur que nous nous laiffions emporter aux mauuaifes afections, tandis qu'elles fe combatent. Et cependant il faut examiner les loix diferentes des actions, afin de fe fouuenir du fentiment que chacune imprime; car tu connoiftras ayfément par ce moyen quelles feront les propres & naturelles, & quelles feront les étrangeres. Ie defire donc vn écolier fubtil, qui puiffe non feulement examiner les fources, & les caufes des actions, mais auffi qui puiffe expliquer leur meflange, & leur combat en particulier. Car il femble qu'il n'y a nulle action naturelle qui foit fi ſimple & ſi ſincere, pour petite qu'elle ſoit, qui n'ait quelque ſorte de compoſition. Ie remarque donc qu'il y a de certaines actions qui viennent des obiets, & d'autres qui viennent de nous; car le ſens interieur, lequel eſt le Iuge ſupreme touchant ſes obiets, enſeigne que nous agiſſons derechef ſur les obiets, apres qu'ils ont agi ſur nous, comme l'on remarque dans le beau & le laid, &c. ce qui eſt aſſez prouué par les afections diferentes, qui ſont quelquefois excitees par le moyen du diſcours, & d'autrefois ſans luy. I'eſtime donc qu'il faut principalement conſiderer les origines de tout cecy, & les loix des actions, à cauſe particulierement que nous ne pouuons autrement diſtinguer les ſens naturels & principaux d'auec les exterieurs & les etrangers.

Mais afin que ie commence par la dignité & l'excellence de l'homme, ſuiuant ce que i'en ay peu remarquer dans les Auteurs, qu'on eſtime les meilleurs, tous ſont d'acord que l'on luy a atribué vne certaine reſſemblance de la diuinité, car quelques-vns ont voulu, non ſans impieté, qu'il fuſt quelque Dieu: mais quelque diferente qu'aye eſté l'explication des Auteurs, ie croy qu'ils ſont tres bien conuenus en ce que i'ay dit; c'eſt pourquoy i'embraſſe cette ſentence, puis que Dieu n'eſt point connu de l'homme par vn meilleur témoignage que par celuy qui eſt graué dans nos cœurs.

Notre eſprit eſt donc vne tres-bonne image de la diuinité; d'où il ariue que tout ce qu'il y a de vray & de bon en nous, eſt tres-eminemment en Dieu. Or ſuiuant cette ſentence, ie croy que cette image diuine s'eſt auſſi communiquee au corps, & toutefois à la maniere de la lumiere, qui tient cette ordre dans ſa communication, que la ſeconde eſt plus foible que la premiere,& qu'elle va toujours continuellement s'obſcurciſſant,iuſques à ce qu'elle ſe termine dans vn ombre & dans les tenebres. C'eſt ainſi que l'image diuine, qui eſclate dans notre vnité viuante, libre, &c. vient apres à ſe communiquer, premierement à l'inſtinct naturel, on à la raiſon generale de ſa prouidence, & puis qu elle s etend à vn nombre infiny de facultez tant inferieures qu'exterieures (proportionnees à leurs obiets particuliers) en ſe terminant de telle ſorte dans l'ombre & le corps, qu'elle ſemble par fois reialir ſur la matiere meſme, ce que ie prouue par le ſens; or ces foibleſſes n'empeſchent pas que Dieu ne rempliſſe & ne penetre toutes ces choſes par ſa lumiere & vertu vniuerſelle, auſquelles nous ſommes renuoyez & reflechis, car ne nous ſufit-il pas que nous puiſſions deuenir ſages dans notre analogie.

Ie dis donc auec le ſentiment commun de tous, que l'image diuine qui eſt en nous, s'imprime derechef ſur le corps, quoy que par vn caractere plus foible; de là vient que la raiſon de la propre conſeruation, qui eſt le caractere de l'vnité & de l'eternité diuine, comme la liberté eſt celuy de l'infinité, s'eſtendant derechef d'autant plus foible, & plus languiſſante dans ſes actions, qu'elle s'éloigne dauantage de ſon principe. Toutefois lors qu'elles conſpirent auec les principes qui ſont cachez dans les humeurs (qui ſe font vne conformation analogue ſelon leurs vnitez) & que les actions des obiets conuiennent auſſi auec elles, elles agiſſent auec plus de force. C'eſt pourquoy l'on void des paſſions, & des afections tres-violentes dans la partie inferieure du ſyſteme humain, quoy que la partie ſuperieure la puiſſe rauir; &

partant l'esprit peut reduire & apaiser l'afection; or toutes les facultez font leur deuoir auec vne grande paix & concorde, lors qu'il est question du bien commun; c'est pourquoy les actions qui profitent à l'ame & au corps, se font sans aucune dificulté; mais hors delà, elles sont d'autant plus diferentes & irregulieres, qu'elles se font auec plus de liberté; mon opinion est donc quant à ce qui concerne la fabrique de l'homme, que notre ame n'est pas seulement faite à l'image de Dieu, dont elle est comme la copie, mais aussi que les notions communes ont quelque partie de la prouidence diuine vniuerselle, ce que le Lecteur ne comprendra pas aysément, si son esprit est preuenu, voyons la diuision des facultez, par lesquelles les sens internes sont conformez. Certes nous entreprenons icy vne afaire assez épineuse & dificile, atendu que l'ame & le corps sont ioints d'vn tel artifice, que nous ne sçauons point comme ils sont assemblez, & qu'il est tres-mal aysé de trouuer les diferences & leurs termes: neanmoins ie ne doute pas que l'on n'en vienne à bout par le moyen du sens interne, & de ma metode.

Or l'on remarque deux natures dans la fabrique de l'homme, à sçauoir l'agent & le patient, comme le sens interne enseigne: considere donc tout cecy auant que de passer oûtre, & ne t'amuse point aux vocables. Or tu peux remarquer que les choses agissantes ont trois diferances, car les obiets externes agissent aussi bien que leurs especes que la memoire conserue, (ce qui se prouue par le sens externe & l'interne;) il y a aussi de certains principes dans les humeurs, qui agissent comme l'on prouue par le sens corporel & grossier. Il y a encore quelqu'autre principe plus releué que ce que nous auons dit, lequel agit en soy-mesme, & lequel on apelle *l'esprit* ou l'ame, pour le raport qu'elle a au corps (ce que l'on prouue par vn sens, qui aperçoit l'autre, & qui par consequent est plus haut & quasi diuin.) Il y a aussi quelque chose dans nous qui patit. Et chacun a son estenduë & vne certaine closture, ou sphere d'actiuité, dans laquelle toutes les actions, tant internes qu'externes s'étendent, & se perfectionent: c'est ce que nous apellons *homme*, car l'on doit iuger de cet animal diuin par la vertu & energie qu'il a, & non par sa masse, & par sa figure exterieure: c'est pourquoy i'ay mis l'etenduë de ses facultez pour ses bornes, & non pas son cadavre. Commençons par ce qui patit, comme par le plus aysé.

Or le seul corps est celuy qui patit en nous; d'où il ne s'ensuit pas qu'il n'y ait que l'ame qui agisse en nous, puis que les obiets & leurs especes conseruees dans la memoire agissent aussi (car l'idee de la beauté nous afecte, sans parler de l'idee de la laideur.) Il y a semblablement de certains principes cachez dans les humeurs, comme dans leurs elemens, qui ont de l'action; il y a de certaines actions qui viennent du mouuement, du poids & du combat des humeurs: or nous apellons *corps*, cette merueilleuse machine, qui est faite sur le modele du monde exterieur, auquel elle a du raport. Il importe cependant fort peu en ce qui est de la notice du sens corporel, de distinguer l'action d'auec la passion, pourueu que le sens grossier & trouble soit excité, car cette sorte de sens est toujours corporel, & apartient à cette nature charnelle & brutale (contre laquelle les écoles declament si fort.) C'est de cette sorte que nous distinguons premierement le corps qui est en nous, lequel répond au grand monde exterieur, d'auec l'esprit ou l'ame, & d'auec le cadavre, ou la matiere seconde : or c'est l'esprit où l'ame mesme, qui agit apres tout cecy, car il n'y a point d'autre sorte d'action dans la nature. C'est pourquoy il faut considerer trois choses, à sçauoir ce qui agit, ce qui patit, & le sens ou ce qui en resulte : & parce que tout agent produit vn sentiment, suiuant le diferent raport qu'il a auec nous, il faut distinguer les raports naturels des choses, non seulement par leurs origines, & par leurs causes, mais aussi par la grande diuersité du sentiment, de sorte que les questions, *quel sens*, & *de quel sens*, tiennent le premier lieu dans cet examen. Or puis que pour m'expliquer plus aysément i'eusse deu auancer la question, pourquoy tout agent naturel essaye de faire quelque ressemblance ou conformation, neanmoins parce que la question est assez dificile (entant que l'explication de la mesure, & la proportion de la puissance qui agit diuersement dans les choses y est requise) & que l'afaire tireroit trop en long, i'ay mieux aymé poursuiure mon dessein. I'apelle donc *obiet*, ce qui afecte quelque faculté proportionee, ou (comme l'on dit ordinairement) ce par quoy elle peut estre alteree ; & n'importe qu'il soit en nous, ou hors de nous, pourueu que tu sentes quelque nouuelle alteration dans ton interieur ; I'apelle *faculté*, le principe interieur qui conforme. Quant au sens qui reste, c'est l'acte mesme de la conformation, car il n'y a point de sensation, sans ce qui conforme, & ce qui est conformé ; & la prouidence vniuerselle de Dieu n'a pas voulu qu'il se fist aucune nouueauté dans nous, sans que nous la sentions.

De sorte que ce que tu sens n'est pas la faculté ou la

puissance interieure qui s'étend, ny l'obiet, mais vn certain resultat des actions, qui sort d'vn concours mutuel & d'vne collision reciproque, car en quelque sorte que l'action vienne à cesser, le sentiment cesse quant & quant: c'est pourquoy il ne se remarque pas entierement en toy, ou en la faculté qui conforme, ny tout à fait hors de toy, ou dans l'obiet proportioné, lequel est conformé, mais en quelque chose de metoyen, comme enseigne le mesme sens, si l'on y regarde de bien pres. Ie m'étonne cependant comme quoy plusieurs se sont arrestez au sens, c'est à dire au milieu du chemin sans passer à la faculté, ou au principe qui agit, comme s'ils eussent eu peur de deuenir immortels en cette maniere. Mais i'établis vne certaine faculté conformante, outre ce sens mortel, caduc, & momentanee, que nous experimentons dans nous, laquelle répond harmoniquement à l'obiet, bien qu'elle semble comme coye ou silente, lors qu'il est absent; dont resulte aussi vn sentiment lequel est comme vn certain concert de l'action reciproque de la faculté & de l'obiet; il n'y a donc plus de sentiment lors que l'action cesse, de quelque part que cela ariue. De sorte que soit que l'obiet s'éloigne, ou que la faculté se retire, le sentiment ne demeure plus, mais il est comme assoupy ou esteint.

Or il importe grandement que tu connoisse l'origine, & les causes des sens, ou des afections; car les afections qui sortent de l'esprit, ou du principe interieur, nous donnent des sentimens bien diferents de ceux que nous receuons de la part des obiets, ou de leurs especes reseruees dans la memoire, ou de la sympatie, & antipatie des principes exterieurs, ou finalement de ceux qui sont excitez par la masse corporelle, & grossiere des humeurs, & par leur propension. Or quand deux ou trois de ces causes se rencontrent ensemble, l'afection est vehemente: cecy estant obserué par tout deliurera de plusieurs dificultez celuy qui ne sçait point l'origine & la cause des afections, qu'il ressent en soy; car lors que l'esprit, les principes, les humeurs, & les obiets conspirent & conuiennent ensemble, nous sommes portez d'vne grande impetuosité. C'est donc icy que ie requers les sens interieurs du Lecteur, car ie ne bâtis pas vne Philosophie qui depende de l'opinion, de l'autorité, ou de l'imposture, mais ie me sers de tes propres facultez pour mes preuues, dont ie ne desire nullement que tu t'éloigne; (pourueu qu'elles soient conformees auec leurs propres obiets) partant si tu te sers du sens interne, ou externe, conformé comme il doit dans les choses sensibles, & des notions communes, ou de ce qui s'en peut deduire euidemment par le discours, és choses qui surpassent le sens, tu auras ce que nous recherchons auec tant de peine. L'on ne peut cependant se trop plaindre des erreurs que font les écoles, lors qu'elles veulent iuger des choses qui concernent le sens par le moyen du discours, car elles gastent les arts, & le systeme des facultez. Il ne faut donc pas reietter l'vsage des sens lors qu'ils sont vtiles, ny se seruir des écoles, toutes & quantes fois que l'on aura le témoignage des facultez bien conditionnees & circonstantiees; car l'on trouue la verité lors que les facultez sont bien conformees auec leurs propres obiets. Ie poursuis mon argument; & dis que puis qu'il y a autant de sens qu'il y a de diferences d'actions, & qu'il y a autant de diferences d'actions comme il y a de principes qui agissent, le iugement des vnes depend de celuy des autres ; voyons premierement ce qui concerne l'esprit ou l'ame.

Les sens internes (que i'attribuë à l'esprit ou à l'ame) sont ceux qui ne pouuant prendre leur origine des obiets, ou de leurs especes, ou des humeurs corporelles, viennent des facultez de l'esprit ou de l'ame, lesquelles estant apliquees tant au bien public, qu'au particulier, peuuent tellement agir sur les sentimens produits par les obiets, ou par leurs especes, ou par les humeurs, qu'estant par dessus toute sorte d'afection mauuaise & turbulente, elles peuuent se porter d'vn mouuement tout à fait contraire, demeurer fermes dans leur entier, *iusques à les brider & les apaiser : se réjoüissant enfin tellement d'estre conformees auec leurs obiets eternels vniuersels, qu'elles ne treuuent point leur repos autre part, promettant en cette sorte la beatitude eternelle à l'ame.*

Nous auons dit cy-deuant que toutes choses cherchent la beatitude eternelle, entant qu'elles cherchent leur propre conseruation, & que par cette raison elle estoit l'obiet necessaire de l'instinct naturel. Les facultez qui seruent le plus à nous rendre bien-heureux, sont donc celles qui suiuent apres : estant les mesmes que nous auons icy proposees ; & quoy que toutes les facultez doiuent conspirer en cet ouurage, celles-cy auront le premier rang : or pour deduire leur excellence, i'en fais icy la diuision solennelle qui met de certaines facultez en nous, lesquelles sont analogues à Dieu, & d'autres qui sont analogues au monde. Celles qui sont analogues à Dieu se reconnoissent en deux manieres, dont la premiere est, qu'elles nous donnent vn sentiment tranquile & bien-heureux, & la seconde qu'elles ne nous trouuent point de repos qu'en ce seul sentiment ; c'est en cela qu'elles ſont diferentes des facultez corporelles, qui nous donnent vn ſentiment groſſier & turbulent, & qui ne ſe portent point outre leurs ſympaties & antipaties. Ie parleray donc par ordre de ces facultez; cependant afin que tu ne deſire entre ces facultez qui regardent le raport interne des choſes, celles qui diſputent de l'vne & l'autre analogie, à ſçauoir celles qui contemplent, qui compoſent, qui diuiſent, & qui diſcourent, &c. bien que par ma diuiſion elles apartiennent à l'ame meſme, ie t'auertis que ie les comprendray ſous le titre *du diſcours*.

Or l'analogie interieure des choſes, eſt le ſuiet dont nous écriuons maintenant. Et pource que les facultez Interieures qui apartiennent à l'ame, ou à l'eſprit, ſont acouſtumez d'agir ſur les actions des obiets, & des humeurs: on les diſtinguera facilement par le doux, & l'agreable ſentiment qu'elles impriment, pour le moins lors qu'on conſidere leurs actions, ſans les eſpeces, & ſans les doutes que le diſcours repreſente; de ſorte que cette definition ne comprend que les facultez, qui nous rendent bien-heureux, ou qui ſont analogues à Dieu; nous diſons donc qu'il y a autant de facultez analogues grauees dans l'eſprit, comme il y a d'attributs diuins: de meſme qu'autant qu'il y a de principes d'indiuiduation dans le monde, autant il y a de facultez dans le corps, ou dans le microcoſme. Remarquez cependant que la bonne conformation de tout ce que ie viens de dire, eſt la meſme verité que cherche le monde. Or de peur que les noms des facultez manquent à ma doctrine, prenez en bonne part les noms de quelques-vnes qui ſont en vogue, comme ſont celles qui *eſperent*, qui ont *confiance*, qui *ayment*, qui *aportent de la tranquilité*, & qui *se réjoüissent*, lesquelles sont penetrees & illustrees par le libre arbitre, de mesme qu'elles peuuent aussi penetrer les facultez corporelles. L'*infinité* est donc la derniere sphere des choses, qui les surpasse toutes, estant seulement limitee par son vnité, (car il ne peut y auoir qu'vn infiny,) dont on remarque quelque partie ou échantillon dans notre libre arbitre; car il est infiny de sa nature, quoy qu'il semble estre renfermé de certaines bornes à l'égard de cette transcendance infinie: car il n'y a point d'atribut diuin qui n'ayt vne faculté analogue dedans nous. Il y a donc vne faculté qui conuient à Dieu, entant qu'il est la cause, vne autre entant qu'il est la fin, vne autre entant qu'il est le milieu des choses, vne autre parce qu'il est bon, vne autre parce qu'il est iuste, vne autre parce qu'il est eternel, & vne autre parce qu'il est bien-heureux. C'est pourquoy l'on doit encore conformer ces facultez auec Dieu. Et c'est icy qu'il faut ranger, quoy que diuersement, suiuant la raison de l'atribut, *nos amours*, *nos creances*, *nos prouidences*, *nos sagesses*, *nos prieres*, *& nos vœux*, *&c.* à condition que nous raportions toutes ces choses, comme prouenantes d'vne mesme ame, à Dieu comme à la fin derniere, tu ne dois pas neanmoins croire que tu sois paruenu à la cime de la perfection, iusques à ce que tu prenne plaisir que la Iustice diuine paroisse en toy, & iusques à ce que tu aymasse mieux estre puny, que de n'auoir pas senty & experimenté cette partie de la prouidence diuine: Et pourtant, bien que l'on craigne, & que l'on se repente à cause du peché, neanmoins l'amour & la foy doiuent surpasser ces actions: & en cette maniere toutes les facultez estant bien conformees acomplissent le salut eternel. Or afin qu'il ne te manque rien, la conſcience te ſeruira de ſens commun pour les ſens internes, afin qu'elle ſoit comme vn lien de tous ces ſens, car ſans ſa conformation legitime, l'eſperance, l'amour, & la ioye ne peuuent eſtre bien conformez : c'eſt pourquoy nous parlerons d'elle, auant que de diſcourir des facultez qui conſiderent les choſes exterieures, puis que toutes les facultez ſe repoſent en elle ; c'eſt pour ce ſuiet que ie la mets la premiere entre les facultez interieures qui regardent les obiets, & quant & quant la derniere, car l'eſperance & la ioye ne ſufiſent pas, ſi nous ne connoiſſons que c'eſt vne vraye eſperance, & vne ioye veritable. Que l'on pourra obiecter que c'eſt vn paradoxe de dire qu'il y a autant de facultez que d'attributs diuins, mais s'il eſt vray que tous les attributs, dont nous auons parlé, conuiennent à Dieu, comment ſera-il vray, ſi quelque faculté ne le témoigne ? Et ſi tu répons qu'vne certaine faculté comprend cela, ſi tu parle de l'entendement, i'en ſuis content, mais ſi tu oſte la diuerſité des facultez de l'entendement, tu ne diſtingue pas auſſi les operations de l'ame. Car comme la meſme voix, ſelon ce qu'on en a de beſoin, ſe prononce auec des ſens diferents, ou comme le meſme bras bande des cordes diferentes, ainſi le meſme eſprit explique, & complique pluſieurs facultez diferentes, ſuiuant la diuerſité des obiets.

Ce que tu comprendras ayſément en ſupoſant que les conformations faites par vne meſme faculté produiſent toujours vn meſme ſentiment, pourueu que l'on y aporte les circonſtances requiſes, dont i'ay parlé au commencement de ce liure ; delà vient que la meſme figure & les meſmes mouuemens font toujours vne ſemblable impression, quoy que celuy-là se trompe qui veut que la figure & le mouuement se comprennent par la mesme faculté, (quoy qu'ils entrent par vn mesme organe) car ils produisent des sentimens diferents, & vsent de diferentes loix dans leur conformation. C'est pourquoy l'on a coustume d'examiner le mouuement separément d'auec la figure, & au contraire : semblablement la cause éficiente & la materielle sont requises à toute sorte d'action naturelle, quoy qu'il puisse ariuer que l'on ne connoistra que l'eficiente, ou que la materielle ; de sorte que s'il n'y auoit icy des facultez diferentes, il seroit necessaire que ces deux causes fussent ensemble ; & afin que nous touchions les choses de plus pres, il y a de certains attributs diuins qui sont connus de tous les hommes, pource que les conditions se font connoistre d'elles mesmes en tous lieux, & d'autres sont seulement connuës par quelque induction (comme estant la condition requise pour la conformation.) Nous auons donc icy des facultez diferentes, qui s'expliquent selon les diferences des conditions. Or tout cecy est assez euident, & nous le croyons d'autant plus volontiers que l'on s'éloigneroit de la raison, & de la Theologie, & que l'on diroit vne chose indigne d'vn très-sage ouurier, si l'on soûtenoit qu'il nous eust donné des facultez diferentes pour connoistre les obiets corporels & perissables, & qu'il ne nous en eust point donné, ou qu'il nous en eust donné, ausquelles l'on ne se peust pas fier, pour connoistre qu'il est le vray Dieu, & qu'il le faut adorer.

Et neanmoins il est certain que ces facultez sont si diuerses, qu'il n'y a que les plus sçauans qui en soient tombez d'acord iusques icy ; ce qui est ariué par le defaut des conditions, car si tous auoient les mesmes obiets, & les mesmes conditions, tous auroient vn mesme sentiment, comme nous auons déja remarqué, i'explique maintenant ma diuision. I'ay assez dit que ce n'est ny la faculté, ny l'obiet qui sent: ce que fait nostre esprit, tandis qu'ils agissent l'vn sur l'autre, & qu'ils combatent en quelque sorte pour la conformation, consiste en ce qu'il aperçoit, qu'il sent, (car nous n'auons point d'autres mots propres pour expliquer cecy.) Tellement que ce que tu sens, ou ce que tu entens dans ton interieur est l'acte mesme de la conformation: nous atribuons cependant tous les sens serains & tranquiles à l'ame, par ce qu'ils viennent du plus secret de l'interieur; c'est ainsi que ie considere les sources, & les causes des sens, atendu qu'il est assez aisé de coniecturer quel est le sentiment par le sens mesme. Ie desire donc que l'on deprime, & que l'on reiette icy cette masse grossiere & corporelle des facultez, afin que l'on voye l'excellence des intellectuelles diuines. Car lors que les sens corporels nous importunent, & nous molestent, ie dis que les facultez qui les composent, & les remettent en leur place, & comme en leur assiette, sont les facultez que i'atribuë à l'esprit. Ce sont aussi les seules facultez qui ont des obiets propres & communs; or elles ont les atributs diuins pour leurs propres obiets, comme l'on prouue par le sens interne, ou par la vraye foy, car elles ne treuuent point leur repos autre part. Les biens qui sont communs au corps & à l'ame, & mesme à tout l'vniuers, leur seruent d'obiets communs, comme l'on prouue par le sens meslé entre l'intellectuel & le corporel, qui peut aussi agir auec plus de vehemence, à raison du plus grand nombre des causes qui con-

spirent

ſpirent enſemble. Cependant nos facultez intellectuelles diuines, produiſent leurs ſentimens dans le corps, à ſçauoir la paix, la foy, la *réjoüiſſance*, *l'amour*, & *l'eſperance*; car ſi l'on n'y trouue ces caracteres de l'ame, il faut tirer leurs origines d'vn autre lieu. Examine donc ces choſes bien exactement, afin que tu n'aye point de dificulté, & que tu connoiſſe par tout iuſques où ſe peuuent porter les actions des obiets, ou des humeurs : & cecy poſé, tu aperceuras que ces ſens tranquiles ſont des fruits de l'eſprit, atendu qu'il n'y a plus nul autre genre d'actions dans la nature. Tu vois donc par ma metode que ces ſens diferent aſſez d'auec les chatoüillemens groſſiers & corporels, & que par ce moyen tu peux reconnoiſtre par le ſens meſme que les ſentimens corporels, qui viennent des ſympaties, lors qu'ils ſont *concupiſcibles*, ou des antipaties, quand ils ſont *iraſcibles*, ſont diferents des actions bien-heureuſes, qui ſe paſſent au fonds du cœur & de l'eſprit. Et parce que i'ay remarqué que la ſenſaction ſe fait tandis que l'action dure entre la faculté & l'obiet, & que lors qu'elle ceſſe, il n'y a nul ſentiment : il s'enſuiura que puis qu'il n'y a que Dieu qui ſeul eſt l'obiet eternel & vniuerſel, c'eſt dans luy vniquement que notre *eſperance*, notre *amour*, & notre *ioye* peuuent faire leur demeure : partant, bien qu'à raiſon du libre arbitre, ou de l'infinité qui eſt grauee dans nous, nous puiſſions apliquer ces facultez aux choſes caduques, neanmoins il n'y a perſonne qui n'experimente en ſoy-meſme l'ennuy & le dégouſt que nous receuons auſſi toſt d'vne telle aplication; ie t'auertis cependant que tu eſſaye de connoiſtre les cauſes & les ſources de ces afections, & les diferents ſentimens, & tu t'acouſtumeras à difcerner par le fentiment mefme, fi les actions viennent de l'efprit, ou d'ailleurs. Où il faut remarquer foigneufement que les actions qui viennent de l'efprit, perfuadent le bien commun, ou du moins de vaincre les maux, & de t'auancer toujours dauantage dans la confiance, & dans l'amour de Dieu. C'eft pourquoy fi toutes les facultez intellectuelles diuines ne demeurent au milieu des tempeftes qu'excitent les paffions humaines, du moins il en refte quelques-vnes, car celuy qui fe *fâche*, qui fe *pleint*, & qui *craint*, peut *aymer*, *efperer*, & auoir *confiance*; & celuy qui fe *defefpere*, peut *aymer* en quelque forte; comme celuy qui *hayt*, peut *efperer*, car il n'y a perfonne qui fe puiffe tellement dépoüiller des facultez que i'attribuë à l'efprit, qu'il ne luy en demeure quelques vnes au milieu de fes inquietudes, malgré qu'il en ayt. Mais il y en a qui obiectent que celuy qui *ayme* peut *craindre*, & que celuy qui *efpere* peut *hayr*: ie répons à cette forte de gens (qui fe rencontre par tout) que cela n'eft point contraire à ce que i'ay dit, quoy que ce qu'ils difent foit veritable, car nous ne parlons pas icy de la verité, ou de la vraye conformation des facultez auec leurs propres obiets, mais de celle qui fe fait auec les obiets communs, d'autant que fi nos facultez intellectuelles s'ajuftent, & fe conforment à leurs propres obiets, c'eft à dire auec les attributs diuins, toute autre afection eft bannie. C'eft pourquoy celuy qui *ayme* Dieu interieurement, & qui met fa confiance en luy, fera d'autant plus éloigné de la *douleur* & de la *crainte*, qu'il fera plus certain que toutes chofes luy ariueront pour fon bien.

Car les forces & les puiffances des facultez nous ocupent tellement à la confideration de leurs propres obiets, que nous ne pouuons iamais assez admirer le tres-beau systeme de la verité; car les forces qui sont dans les facultez, sont tellement exaltees & releuees dans leur propre obiet, qu'elles se reuestent entierement d'vne nouuelle nature. Toutefois si tu tiens que tu peux tellement *hayr*, & te *desesperer*, que tu ne puisse plus *aymer*, ny *esperer*, ie te répons qu'encore que tu peusses assoupir tout à fait les facultez diuines (ce que tu ne sçaurois faire) neanmoins la conscience, ny la raison, ny qui que ce soit, ny toy mesme, tandis que tu iouyras de l'vsage de raison, ne iugeront pas que tu te doiue comporter en cette façon; par consequent les facultez demeurent, bien qu'on soit libre de les détourner ailleurs : mais ie nie que tu te puisse dépoüiller de l'homme, car la nature a tellement soin de nous, que les choses qui nous troubloient, s'apaisent par vne certaine vicissitude, & l'esprit reuenant à soy, les facultez diuines se font sentir; de sorte que ie ne croiray iamais que ces facultez, ou les moyens qui sont si necessaires à nostre conseruation, puissent s'assoupir & s'endormir entierement; car quant au sommeil qui les enseuelit en cet estat, ie tiens que c'est l'ame qui permet cela pour le bien commun. Il est donc raisonnable de croire que si elles ne demeurent toutes, il y en a du moins qui ne peuuent estre ostees, ny par la liberté, ny par aucune obstruction. Et partant il n'y a point de hayne si grande, qui extirpe entierement toute sorte d'amour, ny de desespoir si precipité, qui ne laisse encore quelque peu d'esperance; & finalement il n'y a point d'affection corporelle qui les puisse tellement destruire, qu'il n'en demeure du moins quelqu'vne. Cependant tant s'en faut qu'aucune passion qui est violente, participe du dium, que les choses diuines, ioüissent par tout doucement & constamment d'vne vie, & d'vne paix interne; de sorte qu'au milieu des tempestes, que causent les afections corporelles, & mesme dans les effrois des songes, ces facultez peuuent faire leur fonction sur la representation de leurs vrays obiets tirez de la memoire.

Quant aux sentimens qui troublent, & qui ostent (comme l'on dit ordinairement) l'esprit de son assiette, ils viennent de principes étrangers, (comme tu peux mesme remarquer dans les songes) au lieu que ceux qui nous donnent des afections bien tranquiles, sont tellement diuins, qu'ils peuuent nous faire esperer la beatitude eternelle, malgré les autres afections. Ce sont donc là les facultez, par lesquelles nous pouuons principalement chasser ou surmonter tous les maux qui procedent des humeurs ou des obiets, & c'est pour ce sujet qu'elles tiennent le premier rang, parce qu'elles sont tout à fait proportionnees aux attributs diuins, comme à leurs propres obiets. Separe les donc dans les complications merueilleuses des sens, & les rens à Dieu tres-bon, qui en est le vray Maistre & le Seigneur, si ce n'est que tu te relasche en faueur du bien commun.

Quant au franc arbitre, qui est l'vnique miracle de la nature, & qui penetre toutes les facultez que ie donne à l'ame, c'est vne faculté par le moyen de laquelle l'ame se peut mouuoir & flechir de tous costez; par consequent elle a sa faculté conformante selon ma doctrine, laquelle est cette raison de l'infinité grauee dans nous, car l'infinité (parmy les attributs diuins) est la derniere sphere qui enuironne tout le reste, parce que c'est vne notion commune, que l'on ne peut rien donner de plus grand que l'infiny. C'est pourquoy l'on dit fort bien qu'il n'y a rien que Dieu ne puisse par sa puissance absoluë ; quoy qu'il ne manque iamais à ses resolutions & à ses promesses, parce qu'il est iuste, bon, & sage. De sorte que si l'on a égard à son image qu'il a imprimee dans nous, l'on trouuera que comme tous nos biens procedent de sa bonté & de sa sagesse, &c. qu'il a aussi mis vne certaine raison de son infinité dans nostre liberté ; dont ie m'estonne que les écoles n'ont point parlé.

L'homme est donc infiny entant qu'il est libre, car ce qui est infiny ou libre, n'a point de bornes ; quoy qu'il falle icy vser de distinction, car cette faculté n'agit pas librement en toutes choses, & les éfets ne respondent pas toujours à cette liberté ; pour ce qu[illegible]cerne la premiere partie de cette Proposition, il fau[illegible]souuenir que la liberté qui est en nous, se considere en deux façons, à sçauoir à l'égard des moyens & de la fin ; nous ne sommes pas libres quant à la fin, puis que nul ne peut s'empescher qu'il ne desire la beatitude eternelle, comme i'ay prouué amplement dans vn autre lieu ; mais nous sommes libres quant aux moyens, comme i'ay aussi déja remarqué, & comme il apert par le sentiment interieur ; de sorte qu'il ne faut point s'amuser à ce que disent quelques-vns, qui (fondez sur ie ne sçay quel discours) essayent d'oster la liberté à l'égard des moyens qui seruent pour la beatitude, ne prenant pas garde que les facultez ne peuuent estre conformees sans leurs propres obiets, car le discours ne comprend point ce qui est hors de son analogie ; par exemple, le discours *n'espere*, ny ne *craint* pas, car cela apartient aux facultez qui sont destinees à cette fonction : semblablement ce n'est ny l'amour, ny la crainte qui agite les doutes, cela apartient aux facultez qui discourent, par le moyen de mes questions, dont ie parleray apres. Il faut donc iuger de la liberté par le sens interne, & que celuy qui se sent libre ne se laisse pas renfermer. L'instinct naturel est donc la premiere des facultez, tant en l'homme que dans les animaux; comme la liberté est la derniere, entre lesquelles toutes les autres facultez se rencontrent tellement, que les actions les plus necessaires suiuent immediatement l'instinct naturel; c'est pourquoy la liberté ne profite de rien aux choses qui n'ont que la nature des vegetables, car l'homme ne croist pas, & n'est pas sain quand il veut, &c. mais rien n'empesche qu'il n'ayme, qu'il n'espere, qu'il n'ayt confiance en Dieu, & qu'il se réjoüisse, mesmes iusques à l'eternité. Or il faut consulter les Docteurs en Medecine, sur ce qui est de la distinction merueilleuse du mouuement volontaire, de l'inuolontaire & du mixte, dont on peut tirer de tres-beaux Corollaires; mais la maniere dont ie traite briefuement de toutes choses en cet œuure, m'excuse assez si ie n'en traite point maintenant. Receuez cependant de la part de Dieu ce que i'ay dit, à sçauoir que la beatitude eternelle n'est pas seulement proposee comme vn obiet necessaire, mais aussi que les moyens pour y paruenir nous sont tellement donnez, que nous pouuons remarquer qu'il est en notre pouuoir dez cette vie de l'aquerir telle que nous voudrons. Or la commune experience, & la condition de l'homme enseignent, que la prouidence de la nature ne se porte point plus loin qu'aux moyens, soit dans le viure, ou dans le vestement; ce qui a esté fait à dessein, afin que lors que nous iouïrons des choses susdites, nous en rendions graces à la prouidence particuliere. Que ceux donc qui se rendent esclaues des choses terrestres, prennent garde de ne point placer leurs desirs, leurs amours, & leurs esperances dans les choses terrestres : car qui empesche qu'il ne leur ariue vne telle beatitude eternelle qu'ils desirent ? C'est donc vne grande chose de desirer de ioüir auec Dieu de la beatitude eternelle, mais c'est encore vne plus grande chose si tu oses l'esperer. Pense donc que c'est pour notre bien que la liberté nous a esté donnee, à sçauoir afin que nous eussions vn choix libre des moyens qui conduisent à la beatitude. Les actions des elements sont entierement necessaires, celles des vegetables se remarquent vn peu plus libres, les brutes prennent encore plus de licence, mais l'homme est libre de tout : de sorte qu'il n'y a rien qu'il ne puisse vouloir, & qu'il ne puisse quasi faire : nous auons donc la liberté comme vne derniere diference, laquelle nous n'experimentons point, que lors que nous sommes assez forts & assez agez. Cessez donc de dire que cette faculté est mauuaise, & qu'elle tire son origine d'vne nature entierement deprauee ; car si vous regardez les actions humaines, comme celuy-là peut-il estre bon, qui ne peut aussi estre meschant ? Les actions necessaires ne sont pas simplement nostres, & celles qui se font necessairement viennent du destin des choses : de sorte qu'il n'y a que celles qui nous sont volontaires qui soient nostres ; réjoüis toy donc d'auoir la liberté aux choses oposees, & lors que tu feras tout le bien qui est en ta puissance, demande la recompense de la bonté suprême, & en iouys, & tu seras vrayement sage en cette façon. Garde toy bien cependant sur toutes choses de soüiller cette image diuine par le peché, laquelle ne patit point de reproche, de peur que tu sois priué de la beatitude eternelle; ce que i'ay voulu dire briefuement de cette liberté, laquelle nous fait remarquer dans vn petit vaisseau quelque caractere, & quelque raison de l'infiny. Ce n'est pas que ie n'auouë que l'on pouroit icy dire assez à propos d'autres choses de la liberté, entant qu'elle penetre & informe nos puissances, & qu'apres cette vie elle leur sert comme de chariot pour commencer leur mouuement; & que l'on pourroit encore parler du mespris de la mort, comme de la chose qui nous rend plus dissemblables à Dieu, mais parce que i'ay cherché la briefueté par tout, ie quitte maintenant ces considerations, l'on eust aussi deu parler du sentiment de la grace operante, qui fait sa principale residence dans l'interieur, mais puis que l'on doit attribuer ces sentimens à la prouidence particuliere de Dieu, (qui les produit immediatement) i'en traiteray (en parlant de la reuelation) vers la fin de ce liure, ie passe donc de ces facultez, aux sentimens qui viennent des humeurs & de là au corps, & aux choses corporelles.

Nous apellons sens internes *corporels, ceux qui procedent des humeurs excitees, qui nous afectent d'vne certaine intemperie, ou d'vn sentiment grossier & palpable, dont les facultez conformantes, qui sont analogues au monde, (comme estoient les precedentes à Dieu) estant étrangeres dez leur origine, & transplantees apres qu'elles ont esté touchees par leurs propres obiets, qui sont caducs & particuliers, elles en entrent bien tost apres dans vn dégoust & mépris, quoy que les conformitez se fassent suiuant leurs desirs.*

I'ay suiuy le mesme nombre des organes qui seruent au cinq sens, que mettent les écoles, mais i'ay auancé le

nombre

nombre des sentimens iusques au nombre des diferences : c'est vne chose ridicule de croire qu'il ny en ayt que cinq, ie parle icy des sens corporels, tel qu'est toute sorte de sens grossier, caduc & troublé, soit qu'il agisse, ou qu'il patisse. Or nous auons particulierement entre ces sens la faim, la soif, la lasciuité, la paresse, la colere & la melancolie, dont les symptomes nous paroissent dans le sentiment des nerfs, agreable, ou fascheux, à sçauoir dans la lubricité, dans la demangeaison, dans le chatoüillement, dans le ris, dans la feneantise, dans le baaillement, dans l'extension des membres, dans le sommeil, la douleur, la bile, la fureur, la crainte & la terreur, dans le pleurer, dans les opressions, que l'on apelle *incubes*, & dans les autres qui sont composez des precedens, dont il y a vn grand nombre : Enfin tout ce qui vient de ces principes, est compris en cette definition, & nous imprime vn sentiment nouueau selon sa diference.

I'ay dit cy-dessus que les sentimens sont diferemment excitez, car nous sentons l'impression d'vn sentiment diuers, soit que les principes cachez dans les humeurs, agissent mutuellement les vnes contre les autres, ou que cela vienne des principes de l'indiuiduation qui sont dans les obiets, ou des especes des obiets, reseruee dans la memoire, ou que l'esprit agisse sur eux. Et lors qu'on les ioint alternatiuement (ce qu'il faut remarquer en toute sorte de sensation) ils impriment encore vn sentiment nouueau & diferent : c'est donc icy qu'il faut examiner les origines des sentimens, & leurs diferences. Ie traite premierement de ceux qui produisent les humeurs par leur mouuement ; or il y a quatre humeurs, qui répondent aux quatre elements, ce qui est assez connu sans nous y arester : c'est pourquoy i'en fais icy le fondement de ma doctrine, comme estant vne chose à laquelle s'acordent les écoles les plus sçauantes.

Mais par ce qu'il ne faut pas tant considerer la masse & la miniere exterieure, que la force interieure, & l'eficace de l'action des humeurs, laquelle est grandement considerable pour l'economie & la dispensation interieure des esprits qui y interuiennent, il faut voir l'anatomie vitale, dans laquelle l'on doit principalement considerer les esprits, ou les principes, ou les moindres parcelles des choses, ou leurs atomes, (dans lesquels elles sont conseruees, comme dans le reseruoir & le sein de la nature ;) or ils sont tout à fait estrangers & transplantez, quoy qu'ils combatent sous l'étendart de l'esprit. C'est pourquoy ils essayent dauantage à se conseruer, quoy que par vne impetuosité qui est aueugle, neanmoins ils changent de maistre, & passent dans la possession d'autruy, lors que l'esprit se les assuiettit, & qu'ils obeissent à l'ame. Toutefois ils retiennent toujours la science de leurs esprits, c'est pourquoy ils sont excitez par leur propre analogie ; & les merueilleuses diferences des choses sont expliquees ; ce que tu comprendras plus aysément, si tu supose que tout ce qui tombe sous le sens est tiré de la matiere. Et parce que les quatre humeurs répondent aux quatre elements, il faut croire qu'il y a de certains principes cachez dans ces humeurs, comme il y en a dans les elements, & partant que notre corps est semblable au monde. Car il ne faut pas que la petitesse du lieu t'étonne, atendu que les principes des choses sont tellement incorporels, qu'ils ne peuuent estre remarquez par le sens exterieur, s'ils ne se reuestent de quelque habit plus grossier, quoy qu'en temps & lieu ils se fassent paroistre. Considerez la rose durant l'hyuer, elle n'est feconde ny de son pied, ny de ses branches, ny mesme de l'écorce de sa semence, mais seulement par sa vertu, laquelle est recluse & cachee dans le sein de la nature; considerez dis-je, non le lieu, mais le fruit, quoy qu'il ne puisse estre aperceu, iusques à ce que les causes des choses conspirent ensemble, & que la rose sorte de soy-mesme. Il y a autant de degrez cachez dans les entrailles des choses, comme il y en a dehors, examinez vos esprits, & vous le sentirez, car apres cet examen, vous reuiendrez à vous mesme auec plus de contentement & de felicité. Or comme le sentiment interieur (pourueu que vous le consideriez) témoigne que tout ce qui vous afecte est en vous, de mesme le sentiment exterieur montre que cette afection ne se borne pas à l'interieur, mais qu'elle peut s'étendre hors de vous; l'infiny est par tout, & toute sorte de partie tient quelque chose du tout. C'est pourquoy il n'y a rien qui ne se puisse étendre à l'infiny: & si tu ne comprends cecy, croy que tu as l'esprit merueilleusement sterile. Mais afin que ie poursuiue mon sujet, de mesme qu'il y a quelque chose dans les facultez intellectuelles qui répond aux attributs diuins, il y a semblablement quelque chose dans celles dont ie parle icy, qui répond au monde; c'est pourquoy elles n'ont pas du raport à toute sorte d'obiet, comme les facultez intellectuelles (qui peuuent deduire leurs notions de tels obiets que l'on voudra) mais à leurs obiets particuliers; & finalement elles ne considerent point les obiets eternels, car cela apartient seulement à celles que i'atribuë à l'esprit, lesquelles se réjoüissent dans la consideration des obiets eternels, & ne prennent point leur repos ailleurs : elles sont enfin vne si excellente impression sur nous, qu'on en voudroit iouyr eternellement, car il n'y a personne qui ne vueille toujours *esperer* vne meilleure condition ou estat, & qui ne vueille auoir de la *confiance*, & *aymer*. Mais les facultez que i'attribuë au corps, sont caduques & perissables, tant en elles mesmes que dans les obiets, car il ne s'est point trouué d'homme qui ayt toujours voulu estre fasché, ou toujours endurer & se plaindre, toujours craindre, toujours auoir faim & soif, ny mesme toujours vaquer à ses lubricitez, se contentant d'estre déchargé. Finalement ces facultez ne persuadent pas le bien general, comme font les intellectuelles, mais seulement le particulier ; par où il est euident qu'elles sont assez distinctes les vnes des autres.

Il ne faut donc pas que les miserables hommes desirent de deuenir bien-heureux par le moyen de quelque volupté particuliere, ny mesme par le ramas de toutes celles que fournissent les corps, car comme peut-on estre heureux dans les choses, dont les principes & les causes prochaines, & les sens mesmes sont des ioüets subiets à la corruption. L'ennuy, le degoust, & l'horreur des delectations corporelles (car tous les chatoüillemens possibles n'ont point d'autre meilleure issuë) monstrant assez que la parfaite felicité ne peut se rencontrer que dans les obiets eternels ; de sorte que nos facultez corporelles ne sont pas seulement distinguees de nos facultez diuines par leurs causes, par leur analogie, & par leurs obiets, mais aussi par leurs éfets, & par leur maniere de sentir. Voyons maintenant que c'est que la nature corporel le, ou brutale, (ou selon quelques-vns animale) ou le vieil homme, que les Eglises disent qu'il faut dépoüiller. Or il faut remarquer que nous auons deux natures, à sçauoir l'ame & le corps; mais il est dificile d'expliquer *que c'est* que l'vne & l'autre, quelque euidence que l'on ayt *qu'elles sont* en éfet, car ce qui commande aux obiets & aux humeurs, n'est pas le corps, c'est l'ame ou l'esprit, & nul homme de bon iugement n'a iamais creu que les choses exterieures, qui agissent sur nous, fussent nostre corps. Il faut donc prendre ce corps dans les humeurs.

Or la masse que vous voyez n'est pas le corps, mais quelque partie de notre cadavre, qui a receu impression de la forme, ou de la matiere; il ne nous reste donc plus que des certains principes, ou des facultez vitales, qui se trouuent enuelopees dans les humeurs, comme dans leur chaos, d'où nous puissions tirer cette nature corporelle; car la voix mesme du peuple enseigne que le corps sent, & que l'ame entend. Nous disons donc que ce corps n'est autre chose que l'assemblage distinct des principes, qui concourent à la fabrique du systeme humain, lesquels sont cachez dans les humeurs, comme dans leur matrice & miniere (car les humeurs répondent aux elements:) or celuy qui ne veut pas puiser la raison de cecy de l'ame, laquelle reduit dans vne mesme masse les natures diferentes des elements & des animaux par sa vertu formatrice, qu'il trouue par l'enseignement du sens interieur, comme quoy ces principes s'acordent auec les nostres, car comme l'ame de chaque animal à la science de son espece, il ariue que le brochet, le chat, & l'homme formeront chacun leurs membres d'vn mesme gobion, & contraindront les aliments de s'en aler en leurs propres lieux, ſuiuant la ſcience formatrice qu'ils ont de leur eſpece. Cependant ce que nous auons de diuin en nous, penetre toutes ces choſes : c'eſt pourquoy i'ay ſouuent remarqué qu'il n'y a que nos ſeules facultez intellectuelles qui ayent des obiets propres & communs.

C'eſt delà que nous connoiſtrons le raport qui eſt entre Dieu & le monde, & celuy qui eſt de l'ame au corps, & comme quoy noſtre eſprit répond à Dieu, & le corps au monde, & que les raiſons de toutes les diferences qui ſont au monde ſont grauees dans l'homme : d'où ie prendray noſtre concluſion, laquelle aſſeure qu'il y a autant de diferences des facultez, comme il y a de choſes (pourueu qu'elles ayent le caractere de quelque principe d'indiuiduation.) C'eſt pourquoy nos facultez intellectuelles ſe conforment ſi volontiers auec les attributs diuins, & nos facultez corporelles auec les corporels (lors que les conditions des conformations s'y rencontrent.) Ie dis donc que l'ordre entier des choſes eſt tranſmis & tranſplanté dans les humeurs, ou les elements du microcoſme, leſquelles ſe font auſſi aſſez remarquer par leurs éfets, ſoit qu'elles faſſent leur entree dans la maſſe de la ſemence, ou dans les aliments, ou dans l'air que nous reſpirons. Et lors qu'on les a reduites en vn corps, elles agiſſent ſur leurs propres obiets, & patiſſent auſſi par le moyen de leurs ſympaties & antipaties ; de ſorte que leurs actions diferentes nous impriment des ſentimens diuers, & que chacun peut remarquer qu'il y a des afections, & des maladies étrangeres, & meſmes hereditaires, (qui ſont vne vraye tache & macule originelle) qui paſſent en nous ; cependant les principes ont leur aſcendant, & ſont exaltez chacun en leur ſaiſon. C'eſt pourquoy les qualitez & afections qui se rencontrent plus communément dans les elements, les vegetaux, & les animaux, se treuuent generalement en nous.

Et partant nous ne sommes pas seulement faits semblables aux vegetaux, & aux brutes par la chaleur, par le froid, par le mouuement, ou par le marcher, par la volupté, par la douleur, par la faim & la soif, par la finesse, & enfin par le sommeil, mais nous sommes les elements, les vegetaux, & les brutes mesmes; car notre chaleur est le vray chaud elementaire, notre vegeter est la vraye acroissance des vegetables, & la volupté, la douleur, la crainte, la faim, la soif, le sommeil, & les finesses, sont de vrayes voluptez brutales, &c. car notre esprit peut se porter d'vn mouuement contraire par dessus elles; ce qu'il a coûtume de faire en toutes choses, sinon quand il est question du bien general, & pour lors il est permis de l'éguiionner. Or toutes les actions des antipaties & des sympaties, (tant dans nous, que hors de nous) sont moderees par les secrets iugemens de Dieu; & ie ne pense pas qu'il falle répondre autrement à ceux qui feroient des obiections contraires en ce qui concerne la question *pourquoy*, & *d'où* cela ariue, &c. Ie dis cependant que c'est la propre fonction de nos facultez diuines de conformer ces principes corporels, & de les tirer à leur iurisdiction, afin que chacun puisse ioüir de son propre monde, dans lequel pourtant il ne peut estre plus enfermé, que Dieu dans l'vniuers. Or celuy qui a l'experience iournaliere du combat des elements qui sont hors de soy, ne doit pas s'étonner du combat que se liurent mutuellement les humeurs, ou les elements du microcosme, & mesme les principes des choses. Tu dois seulement prendre garde de rabatre, & de mettre en ordre ces facultez, & lors que tu aperçois que tu as de la douleur, que tu crains, que tu es en colere, &c. considere que les humeurs sont dans leur mouuement; que la nature brutale est excitee en toy, & que tu as afaire auec ta beste. Apaise donc ces mouuemens par des remedes pris de l'esprit, ou de la Medecine; neanmoins si c'est pour le bien general, il faut permettre quelque chose au corps, pource que la prouidence generale de Dieu l'a ainsi ordonné. L'on peut cependant coniecturer de combien l'ame de l'homme est plus excellente que celle de la beste, & combien son origine est plus releuee, en considerant que les sens des bestes, quoy que plus vifs & perçans que ceux des hommes, n'ont pas des raisons & des lumieres si grandes, pour sçauoir ce qu'il faut desirer & éuiter; ce qui fust sans doute ariué, si la verité eust peu estre établie par la vigueur des sens externes, ou si nous eussions eu vne mesme ame que les bestes. C'est pourquoy les brutes ne se portent point par delà leur espece; au lieu que l'homme connoist la sienne & celle des autres: mais parce que tout cecy ne peut pas estre enseigné ensemble, ie croy que ie suis assez obscur en ce sujet, (puis que ie me suis broüillé dans les tenebres de ce monde) voyons la diuision du systeme humain. Ie dis donc que ce qui agit & ne patit point, est l'esprit ou l'ame: ce qui patit & n'agit point, est le cadavre, ou la matiere qui a receu impression; de sorte que ce qui agit & patit, mais auec vn sentiment grossier & caduc, est le corps de l'homme; ce qui est assez euident par les diferences des sens (pourueu que l'on en fasse l'examen) toutefois l'esprit mesme peut patir, estre rauy, & tout à fait

conforme

conformé par la nature superieure, dont ie traiteray en parlant de la reuelation. Or afin d'aioûter quelque chose de la proportion du grand monde auec le petit, dont les Auteurs de ce dernier siecle ont assez bien parlé (nommément en ce qui concerne la Medecine) l'on peut remarquer que la *colere*, le *soupçon*, *l'enuie*, &c. qui troublent, & qui sont reprouuees par la conscience deuëment conformee, sont analogues à la region de l'air, dans lequel l'on void de semblables gresles, tourbillons, & meteores, qui tombent sur le corps comme sur la terre, de quelque lieu qu'ils viennent: partant l'on void quelques afections plus basses que l'esprit, qui sont plus releuez que les humeurs; ce que l'homme ne doit pas plus admirer en soy, que dans le grand monde; il y a enfin de certaines passions brutales, comme montrent les maladies mesmes, & les rages diferentes (sans qu'il soit besoin d'aporter d'autres raisons) lors que l'on void que la nature du loup domine icy, celle de la brebis là, & celle des oyseaux parest ailleurs, &c. & que tantost des folies moderees, & vne autrefois des folies furieuses & enragees possedent notre masse corporelle; il faut donc commencer par la nature des elements, & des vegetables, & l'on doit examiner les loix merueilleuses des transplantations, & en quelle maniere se fait la naissance, l'exaltation, les caracteres, les loix, & les periodes des semences; & finalement qui sont celles que l'on peut apriuoiser, ou éfaroucher.

Il ne faut pas neanmoins que tu sois si soigneux de ces choses, que tu croyes perir auec elles; car bien qu'on quite tellement les facultez, & les sens corporels à la mort, & que le reste retourne à ses elemens, & qu'auec tout cela tu quite les symptômes, les maladies, & toutes sortes d'afections: par exemple, la colere, la crainte, la douleur, la faim, la soif, le sommeil, & la finesse ou sagacité, & neanmoins la puissance *formatrice*, & la *motrice* mesme demeurent, aussi bien que tout *l'entendement*, toute *la volonté*, & toutes les facultez *qui ayment*, qui *esperent*, qui ont *confiance*, qui *aportent la serenité*, & *la ioye*, & qui ioüissent d'vne parfaite *liberté*. Enfin tout ce qui fait que tu es vn veritable, & mesme vn bel homme ne meurt point. Les obiets anciens, & mesme les nouueaux demeurent, & il ne manque nulle sorte de matiere, ny aucun element (si tu daigne te veautrer dans ces choses) dont tu te puisse reuestir, pourueu que Dieu le vueille. Ton ame a dans sa vertu formatrice la science de ton espece, mais ie t'annonce des choses beaucoup plus grandes, à sçauoir que lors que tu auras quité cette habitation terrestre, tu peux auoir vne matiere plus obeissante, & de nouueaux elements, d'où tu puisse parestre tout reuestu de gloire, & du Ciel mesme. Il reste encore l'infiny, pourueu que tu ose l'esperer, afin que tu ne craigne point que ma doctrine te reduise à nulle détresse. Or l'on peut tirer mille Corollaires de ce que i'ay dit cy-deuant, pour rétablir les fondemens de toutes sortes de sciences. Nous auons donc expliqué briefuement ce que c'est que le corps humain, ce qu'il semble que les écoles n'auoient pas expliqué par son propre sentiment, non plus que l'ame. Cependant si le Lecteur desire vne plus ample information sur ce sujet, qu'il la cherche dans son sentiment corporel. Or il ne faut faire nul estat de ce que quelques-vns disent, que nos facultez diuines sont des éfets d'vn esprit tranquile, car bien qu'il puisse se remettre en ſon premier eſtat apres la *colere*, la *hayne*, & la *crainte*, neanmoins l'on n'a pas ſoudain cette *paix interieure*, bien que la *colere* ſoit paſſee; l'on n'a pas l'amour tout auſſi toſt que la *hayne* s'eſt éuanouye, ny la confiance au meſme moment que l'on a chaſſé la crainte; c'eſt donc bien autre choſe de n'eſtre pas aux angoiſſes, que de iouyr d'vne parfaite aſſeurance; il y a grande diference de ne ſentir point de douleur, & de s'eſtimer heureux malgré la douleur. Finalement la faculté intellectuelle diuine, laquelle eſt toujours preſente, & proportionnee à toutes ſortes d'obiets, & qui perſuade le bien commun, eſt autre choſe que la faculté corporelle, qui ne nous donne qu'vne *intemperie* (vocable dont i'ayme mieux vſer que de celuy de *ſentiment*) bien que le mot de ſentiment n'explique pas aſſez les conformations qui viennent de l'interieur, & de l'action des facultez intellectuelles. Ie ne nie pas neanmoins que la *douleur, l'anxieté, & la crainte* ne puiſſent eſtre commandees par l'eſprit, (ou par l'ame) lors qu'il fait que le corps en ſoit afecté; & c'eſt en cette maniere qu'il ſuplée en quelque façon le deuoir de la Iuſtice diuine. C'eſt pourquoy nous ſçauons que nous pouuons eſtre touchez de quelque ſaincte douleur, & de quelque crainte pieuſe, &c. C'eſt donc en vain de chaſſer les craintes qui viennent d'vne conſcience troublee, ſi on n'apaiſe premierement la conſcience, comme auſſi il n'eſt pas ayſe de quitter les ioyes qu'elle donne, il ne faut donc pas s'étonner ſi nos amours, nos eſperances, & nos creances nous troublent, lors que nous les apliquons aux choſes caduques, tant par ce qu'elles ne ſont pas conformes à vn obiet qui leur ſoit proportionné, que pource que la conſcience nous diᶜte que nous ſommes punis de nos folies; quoy que ceux qui ſont de mon auis doiuent rechercher la cauſe de ces afeᶜtions, dans la ſympatie & l'antipatie des choſes fondees ſur leur ſyſteme merueilleux.

C'eſt ce que i'en crois, ſinon lors qu'il eſt queſtion de quelque bien general, & que l'eſprit veut eſtre de la partie, comme i'ay ſouuent remarqué. Il ſera donc à propos que les Sophiſtes conſiderent cecy ſur toutes choſes, afin qu'ils ne depriment pas les facultez diuines qui *eſperent*, qui ont *confiance*, qui *ayment*, qui aportent de la *tranquilité*, & qui ſe *réjoüiſſent*, en les raualant iuſques à la partie inferieure & concupiſcible de l'ame, car ſans elles l'entendement ſeroit ſi inutile, la volonté ſi inepte, & la felicité ſi nulle, que ce grand nombre de facultez qui ſe trouuent en nous, ne nous ſeroient qu'autant d'incommoditez & de miſeres. Enfin ces afeᶜtions ſont ſi éloignees des inferieures, que l'entendement n'eſt pas ſeulement eſtabli par le raport qu'il a auec elles, puis que c'eſt auſſi par leur moyen qu'il s'vnit aux choſes ſupremes, mais ſuppoſez pour vn peu de temps, que vous ſoyez priuez de nos facultez diuines; ie ne dis pas de la *crainte*, de la *colere*, de la *hayne*, & des chatoüillemens charnels, dont vous pouuez eſtre priuez eternellement, mais de *l'eſperance*, de *l'amour*, de *la foy*, de *la ioye*: qu'eſt-ce que ſeroient vos ames, ſinon des ombres, des ſpeᶜtres, & des fantoſmes? Soyez donc contens de ce qu'il vous eſt permis de mettre vos paſſions brutales & groſſieres, dans la partie concupiſcible, ou dans l'iraſcible de l'ame.

Quant à moy i'attribuë premierement à l'ame toutes les facultez qui nous donnent des ſentimens diuins, tranquiles, & bien-heureux ; & puis ie les atribuë à Dieu mesme, lors qu'elles ont esté conformees comme il faut par vne veritable aplication des sens internes. L'on ne doit pas retrancher les facultez, sans lesquelles tant s'en faut que notre esprit s'éleue aux choses diuines, que sans elles il ne peut pas mesme auoir la nature de l'esprit humain : ce qui parestra encore plus clerement, si l'on ne peut remarquer aucunes de ces afections dans les brutes, comme il est tres-certain, que l'on n'y en remarque point ; car bien qu'elles endurent de la douleur, qu'elles craignent, qu'elles soient suietes aux mouuemens lascifs, qu'elles se portent assez gayement à ce qui concerne leur espece, & mesme qu'elles ayent vne si grande sagacité naturelle, que l'on obserue dans les bons ofices qu'elles rendent à leur maistre, neanmoins nul n'a iamais peu remarquer que les bestes ayent vne esperance inebranlable, vn amour pour la seule consideration du bien, vne creance des choses eternelles, & vne ioye seraine & tranquile : ce que l'on ne doit pas aussi chercher dans les creatures qui n'ont point de conscience, ny de repentance pour leurs pechez, ny de soin de la vie eternelle, dont il ne faut pas douter ; puis que l'on ne void nulle maniere de religion publique & solennelle entre les bestes. Ce sont là les diferences, qui font particulierement que nous sommes hommes ; & bien qu'il semble que les brutes en ayent quelque sorte d'échantillon, lors que l'on examine le raport des choses entr'elles, neanmoins elles n'en ont peut-estre pas eu besoin, parce qu'il semble que Dieu aye rétraint à l'homme seul, le raport que les choses ont à la premiere cause, & le droit du culte diuin, il sufit que les animaux se perfectionnent dans l'homme, & qu'ils y deposent leurs imperfections brutales. Et c'est ainsi que l'homme est le principal obiet de la Iustice diuine, comme ayant en premier lieu le soin de la commune conseruation des choses.

Nous disons que les sens interieurs causez par les obiets, sont ceux, qui venant de l'action secrete des obiets exterieurs, tant sur le corps que sur l'ame, sont remarquez dans l'interieur.

Ie parleray des especes qui sont portees dans les organes des sens exterieurs, lors que ie traiteray des sens externes; car i'examine seulement icy les sens interieurs, comme sont en premier lieu quelques voluptez, douleurs, & afections corporelles, dont neanmoins la recherche (estant tres-subtile) semble n'estre pas comprise dans l'explication des diferences: car ces sentimens sont tellement conioints à nos actions, qu'on ne le sçauroit bien distinguer, c'est pourquoy leurs éfets se produisent quasi en mesme temps, neanmoins puis qu'il est raisonnable de croire qu'il y a quelques sentimens tirez des actions des obiets, qui se font aperceuoir par leurs caracteres interieurs (si ce n'est que l'on attribuë toutes les actions aux facultez, & que l'on n'en donne aucune aux choses mesmes.) Il est à propos d'examiner quels sont ces sentimens, & quelle raison l'on en peut aporter. Mais afin de ne confondre point ces choses, ie supose derechef qu'il y a quelques sens interieurs analogues à l'esprit, & quelqu'autres au corps; or les obiets qui sont analogues à l'esprit, sont aperceus par vne certaine communion des formes qui se trouuent entr'eux; quoy qu'en cette maniere ils n'agissent point sur notre esprit, & qu'ils s'assuiétissent à son examen; car l'esprit estant diuin ne peut patir, de là vient qu'il agit librement en toutes ces choses : ce qui n'ariue point dans l'action des obiets, qui se fait sur le corps, desquels les conformations suiuent necessairement, par ce que les moyens sont quasi tousiours presens, d'où il ariue qu'vne faculté de l'ame peut estre adoucie par les modulations d'vn concert harmonique, & pendant que l'autre cherche la proportion & la raison des Accords. Mais il apartient aux esprits les plus vifs & les plus aigus, de rechercher la part que l'esprit & le corps prennent en tout cecy; car ie propose ces actions en particulier, quelque complication qu'elles puissent auoir ; par exemple, c'est vne belle question, & bien dificile, de determiner ce que l'agent exterieur donne à la beauté, qui nous afecte, & ce qu'y contribuent les facultez interieures ; car elle requert vne connoissance de la proportion de la puissance qui agit, dont la parfaite intelligence donne la connoissance du systeme parfait des choses, atendu que ces proportions acomplissent l'harmonie du monde, laquelle ie reconnois estre liees aux Nombres, comme auoüent les Academies les plus sçauantes ; faites le denombrement des periodes lesquelles y interuiennent selon les regles de l'art, & vous trouuerez que ce que ie dis est veritable. Mais ie reuiens aux sentimens internes, qui sont produits par les obiets, sans aucun discours, dans cet ordre ; car i'ay reduit cydeuant toutes les afections vniuerselles à *l'instinct naturel*, ausquelles l'on peut raporter les bruits confus & fâcheux, qui produisent tant d'horreur sur quelques-vns, que les dents leur en font mal, & plusieurs semblables accidents que l'on peut voir dans les histoires ; d'autant que tous ces sentimens apartiennent à quelque faculté interne, qui se trouue dans la masse du corps, puisque l'homme a sa perfection sans de tels sentimens. Cette nouuelle faculté apartient donc à vne autre analogie étrangere. C'est pourquoy bien que tout principe d'indiuiduation aye quelque chose dans l'homme qui luy répond quant à l'analogie exterieure, l'analogie interieure nous peut estre cachee, si ce n'est qu'elle soit excitee par des sympaties, & des antipaties secretes, quoy que legitimes, il ne faut pas neanmoins atribuer aux obiets toutes les actions qui se rencontrent dans ces sentimens, mais il sufit de leur en donner quelques vues, & les autres aux conformations; quoy que les actions des obiets y ayent aussi bonne part qu'en aucune autre rencontre. Et c'est par ce moyen que le raport interieur des choses est tres-clairement distingué du raport exterieur, & que l'on peut aperceuoir que quelque chose nous est cachee. Examine donc cecy subtilement, afin que tu saches ce qui est naturel, & propre ou accidentel, & exterieur. Ie dis cependant que les afections particulieres, qui prouiennent malgré nous de l'action des obiets, sont étrangeres. Et si quelqu'vn le nie, il le faut conuaincre par les choses mesmes; mais lors que nous aperceuons vn sentiment agreable venant de l'action des corps entr'eux, nous y pouuons rencontrer notre conformité, soit qu'ils viennent de dedans, ou de dehors: au lieu que la conformité est étrangere, quand le sentiment est fâcheux; & parce que les principes exterieurs sont quelquefois plus puissans que nos principes corporels, ils atirent à eux ce qui leur est proportionné, par vne certaine façon aimantine, & à rebours. De là vient que la solution du continu agit si puissamment sur nous, & que les plus grandes parties consomment les moindres, car la prouidence diuine

vniuerselle

vniuerselle a vn soin particulier de la continuité de l'vniuers. Quant à la nostre, il semble qu'elle tienne le second rang; c'est ainsi que la douleur que nous endurons, respond au vuide des choses inanimees, car la partie, dont on a osté ce qui auoit esté conformé auparauant, est euacuee, de sorte que comme la nature ne permet point le vuide, elle a voulu que nous fussions sensibles dans nostre fabrique interieure; par consequent lors que nos membres sont piquez, coupez, resouz, rongez, étendus, rompus, pressez, & constipez, il y a de certaines parties qui cedent, lesquelles laissent quelque vuide en quelques endroits; partant ces aiguillons aueugles, qui se remarquent ez choses, reçoiuent la vie dans les hommes, de quelque sorte qu'ils y soient portez & transplantez; or cette obseruation sert grandement pour connoistre les choses; & cependant tous les principes qui s'assemblent dans quelque nature inferieure, endurent de la douleur (car ce n'est pas la chair, ou le nerf qui sent, ce sont les principes, ou les esprits) de mesme lors qu'ils sont conformez auec vne nature superieure, ils se réjoüissent & aportent des sentimens agreables, entre lesquels il y a vn sentiment qui tient le milieu, lequel vient d'vne repletion conuenable & moderee. Or si toutes choses fuyent la mort, considere qu'elles ayment mieux rauir, & atirer à soy les choses inferieures, que de passer dans vne vnité étrangere, pendant que les secrets iugemens de Dieu moderent ces choses; car ie ne croy pas qu'il falle autrement répondre à ceux qui demandent *pourquoy*, & *d'où* cela arriue. Ie sçay enfin qu'il peut y auoir d'autres causes de la volupté, & de la douleur, mais ie pense auoir expliqué les causes de ces afections. Ie ne veux pas examiner si le changement du temperament se peut icy reduire; il sufit d'auoir proposé ce que peuuent de soy les principes exterieurs, qui répondent à des facultez diferentes, suiuant les deux analogies qu'ils ont, à sçauoir l'exterieure & l'interieure, comme i'ay fait voir par le sentiment mesme; or quand le mesme obiet, par exemple l'absinte, a passé les facultez exterieures, l'on trouuera qu'il peut affecter vne des facultez, entant qu'il est amer, & vne autre entant qu'il est desagreable, & vne autre encore, parce qu'il est sain, suiuant la diuersité de son analogie. L'on peut icy raporter les actions des principes, de toutes sortes de saueurs & de couleurs, entant qu'elles sont agreables, ou desagreables, quoy que les actions de nos facultez soient meslees. L'on peut enfin ajoûter plusieurs choses du beau, qui répond à l'esprit, suiuant ma diuision; & du specieux, qui répond au corps; & semblablement de la Musique qui réjoüit merueilleusement nos facultez, comme estant distinguees par les mesmes interualles & proportions qu'elle pratique.

L'on peut aussi proposer cette belle question, à sçauoir, qui sont les instincts naturels, qui estant transplantez des elemens, des vegetaux, & des brutes en nous, ont toujours la puissance d'agir, mais parce que i'vse icy de la plus grande clarté & briefueté qu'il est possible, ie laisse maintenant cette question, afin de traiter des sentimens meslez ou composez, qui se rencontrent le plus souuent, & le plus ordinairement en nous.

Le sens mixte *est celuy qui prend sa source de l'action des principes, qui agissent alternatiuement les vns sur les autres, & qui imprime en nous vn sentiment ou vne affection inegal & diuers, qui tient tantost quelque chose de l'intellectuel, tantost du corporel, & tantost des obiets, ou de leurs especes reseruees dans la memoire.*

La nature de l'homme est merueilleusement composee, car il prend son temperament des elements, sa stature & sa croissance de la nature vegetante, ses sens corporels & grossiers des brutes, & son entendement, sa volonté, sa conscience & ses facultez intellectuelles diuines de l'ame raisonnable. A quoy Dieu a coustume d'aioûter par sa grace, ou prouidence particuliere des dons innombrables, selon son bon plaisir. Partant ceux qui blâment si fort la nature humaine, & qui disent que nos facultez sont entierement deprauees & corrompuës, ne considerent pas assez qu'il y en a quelques-vnes qui sont bonnes en soy, & qu'il y en a d'autres qui mesmes ne peuuent deuenir mauuaises. Il est donc à propos d'examiner à quoy ils en veulent tant par leurs conuices. Sans doute ils ne disent pas que la nature elementaire, ou vegetante ayent commis quelque peché, & moins encore que la droite raison, la volonté, la conscience, &c. soient criminelles d'elles mesmes; il faut donc qu'ils iettent les fléches de leurs iniures contre la nature brutale. Mais i'ay prouué fort au long que l'on ne doit pas reieter ces afections, pourueu que les obiets requis, & les loix legitimes des conformations y soient interuenuës.

Neanmoins pour ce que la preuarication ariue à cause de la nature corporelle ou brutale, il faut expliquer ses parties plus exactement: Et pour ce sujet il faut remarquer que cette nature a deux raisons, à sçauoir la formelle & la materielle; celle là, dont les Academies parlent si souuent, se trouue dans l'ame sensitiue, & celle-cy dans vn certain corps massif lequel aproche de la nature vegetante, & de l'elementaire, quoy qu'elle soit si diferente de celle des bestes, qu'elle s'y rencontre auec des proprietez si particulieres, qu'on y trouue mesme des naturels fort diuers ; & par ce que cette nature corporelle & brutale, qui passe des elemens, des alimens, & de la semence en l'homme, se fait parestre par plusieurs afections, qui sont entierement distinctes des actions de l'ame raisonnable, il faut voir quelles afections sont les plus blasmees, & en quelle sorte on y peut remedier. Or l'on remarque de certains mouuemens lascifs, & vne lubricité indomptee dans les corps qui sont en leur bon point; de la colere, de la ferocité, & de la fureur dans les corps bilieux ; la paresse, l'habitude, & la paralisie dans les pituiteux ; & la morosité ou le chagrin, la tristesse, la manie, & la folie dans les atrabilaires & melancoliques. Mais puisque toutes ces afections tiennent plustost de la maladie que du peché, l'on a icy plus de besoin d'vn Medecin que d'vn Philosophe, ou d'vn Orateur ; partant il faut donner de la nymphee, ou de l'osier aux petulans, (s'ils n'ont pas le vase necessaire) du rheum au colere, de l'agaric au phlegmatique, & de l'ellebore au melancolique, apres auoir preparé ces medicamens suiuant l'art. Ce n'est pás que l'esprit n'aye aussi ses remedes, car i'ay montré cy-deuant qu'il se peut porter d'vn mouuement contraire, & demeurer ferme au milieu des afections, & qu'il peut les reprimer & les apaiser. Toutefois ie dis qu'il est plus à propos de chasser les maladies corporelles par des remedes corporels : car, sans déplaire aux grans Personnages qui pouroient estre d'vn autre auis, ie soûtiens que les grandes douleurs, passions, & tourments qui se treuuent quelques-fois dans nous, ne se peuuent adoucir, & moins encore guarir par les seuls preceptes de la Philosophie morale, il faut donc vser de remedes legitimes, & voir quel est le temperament, afin que l'on sache combien les humeurs sur-abondantes & superfluës contribuent à chaque maladie : c'est pourquoy ie ne pense pas qu'il falle condamner si legerement ceux qui pechent par quelque temperament particulier, ou par quelque indisposition du corps : car comme l'on n'a pas raison d'acuser de crime vn letargique paresseux, ou vn hydropique qui ne demande qu'à boire, il peut aussi ariuer qu'vn homme frapé des mouuements de lasciueté ou de colere, ne sera pas si digne de reprehension, pourueu que ces mouuemens viennent plustost de la surabondance des humeurs vitieuses, que d'aucunes mauuaises habitudes.

Ce n'est pas que ie veille fauoriser aucun scelerat, mais ie desire seulement que l'on procede auec plus de douceur auec ceux qui sont emportez au peché, par vne inclination si corporelle & si brutale, que la necessité semble quasi luy estre atachee. Ce qui soit dit de la partie materielle, grossiere, & inferieure de l'ame sensitiue. A quoy il faut ajoûter ce qui concerne les maux, & ce qui apartient à la partie formelle, ou superieure de l'ame sensitiue. C'est en ce rang que ie mets la méchanceté, l'opiniâtreté, la malignité, l'imposture, la fraude, l'ingratitude, & toute sorte de malice inherente, qui ne peut estre excusee, ou paliee par l'inclination d'aucune humeur, ny ostee par aucune purgation de Medecine, quoy que specifique. C'est donc icy que se fait paroistre ie ne sçay quel mauuais naturel, qui apartient à la nature sensitiue & corporelle, & montre vn homme de tres-mauuaises meurs, ou vne beste. Où il faut admirer les secrets iugemens de Dieu, car tous n'ont pas le mesme naturel, soit bon ou mauuais, non plus que le mesme sentiment du peché; ce qui fust sans doute ariué, si toute la nature humaine eust esté entierement deprauee, ou si elle n'eust esté rétablie par son remede salutaire. Or que ceux qui seront ateints de ces vices, détournent l'ire diuine par leurs prieres, & qu'ils fassent que l'ame raisonnable exerce son droit, & son empire sur la nature brutale; car comme les maladies enracinees plus auant que la moüelle, ne cedent point aux remedes vulgaires, elles montrent non seulement le mal en general, mais aussi quelle est la nature de la beste qui est en nous. Partant toutes & quantesfois que les Orateurs entreprendront de blasmer, & de difamer la nature, considerez qu'ils en veulent particulierement aux parties de la nature brutale, & que ce n'est pas sans raison, qu'ils parlent contre ce peché originel, pourueu qu'ils ayent toujours égard aux iugemens secrets de Dieu, (comme i'ay dit cy-dessus) mais considere à part toy que toutes les facultez sont vtiles d'elles mesmes, pourueu que les obiets conuenables, & les moyens legitimes des conformations y interuiennent; & mesme quand ils manqueroient, que la sagesse de la nature aydee des notions communes peut s'oposer à la méchanceté, & y aporter des remedes; enfin que nul n'est tellement precipité par sa nature, ou de soy-mesme, qu'il soit poussé & porté malgré luy à toute sorte de peché. Certes ceux qui tiennent que notre nature est imparfaite (à l'égard du composé entier) ne s'éloignent pas de la verité, car la prouidence diuine vniuerselle ne se porte qu'aux moyens, mais s'ils disent qu'elle est mauuaise &

foüillee de mesme maniere en toutes choses, ils n'ont iamais bien sceu les loix de la verité. C'est pourquoy ie croy qu'il est plus à propos d'enseigner dans les chaires les loix des conformitez necessaires aux facultez naturelles, & de prescher contre ce defaut, que de décrier & bannir les facultez mesmes. Cecy estant posé, ie viens à l'explication de la Proposition que i'ay mise en auant : & dis que c'est vne marque perpetuelle de ce sentiment meslé (qui est le plus ample de tous,) qu'il est inégal & diuers en soy, comme estant toujours compliqué, & pourtant qu'il ne se trouue iamais en nous qu'auec quelque trouble & dissension : toutefois quand on prend les choses selon l'ordre & le rang qu'elles tiennent ; ce sens nous imprime vn agreable sentiment, & au contraire. Or quantité de mauuaises afections, naissent de ce mélange, à sçauoir *l'ennie*, la *ialousie*, le *sonpçon*, *l'arogance*, le *dédain*, le *despit*, & plusieurs autres semblables, tant parce qu'elles sont les plus compliquees, qu'à raison qu'elles ne sont pas rangees proprement dans aucune des classes susdites : c'est pourquoy les facultez *irascibles*, & *concupiscibles* n'en ont point de besoin, comme faisant assez bien leur deuoir sans elles. Par consequent lors que ces afections nous enuironnent, & qu'elles se meslent, nous sommes assiegez d'vne varieté d'afections, particulierement quand les humeurs entrent dans cette composition ; car si les facultez intellectuelles ne les moderent, elles se broüillent bien tost, & font vne sedition & vn tumulte dans notre interieur. Et pource qu'il n'y a point d'afection si pure & sincere, que l'on n'y remarque le plus souuent quelque chose des autres meslé parmy, ie passe des noms & des verbes aux sentimens interieurs, afin de te faire connoiſtre en toute ſorte de ſenſation iuſques où ſe portent les actions des obiets, des humeurs, ou de l'ame; car bien que tout cecy agiſſe quaſi en meſme moment, neanmoins ie propoſe toutes les actions ſeparément, & fais l'examen des choſes ſuiuant leurs diferences, le plus exactement & le plus particulierement qu'il m'eſt poſſible, (pour le moins où les vocables, qui ſont en vſage, le peuuent permettre.) Tu dois cependant diſtinguer les diferens ſentimens des choſes par leurs propres caracteres, & ſi tu ne prens cette peine, tu ne comprendras iamais ny les choſes, ny toy-meſme. Or tu n'as pas beſoin de liures, ou de maiſtre pour faire cette recherche, ſi tu ſçais tirer toutes choſes du treſor de la nature, lequel tu as en toy-meſme; quoy qu'il ſoit vtile de lire les ſentences des Auteurs, parce qu'elles ſupleent les obiets, pourueu que l'on en tire partout des notions communes; par où tu voids qu'il faut eſtre fort circonſpect, lors qu'on embraſſe quelque creance, nommément lors que les opinions propoſees ſont nouuelles, ſi tu ne veux porter ta connoiſſance par delà tes facultez. Or ſi nous en auons mis vn plus grand nombre que l'ordinaire, il n'eſt pas beſoin de nous areſter aux Auteurs, puis que nous nous ſeruons toujours du témoignage de nos propres ſentimens, les Academies ne doiuent donc pas toujours nous obiecter le diſcours, (lequel eſt quelquefois bien inſenſé) car bien qu'il y ait des lieux, où il ſe trouue fort vtile, il bronche neanmoins & n'eſt qu'vne pure réuerie, lors qu'il eſt queſtion des obiets des facultez interieures; c'eſt ainſi que ie dis que la legitime conformation des facultez, eſt non ſeulement ma verité, mais la verité generale: ce qui ſoit dit du ſen-

timent

timent meslé, lequel a la plus grande étenduë de tous, dont on peut aussi tirer vne explication plus ample de ce qui a esté dit cy-dessus, si cette-cy ne sufit. I'auertis cependant le Lecteur, que s'il retient bien tout cecy, il se sentira deliuré de tres-grandes dificultez, qui se rencontrent dans les doctrines vulgaires; atendu que nous n'auons point d'autre moyen, par lequel nous puissions atribuer la propre action à chaque agent dans la nature des choses : Et que neanmoins sans cette methode nous ne pouuons auoir aucune connoissance nette & distincte des veritez, dont on ne peut bien iuger par aucun signe, que par la viuacité des sens (pourueu que l'on examine les sens par leurs diferences.)

Ie viens à la conscience, laquelle est le sens commun des sentimens interieurs, & de laquelle, deuëment conformee, dépend la paix & l'assurance interieure, & laquelle enfin est tellement le principe, & la fin de nos actions, qu'elle seule sufit pour tout, dont ie mets icy ces theses. 1. Qu'elle s'est toujours trouuee en tout homme. 2. Qu'elle nous a esté donnee par la nature, ou la prouidence vniuerselle des choses. Que ceux qui reprennent la nature si asprement, se taisent donc, & qu'ils ne disent plus qu'elle est tout à fait deprauee, car il n'y a point eu de siecle, dans lequel elle n'ait apris à abhorrer les crimes; ou qu'ils ne disent plus qu'elle a entierement manqué, atendu que l'antiquité l'a mesme remarquee dans le visage : En voicy la description.

La conscience *est le sens commun des sentimens interieurs, laquelle procede de la faculté conformante, dans l'interieur de laquelle l'on examine non seulement ce qui est bon ou mauuais, mais aussi les diferens degrez de bonté & de malice (suiuant la dignité, ou l'indignité de chacun) par le moyen des notions communes lesquelles y president auec vne souueraine authorité, afin d'arriuer au iugement qui sert en dernier ressort pour sçauoir* ce que l'on doit faire.

Outre les merueilleuses liaisons des parties du corps humain, à sçauoir les nerfs, les tendons, & les ligamens; & ce qui se rencontre dans la fabrique interieure, à sçauoir la communion des Esprits, l'égalité du temperament, l'acord & la perfection des actions vitales, & le sens commun des sens externes (où se logent plusieurs choses quoy que diferentes) nous auons encore vn autre sens, lequel est le plus noble de tous, à sçauoir la *conscience*, qui publie ses loix en tous lieux, en examinant toutes les raisons des choses qui sont bien ou mal faites; & en se meslant tellement par tout, qu'il semble qu'il n'y a ny parole, ny œuure, ny pensee, qui se puisse exempter de sa iurisdiction, ou luy estre cachee: or elle a cela de propre qu'elle se réjoüit des bonnes actions, & qu'elle imprime vn horreur dans le corps auec vne repentance, lors que l'on a fait mal; de sorte qu'elle est d'vne si grande importance, qu'il ne faut point esperer de paix interieure sans qu'elle soit bien conformee. Car c'est icy, & non autre part, que le grand contract du salut eternel s'est passé, & que la beatitude eternelle est promise: & c'est pour ce sujet que toutes les notions communes y sont renuoyees, & que les principes corporels apellent à son tribunal, comme au centre commun de toutes les actions; de sorte que ce n'est pas vne chose nouuelle de remarquer quelque combat douteux dans ce champ. Partant bien que cette faculté doiue estre mise au rang des intellectuelles, puis qu'elle agit sur les choses, par l'entremiſe de la queſtion, à ſçauoir *ſi elles doiuent eſtre en cette maniere*, ie l'ay neanmoins miſe au rang du milieu pour les raiſons que i'ay deduites, & parce que toutes les actions commencent & finiſſent par elle, lors que l'on vſe d'vn iugement libre. Or apres mes queſtions (dont ie parleray bien toſt) les choſes ſont conduites au tribunal interieur, où l'on examine *ſi elles doiuent eſtre en cette maniere*, à condition que lors qu'il eſt queſtion des choſes diuines, qui ſurpaſſent la capacité des hommes, & notre analogie, l'on en parle ſobrement, & auec vne tres-grande retenuë: car il n'eſt pas permis de rechercher les ſecrets iugemens de Dieu, & moins encore d'en iuger. Or tandis que cette faculté bien conformee agiſſant ſur le corps, luy imprime vn ſentiment deſagreable & fâcheux, elle fait aperceuoir le mal que tu as fait; comme d'autre coſté, lors que tu as bien fait, elle produit vn ſentiment doux & agreable. Par conſequent comme nous proportionnons toutes nos facultez diuines à quelque diuin atribut, & nos facultez corporelles à quelque principe d'indiuiduation, qui ſe rencontre dans le monde, nous établiſſons auſſi le tribunal de la prouidence diuine dans la conſcience (afin de ioindre ainſi les choſes ſuperieures auec les inferieures) de ſorte que tout ce qui apartient aux choſes ſaintes & ſacrees a coûtume d'eſtre icy examiné, comme dans vne cour ſouueraine, ou dans vn Parlement, dont il n'y a point d'apel; or que celuy qui ſe donne de garde de la Iuſtice diuine, s'informe bien des notions communes, car la conſcience ne trouuera point de repos que dans toutes les facultez legitimement conformees.

C'eſt pour cette raiſon qu'elle nous exhorte à la repentance, lors que nous auons manqué à cela, afin d'aporter remede à la laxation des facultez. Ce n'est donc pas seulement le tribunal de l'esprit & du corps, mais aussi le tribunal de Dieu, qui se passe dans le parquet de la conscience, où se plaident toutes les causes des facultez interieures, & particulierement de celles, qui mettent l'ordre & le rang entre les choses: c'est pourquoy cette faculté penetre tellement tous les sentimens corporels, que si elle deteste quelquefois le plaisir, elle endure aussi quelquefois la douleur auec contentement, ou sucombante pieusement elle croit auoir satisfait à la Iustice diuine; delà vient que l'on prefere le bien de l'esprit au bien du corps, & le bien general au particulier, suiuant le dictamen de la conscience: partant si la notion commune enseigne qu'il faut euiter toute sorte de mal, la conscience enseigne qu'il faut aussi euiter celuy-cy en particulier: & si la notion commune montre que nous deuons estre temperans, la conscience enseigne que mesme dans les choses que l'on estime bonnes, il ne faut point exceder: de sorte que nous descendons aux biens particuliers par le moyen de la conscience bien conformee, comme dans la recherche qui se fait du vray, & du faux, nous descendons aux veritez particulieres par l'entremise du discours bien conformé.

Or apres les questions du discours, à sçauoir, *si la chose est, ce qu'elle est*, &c. l'on vient à celle-cy, à sçauoir *si elle doit estre ainsi, & ce qui doit estre ainsi*, &c. à la charge que l'on s'en tienne là, apres auoir remonté à quelque notion commune; car c'est là où plusieurs notions se rencontrent; parmy lesquelles *ne fais point à autruy ce que tu ne veux pas qu'on te fasse, & il faut choisir le party le plus seur dans les doutes*, ſont des notions qui t'empeſcheront de tomber en de grandes erreurs. Or cette faculté conſiſte dans trois analogies, à ſçauoir des choſes vers nous, des choſes entr'elles, & dans le propre que nous auons vers la premiere cauſe, dont ie ne veux pas traiter icy, parce que ie prepare vn traité entier de la Conſcience, où ie montreray combien c'eſt vne choſe meſſeante aux anciennes Academies, de n'auoir pas traité de cette faculté, ou de ce genie (comme parlent quelques-vns;) car il ſemble qu'ils n'en n'ont point traité expres (bien que nul ne doute qu'elle a eſté grauee dans tous les hommes.) Il eſt donc certain que ce dernier ſiecle a fait vn grand ſeruice à la pieté, en enſeignant que la conſcience eſt heureuſement renouuellee par la vraye penitence: à quoy les frequentes Predications ſeruent grandement, qui nous inculquent tellement les peines deuës aux crimes, qu'elles nous montrent les ſuplices tres-griefs, & tres-iuſtes, ſi nous ne venons à reſipiſcence. C'eſt en cette maniere que le troupeau court pour ſon bien, & qu'il eſt pouſſé par les terreurs à ce qu'il deuroit faire de ſon bon gré. Or il ſufit d'auoir icy parlé briefuement de la conſcience conſideree dans l'analogie qu'elle a à ſa premiere cauſe. A quoy i'ajoûte quelque choſe de *l'honneur*, & de la *reputation*, dont tous font vn ſi grand eſtat, qu'il n'eſt pas permis de la dechirer ſans peril de la vie; car ce ſentiment apartient à la conſcience, atendu que comme vne partie de la conſcience regarde ſon raport vers la premiere cauſe, vne autre regarde le raport que les choſes ont vers nous, & vne troiſieſme regarde le raport qu'elles ont entr'elles; il s'enſuiura que ſi la regle de pieté, le témoignage de la faueur diuine, & la certitude de la beatitude eternelle est grauee dans sa partie superieure : de mesme *l'honneur* & *la reputation* auront leur siege dans sa partie inferieure : de sorte qu'il y a vne conscience morale, qui est *l'honneur*, comme il y en a vne diuine. Ie dirois aussi quelque chose de la conscience, suiuant le raport des choses entr'elles, n'estoit que i'espere faire cela, Dieu aydant, dans le liure *de la conscience*.

L'on void donc que la conscience sert beaucoup dans toutes sortes d'actions ; en premier lieu, afin que nous reconnoissions vne puissance souueraine, laquelle n'est point remarquee ailleurs si clairement, quoy qu'elle soit par tout ; en second lieu, afin qu'ayant vne plus grande certitude de sa prouidence, nous fassions toutes nos actions selon ses loix : troisiesmement, afin que nous sachions que Dieu ne nous obligeroit pas à des vertus si austeres & si dificiles, &c. s'il n'y deuoit auoir de la recompense & du chastiment. Car l'on dit fort bien que le poids de la conscience seroit lourd & donné mal à propos, si Dieu n'auoit égard à nos Actions, & s'il n'estoit remunerateur de la vertu, & punisseur des vices. Cependant la conscience peut estre en grand peril, soit à raison du scrupule qui la rend trop tendre, ou de l'endurcissement, qui luy cause à la fin le cal & l'impenitence : c'est pourquoy il ne faut pas seulement consulter les communes notions en toutes nos actions, mais nous deuons nous seruir de certains aiguillons tirez de la *vigilance*, de la *Meditation*, & de *l'Oraison*, de peur de defaillir au milieu de la carriere. Or tu ne sçaurois tellement assoupir, ou tellement abolir ta conscience, que tu ne sente vn foüet qui te frappe sourdement, & qui te marque de cicatrices ; & crois que tu l'experimenteras tost ou tard, quelque meſchant & vilain que tu ſois.

Cependant ſi iamais tu as pris la peine de mettre quelque choſe en ordre, tu dois particulierement le faire, en ce qui concerne les communes notions, leſquelles il eſt neceſſaire que tu aye en toy-meſme, car elles procedent de la doctrine neceſſaire de l'inſtinct naturel. C'eſt pourquoy tu dois croire qu'elles ſe trouuent en toutes les Propoſitions qui plaiſent, ou qui ſeruent. Mets les donc en euidence, quelque multitude de paroles qui les enuelope, ou les cache ; tout ce qui afecte, eſt vne notion commune : ſepare les enfin d'auec le vray-ſemblable, le poſſible, & le faux, par le moyen de mes queſtions, car bien que cela ſoit dificile, neanmoins parce qu'il n'y a point d'autre voye pour trouuer la verité, il faut icy trauailler. Cependant l'on ne doit pas s'étonner ſi tous les habitans de la terre demandent vne Loy, y eſtant pouſſez par vn ſecret aiguillon de la nature ; car ils nous font entendre par là qu'ils deſirent que leurs notions communes ſoient miſes en leur ordre, afin d'auoir vne regle pour la conſcience. Vſe cependant de ta conſcience comme d'vn lien ſacré, qui ioint les choſes ſuperieures aux inferieures, outre laquelle, bien que nous n'euſſions point d'autre moyen, nous n'aurions non plus de ſujet de le reprocher à Dieu, que nous en auons de ce qu'il ne nous a donné que des moyens ordinaires pour rechercher ce qui concerne le viure & le veſtement. Or puis qu'il n'y a rien en tout cecy qui te doiue fâcher (car tu te louë grandement toy-meſme) n'acuſe point l'Auteur de ton bien, lequel te donnant les moyens qui viennent de ſa prouidence commune, afin que tu t'en ſerue pour ton ſalut, fera par ſa grace que tu puiſſe iouyr eternellement de la beatitude. Voyons maintenant les obiets des facultez interieures, & les loix de leur conformation. Et premierement celles qui apartiennent à l'entendement, qui sont suiuies des obiets & des conformations des facultez corporelles, afin d'ariuer à la conformation de la conscience, qui ne se repose point que dans toutes les facultez deuëment conformees, mais parce que l'on peut consulter les Auteurs sur ce sujet, ie ne m'y areste pas guere ; or ie commence par la nature du bien, que tous proposent comme l'obiet commun des facultez interieures : car puis que chaque faculté interieure regarde le bien pour l'aquerir, ou le mal pour le fuir, la chose se reduira à vn mesme point ; atendu que nous desirons chasser le mal pour iouyr du bien ; de sorte que le *bien* est le commun obiet des facultez interieures ; & par ce que tout bien est vn moyen pour paruenir à quelque chose de meilleur, iusques à ce que l'on arriue à quelque bien dernier, il faut croire que ce dernier bien est le bien souuerain. Or puis que la beatitude est toute sorte de bien, & que l'eternité est toute sorte de temps, ce bien souuerain sera la beatitude eternelle. Ce n'est donc pas dans la volupté, dans l'honneur, dans les richesses, &c. qui sont des biens caducs & particuliers, & qui n'ont point de bonté, qu'à l'égard d'vn plus grand bien, que le bien souuerain est logé. C'est pourquoy l'on ne peut s'y arrester, mais il faut passer plus auant, iusques à ce qu'on rencontre quelque chose d'eternel : & pour ce que l'on ne peut le trouuer en cette vie, où tout se change, & où tout est fragile, il y faut passer par la mort. Ie sçay que cette parole est bien rude, mais regarde ton commencement, & tu le croiras : Medite qui tu estois dans les reins de tes parens, & donne à la prouidence particuliere des choses, ou à la grace, ce qui luy apartient outre la prouidence commune; car si le ver qui naist de la pouriture du cadavre, regarde le Soleil & en ioüit, crois-tu que tu dois estre enseueli dans des tenebres eternelles? garde t'en bien, ta condition est bien meilleure que celle de ce qui naist de ta corruption: l'œil peut comprendre quelque chose de cecy, mais la Foy va bien plus haut, & comprend de plus grandes merueilles. Voy cependant l'ordre des choses. La beatitude eternelle est l'obiet necessaire de l'instinct naturel, dont la loy souueraine consiste dans la conseruation tant de l'ame, que du corps.

Apres quoy suiuent les facultez interieures, qui sont sujetes à l'instinct naturel, entant que toutes choses se raportent à la beatitude eternelle, comme à leur fin derniere. Or puis que toutes les facultez interieures sont portees d'elles mesmes à quelque bien, il s'ensuit que ce qui sert dauantage à cette beatitude eternelle, est vn plus grand bien. Or les facultez corporelles sont sujetes aux facultez interieures de l'esprit, comme ces facultez sont sujetes à l'instinct naturel; & c'est là enquoy consiste l'ordre des choses. Quant aux degrez diferens des biens, leur disposition apartient à la conscience; de sorte qu'il faut que les notions communes seruent d'instruction aux facultez internes (que i'attribuë à l'ame) & que ces facultez internes seruent à instruire les facultez corporelles; c'est ainsi que toutes les facultez, qui sont bien conformees, tendent à la beatitude eternelle, laquelle est le tres-veritable atribut de Dieu. C'est donc cette beatitude, que toutes choses recherchent, chacune à sa façon, sous le pretexte de leur propre conseruation (en quelque maniere que Dieu modere derechef toutes ces choſes) & parce qu'elles ne peuuent icy demeurer longtemps en vn meſme eſtat, elles tâtonnent en quelque façon l'aduenir (comme font ceux qui ſont encore dans la matrice.) Il faut cependant bien prendre garde de ne perdre pas l'eſperance, apres auoir experimenté en toutes ſortes de rencontres les traits de la prouidence de Dieu, tant en general, qu'en particulier. Il nous reſte maintenant d'examiner le bien que l'on deſire, comme vne partie de la beatitude eternelle, & de conſiderer ſa nature, & ſes ſignifications diferentes, autant que les vocables, dont on vſe ordinairement, nous le permettront. Car bien que dans ce ſubiet ie vueille auant toute autre choſe établir l'ordre des dictions, & en dreſſer vn art, neanmoins la nature confuſe & deſagreable des manieres de parler, dont le vulgaire ſe ſert, me trouble tellement, que malgré que i'en aye ie preuoy que les Lecteurs tireront à leurs ſens, (dont ils abondent) tout ce que ie dis icy. Quoy qu'il en ariue, il faut voir les diuiſions, leſquelles i'ay miſes cy-deuant, & tirer la verité des choſes, des facultez, des obiets, & de leurs legitimes conformations : car ce n'eſt pas mon deſſein d'en faire acroire dans ce liure, mais d'expliquer la pure & la iuſte verité. I'examineray maintenant les diferentes ſignifications du bien; & parce que le bien eſt fort proche du vray, il faut tirer la regle des choſes que i'ay dites de la verité, car les écoles ont raiſon, lors qu'elles diſent que le bien eſt vne autre paſſion de l'Eſtre : or il y a quatre ſortes de bonté, dont la premiere eſt dans la choſe, ou dans l'obiet, la ſeconde dans l'aparence, la troiſieſme dans le concept, & la derniere dans l'entendement, 1. *La bonté de la choſe* eſt ſon caractere interieur ; or c'eſt vn raport de raiſon, puis qu'il n'y a rien qui ne ſoit bon en cette maniere, car bien que la chaleur de la fievre ſoit mauuaiſe, la chaleur en ſoy-meſme ne l'eſt pas, les raports de toutes choſes eſtant terminez dans leur analogie, 2. La *bonté de l'aparence* eſt l'emanation du caractere interieur, lequel ſe fait parestre ſelon l'analogie qu'il a auec les facultez interieures : à quoy l'on peut raporter tout ce qui pareſt *agreable* & *beau*, &c. dans les choſes : mais l'analogie de cette bonté eſt bien cachee, & fort malaiſee à découurir, car elle retient la nature de ſa ſource ; c'eſt pourquoy i'ay ſouuent auerti que le beau & l'agreable, &c. que l'on garde en la memoire, nous afecte ; ce qui n'ariue pas de la ſorte au ſec, ny à l'humide, car leurs eſpeces ne deſſeichent pas, & ne nous rendent point humides. Or cette conformation eſt reelle, & par conſequent elle requiert ſes conditions, leſquelles ie t'auertis eſtre les meſmes, que celles que i'ay marqué dans la verité de l'aparence (pourueu que tu te ſouuienne que tu es dans l'analogie interieure) l'on n'a donc point d'autres regles en ce ſujet, quoy qu'elles s'expliquent diferemment. Où il faut particulierement remarquer pour leur explication, que les ſens exterieurs ſeruent de moyens aux facultez interieures, du moins lors que leur conformation doit eſtre parfaite; quoy que quelques-vnes d'entr'elles ſe conforment pluſtoſt que les ſens externes, & meſme ſans eux; & partant les facultez interieures s'étendent iuſques à vne grande diſtance, & preuoient de bien loin ; ce qui fait qu'il y en a quelques-vnes qui peuuent ſe paſſer, & s'afranchir des conditions ordinaires. 3. La *bonté du concept* eſt la premiere conformité de celle de la choſe, ou de l'obiet auec nos facultez internes, suiuant son aparence, c'est pourquoy elle est entierement diferente de la premiere, ioint qu'elle requert des conditions diferentes : à sçauoir vn organe entier, & l'aplication de l'esprit; de sorte qu'il y faut considerer quelque chose de diferent, d'auec ce qui est requis pour la reception exterieure des especes. Et partant la bonté de l'aparence est tout à fait distincte de celle du concept (soit que vous proposiez les choses, ou les paroles, ou les signes :) tellement que ce qui est bon en aparence, ou ce qui a la capacité naturelle d'estre bon, peut estre mauuais dans le concept & à rebours. Il faut donc examiner cette raison diferente par les notions communes ; & par ce que cet examen est la propre fonction de l'entendement, il faut conclure que la *Bonté* laquelle est dans *l'Entendement*, est comme le dernier caractere de la bonté ; c'est pour cette raison que ie dis qu'elle est la conformité des conformitez precedentes, selon l'analogie interieure, & que c'est ainsi qu'on l'examine, suiuant la regle de la verité de l'entendement. Il faut deduire tout le reste de ce que i'ay dit cy-deuant, aussi bien que la raison du bien meslé, ou du composé, car ie parle plustost icy du vray, que du bien; or tout ce que i'ay dit sur ce sujet, doit estre entendu de l'analogie que les choses ont auec nous, car quant à l'analogie que nous auons auec Dieu, il faut croire que les notions communes sont les raisons & les regles primitiues des biens. Nous auons donc plusieurs notions communes touchant le Bien grauees dans nous ; d'où il ariue que l'on s'acorde tres-bien dans la Philosophie morale; par ce qu'elle consiste toute en notions communes ; ce qui n'ariue pas aux autres sciences, si l'on en excepte les

Matematiques. C'eſt delà que viennent tant de noiſes,de debats & de diſputes, quoy qu'ils cachent auſſi en ſoy quelques notions communes. Reçois cependant la raiſon de la bonté, comme le ſecret de l'vniuers meſme, & comme l'vnité ſacree, dont tu peux remarquer la communion tres-haute. Tiens toy donc dans les notions communes, qui ſont le grand chemin, lequel eſt aſſuré, car elles conduiſent droit à la felicité : il ne faut donc pas demeurer dans les pechez, car ils ne ſont pas des notions communes. Il n'y a point de religion, de loy, ny de conſcience, qui t'enſeigne que tu doiue pecher, mais au contraire tout ce qu'il y a au monde t'enſeigne que tu dois eſtre bon, pieux, iuſte, courageux, &c. Or tout ce qui diſtingue en nous le bien d'auec le mal, eſt le doüaire de la nature, car ce ne ſont pas les obiets qui nous aprennent qu'il faut accepter vne choſe, & rebuter l'autre, mais nous en auons la connoiſſance en nous meſmes; ce qui nous eſt ſi propre, malgré les Auteurs, & tellement libre, qu'il ne peut eſtre renfermé par aucunes limites. Que l'on ne nous parle donc plus de la table raſe de la vieille école, car nous nous ſeruons du témoignage du ſentiment interieur deuëment conformé, & par ainſi il n'eſt pas beſoin de nous areſter aux vetilles des diſcoureurs. I'expliqueray les diferentes ſignifications des vocables, qui apartiennent à ce ſujet, leſquelles ont trois analogies, à ſçauoir celle de Dieu auec l'homme, celle de l'homme auec les choſes, & celle des choſes entr'elles. Or tout bien eſt conſideré comme preſent, ou comme paſſé, ou comme futur; où ie deſire que l'on conſidere pluſtoſt cette diuiſion ſufiſante du bien, que les dictions (parce qu'elles ſont pour la plus grande part pluſtoſt acommodees à l'opinion ordinaire receuë dans les écoles, qu'aux choſes meſmes) dont il y en a qui ſe raportent à l'eſprit, d'autres au corps, & d'autres à ce qui leur eſt exterieur. Et en cette maniere le bien commun eſt preferé au bien particulier, & celuy de l'eſprit à celuy du corps, ſuiuant le dictamen de la raiſon; de ſorte que les plaiſirs n'ont que le dernier rang, tels que ſont apres la faim & la ſoif, non ce qui remplit, mais les delices, & apres l'eſprit abatu, les honneurs du monde.

Ie reuiens aux dictions, afin qu'elles ſeruent, tant que faire ſe poura, à mon opinion. Or la faculté qui *ayme*, regarde le *bien*, entant qu'il eſt abſolu, car d'autant que toute ſorte de faculté ſe porte à la beatitude eternelle, comme à ſa fin derniere, nous auons receu *l'amour*, afin de nous en ſeruir pour le rechercher auec plus d'ardeur: or tout *amour* eſt *complaiſance*, ou *dilection*; la *complaiſance* eſt le ſentiment du bien ſans le deſir de s'vnir auec luy; & la *dilection* eſt auec ce deſir, dont les éfets ſont la *faueur*, ou *l'amour commencé*, la *complaiſance*, la *bienueillance*, &c. or à l'égard de notre analogie auec Dieu, cette afection ſe nomme *pieté*, *zele*, & *ardeur*, qui ſe termine au *culte*, & à la *veneration*: & à l'égard de l'analogie que nous auons auec les autres hommes, on la nomme *amitié*, & *charité*; & à l'égard de ceux qui ſont pardeſſus nous, elle ſe termine à *l'honneur*, & à vne certaine *obſeruance* ciuile; au lieu qu'eſtant exercee vers les hommes de plus baſſe condition, on l'apelle *indulgence*, *miſericorde*, & *compaſſion*: or l'on peut vſer de quelques-vns de ces vocables dans l'analogie que les choſes ont entr'elles; où chacun peut librement choiſir ce qu'il luy plaira: quoy que plusieurs vocables déraiſonnables, dont vſe le vulgaire, me troublent. Quant aux ſentimens qui regardent le *bien preſent, paſſé*, ou *futur*, on leur donne ces noms: Ceux qui ioüiſſent déja du bien l'apellent *réjoüiſſances, plaiſirs, voluptez, alegreſſes*, & *iubilations*; dont ceux qui ont de la ſerenité apartiennent à l'eſprit; les plus groſſiers au corps, & ceux qui ſont meſlez, apartiennent au compoſé entier: or mes diuiſions enſeignent à dicerner ceux qui regardent l'eſprit, & le corps, & l'vn, & l'autre. Voyons les ſentimens que l'on nomme *iraſcibles*, qui s'aſſujetiſſent aux precedens, lors qu'ils gardent leur rang: or la *haine* regarde le *mal* abſolu, & toute ſorte de haine eſt vne *auerſion*, ou vne *malice*; *l'auerſion* eſt opoſee à la *complaiſance*, & eſt vn reſſentiment du mal ſans deſir de vengeance: la *malice* eſt apoſee à la *dilection*, & eſt vn reſſentiment du mal, ioint au deſir de vengeance. Les ſentimens qui ſuiuent, dependent des precedens, ſelon les diferentes manieres dont ils ſe terminent à leurs analogies, à ſçauoir la *reſiſtance*, la *colere*, *l'audace*, la *temerité*, *l'impetuoſité*, la *deteſtation*, *l'abomination*, la *fureur*, & la *rage*. Or tous ces ſentimens ſont tout à fait corporels & brutaux, & viennent des humeurs, de ſorte que les ſecretes antipaties des choſes pareſſent dans l'homme, comme dans les beſtes, & ſouuent la liberté y ajoûte de nouueaux aiguillons. C'eſt icy enfin qu'il faut bien prendre garde aux loix, & aux termes des actions, (dont i'ay parlé cy-deuant) afin que chacun connoiſſe ce qui luy apartient, ou ce qui ne luy apartient pas. Où il faut remarquer que ces ſentimens corporels n'ont point d'analogie directe auec la *premiere cauſe*; & que pour cette raiſon ils ſont aſſez diſtinguez de nos facultez intellectuelles. Nul ne peut donc hayr ce qui eſt *bon* par ſoy-meſme, quoy que l'on puisse hayr le bien, lors qu'en se trompant on croit que c'est vn mal. C'est pourquoy il faut corriger l'erreur par le discours; & tu trouueras en cette maniere que la troupe des sentimens *irascibles*, se terminent à l'analogie que les choses ont auec nous, ou entr'elles. Au reste les sentimens qui regardent le mal present, s'apellent *douleur*, *affliction*, *tristesse*, *fascherie*; & ceux qui regardent le passé, se nomment *dueil*, *regret*, *gemissemens*.

Quant à ceux qui regardent le futur, ils sont les pires de tous, dont les degrez (qui se trouuent entre le *doute* & le *desespoir*) sont la *crainte*, *l'horreur*, la *peur*, le *tremblement*, *l'épouuante*, & *l'étourdissement*. Or ces afections sont tout à fait corporelles, excepté *l'auersion*, (car notre esprit peut bien condescendre à *l'auersion*, mais non pas à la *hayne*, &c.) ce que l'on prouue par le sentiment mesme. C'est pourquoy l'esprit qui n'est point preuenu, peut aussi bien considerer les obiets qui se presentent dans la fantasie ou dans le corps, comme il regarde ceux de dehors, n'ayant rien qui le puisse ébranler, tandis qu'il est dans sa vraye assiette.

C'est donc sans raison que les écoles luy denient la liberté, dans les actions interieures, laquelle ils luy atribuent dans les exterieures: car notre esprit peut considerer toutes choses sans s'inquieter, & comme n'estant tenu à aucun deuoir s'il ne veut; de sorte qu'il ressemble au premier moteur, qui meut toutes choses sans estre meu. Notre esprit ne change donc point, mais s'il veut du changement dans le corps, c'est à dire dans son monde, par le moyen de ses communes notions; & de cette sorte il ne patit point, mais il agit dans toute l'étenduë de sa sphere, puis que ce qu'il y a de diuin dans nous, ne peut

patir.

patir. Parlons des ſentimens qui ſont meſlez, eſquels le diſcours ſe fait merueilleuſement pareſtre, comme ſont la *ſuperbe*, *l'enuie*, le *ſoupçon*, *l'impudence*, le *meſpris de la dignité*, *l'indignation*, & *la ioye malicieuſe*: toutefois ie prie encore le Lecteur d'examiner pluſtoſt les choſes meſmes, que les paroles, par ma metode, car l'obiet n'eſt pas ſeulement propoſé auec la faculté en pluſieurs rencontres, mais auſſi le moyen de la conformation, ce que l'on void dans *l'enuie*, qui conſidere ſon obiet, à ſçauoir le *bien d'autruy*, comme ſon propre mal; & dans *l'orgueil*, qui ſignifie *l'éleuation de l'eſprit*, & ſon *excez*, &c. Il faut donc conſiderer ces choſes à part; ce qui ſufit pour les noms des ſens corporels & groſſiers. Nous laiſſons cependant les miſerables copiſtes, qui mettent nos facultez intellectuelles dans la partie inferieure de l'ame auec les concupiſcibles, & les iraſcibles, encore qu'elles ayent des *ſentimens* & des *obiets* tout diferents: car celles-cy ne s'éleuent point aux choſes diuines, & celles-là ne treuuent point de repos que dans les choſes diuines, car quel beſoin a t'on apres cette vie de l'intellect agent, s'il ne deuoit *aymer* & ioüir de ſa *beatitude eternelle*? Qu'il ſufiſe donc que leurs ſimpaties & leurs antipaties ſoient miſes dans le rang des *concupiſcibles* & des *iraſcibles*, dont ils trouueront que les ſentimens particuliers eſtant caducs & corruptibles, s'enuieilliront, & s'éuanoüiront: & qu'au contraire les facultez diuines & bien-heureuſes commenceront à s'étendre vers la beatitude eternelle, qu'elles preuiendront en quelque maniere (ſi les conditions s'y rencontrent.) Partant bien que notre eſprit puiſſe deſcendre aux afections corporelles, lors qu'il pouruoit au bien public, neanmoins ie met *l'amour* entre les facultez intellectuelles & diuines, parce que les lubricitez peuuent se rencontrer dans vn corps replet & en bon point, sans *l'amour* : ie range donc la *concupiscence* & *l'incontinence* auec les facultez corporelles: Et c'est ainsi qu'elles sont fort particulieres & diferentes. Ie viens aux loix des conformations, & pour ce subjet ie mets icy ma diuision solennelle, qui établit des facultez en nous qui sont analogues à Dieu, & d'autres au monde; i'attribuë les premieres à l'esprit, & les secondes au corps, dont i'apelle les conformations legitimes, *les veritez de la nature* (lesquelles sont témoignees par le sentiment, & par l'homme interieur.) Que les hommes ne soient donc pas si ingrats qu'ils viennent à calomnier la nature, ou la prouidence vniuerselle des choses, mais qu'ils recherchent les obiets & les loix des conformations, sans lesquelles ils trouueront mesme que les sens exterieurs ne leur peuuent seruir, car toute sorte de verité procede de la conformation de quelque faculté auec quelque obiet (par le moyen de leurs conditions qui y interuiennent) la *foy* (c'est à dire le sentiment qui prouient de leur conformation legitime) s'y accordant entierement. Quant aux obiets des facultez intellectuelles & diuines, il y en a de deux sortes, à sçauoir les *propres*, & les *communs* : par où ils sont aussi distinguez des facultez corporelles, qui ne semblent auoir que leurs propres obiets. Or les propres obiets des facultez interieures de l'entendement sont les *atributs diuins*, & leurs obiets communs sont les choses corporelles, car les facultez intellectuelles penetrent, informent, & illustrent les principes corporels. Or puis que l'on a demontré cy-deuant, que les facultez intellectuelles répondent aux atributs diuins, il y en aura par consequent quelques-vnes qui regarderont la *Bonté diuine*, d'autres la *sagesse*, d'autres la *Iustice diuine*, d'autres la *prouidence generale*, & d'autres la *prouidence particuliere*, ou *la grace*, &c.

Ie parleray icy des noms qui sont le plus en vsage, car l'on n'aproprie pas par tout les paroles aux choses ; & premierement ie parleray de *l'amour*, par ce que c'est la premiere faculté tant dedans que dehors nous, car si la sympatie est vn amour, les choses qui n'entendent point *ayment* ; voy la palme & la vigne, & si tu considere toy-mesme, *l'amour* a esté la premiere des facultez, laquelle répond à la beauté & à la bonté diuine, & puis à tous les atributs : car il n'y a rien en Dieu qui ne soit aymable, non pas mesme la *Iustice* ; de sorte que cette faculté répond en quelque maniere à tout ce qui apartient à Dieu. Et comme plusieurs atributs de Dieu conuiennent dans l'vnité diuine, de mesme nostre *amour* comprend en soy toutes les facultez. C'est pourquoy il ne peut estre bien conformé, si tu n'ayme Dieu de *toute ton ame*, c'est à dire de tout ton entendement ; *de tout ton cœur*, c'est à dire de toute ta volonté ; de *toutes tes forces*, c'est à dire de toutes tes facultez corporelles deuëment conformees. Ce qui se prouue par *le sentiment interieur legitimement conformé*, ou *par la vraye foy*, car cette faculté ne se reposant entierement qu'en Dieu seul, donne vn sentiment par lequel nous trouuons que Dieu est aussi tout a fait en nous, partant il nous ayme autant que nous l'aymons, & fait parestre dans la mesme afection vne ioye mutuelle. *L'amour de Dieu* est donc le secret souuerain de la Beatitude, lequel estant aussi deuëment conformé est toujours acompagné de *la foy* ; considere cependant que cette faculté nous a esté donnee dans la creation, afin de nous exempter de l'ingratitude. C'est pourquoy Dieu l'a donnee aux pauures, aux malades, aux ignorans, & à tous, afin que nous eussions quelque chose pour luy rendre.

L'obiet commun de cette faculté est *l'amour corporel*, c'est pourquoy l'afection qui se porte à sa propre espece n'estant infectée d'aucune mauuaise cõuoitise, est humaine, & peut venir de la faculté qui conseille le bien public: ce que l'on peut semblablement remarquer dans les autres afections corporelles, quand elles sont raportees à leurs vrays obiets, par l'entremise des notions communes: voyons maintenant les autres facultez internes, (suiuant le vocabulaire commun) & particulierement les facultez qui *esperent*, qui *croyent*, qui se *confient*, & qui se *réjoüissent*, lesquelles on trouue beaucoup releuees, par vne *contemplation* qui depend du *discours* bien conformé: or bien que celles qui *esperent*, & qui se *confient*, semblent estre distinguees par les seuls degrez de plus & de moins; neanmoins elles sont assez diferentes, entant que *l'esperance* se peut rencontrer sans la *foy*, ou fiance. Or l'esperance & la foy sont bien conformees, lors que *l'amour* est bien conformé; comme aussi la vraye *ioye* est bien conformee lors que l'amour, la foy & l'esperance sont deuëment conformees; & finalement la *beatitude* embellie par la *contemplation* (dont i'ay parlé cy-deuant) vient aussi de cette vraye *ioye*: i'ay voulu donner cet ordre en peu de paroles, afin de passer outre. Il n'est pas aussi besoin que ie m'etende en ce qui apartient aux obiets communs de ces facultez, qui sont corporels, il sufit qu'on les puisse discerner par le sentiment troublé, & plein d'inquietude, pourueu qu'on l'examine bien. Cependant le Leꝺteur peut voir, que toutes les facultez eſtant bien conformees, l'on conforme la beatitude ; & qu'il n'y a point d'autre regle, qui ne ſoit ſuiette à l'erreur : car quant à ce qui concerne la grace, ou la prouidence particuliere, i'en parleray ailleurs. L'on void donc aſſez, que les facultez intellectuelles ſe doiuent conformer auec Dieu tout entier, comme auec leur propre obiet : ce qui ſe prouue de ce qu'il n'y a que luy qui rempliſſe l'eſprit. Or comme la deuiſe grauee ſur l'anneau qui ſert de cachet, a coûtume d'eſtre diuiſee par de certains interualles vuides, afin que les lignes, ou les traits qui forment la figure, ſoient diſtinguez les vns des autres, & que le cachet eſtant empraint dans quelque matiere molle, ne reçoit point d'autre impreſſion étrangere, ſi ce n'eſt qu'on le gaſte ; de meſme la figure de Dieu qu'il a grauee dans nous, n'eſt pas ſeulement reconnuë & diſcernee par nos deſirs, & nos vœux, qui ſont nos vuides, mais tout le cachet & le ſeau eſt tellement determiné, & conſtant par ces vuides bien conformez, que celuy qui taſchera d'y mettre vne autre deuiſe, & d'autres caracteres, ſera iuſtement condanné de crime de leze Majeſté diuine, pour auoir voulu gâter & détruire, autant qu'il a peu, l'image & le ſeau diuin que Dieu ſeul remplit, & qu'il perfectionne.

Ie viens aux facultez corporelles, à ſçauoir à celles qui nous ſont communes auec les beſtes, & qui répondent au monde, leſquelles i'ay dit, que l'on connoiſt par vn ſentiment troublé & groſſier, comme l'on connoiſt les premieres par vn ſentiment *ſerain & tranquile*. Où il faut remarquer que les facultez ſuperieures & intellectuellés ſe rabaiſſent aux choſes inferieures, mais que les facultez inferieures ne s'éleuent pas aux choſes ſuperieures ;

partant il n'eſt pas facile de *hayr* le bien que l'on connoiſt clerement, quoy que l'on puiſſe aymer le mal; & bien que l'on puiſſe manquer dans l'vn & l'autre, nous ne ſommes pas ſi enclins à hayr le bien qu'à aymer le mal. Au reſte lors que toutes les conditions requiſes s'y rencontrent, il n'eſt pas poſſible de *hayr* le bien; ce qui n'arriue pas au mal circonſtantié & conditionné de la meſme maniere, car il ne s'eſt iamais trouué homme qui n'ayt voulu *aymer*: de ſorte que c'eſt vn amour embroüillé & malheureux, qui fait que quelques-vns ſe plaiſent dans la hayne: par conſequent les facultez, ou les principes corporels n'ont point d'obiets communs, mais ſeulement de particuliers, ou de compliquez, qui répondent à leurs obiets analogues. Imaginez-vous que vous ſoyez maintenant ocupé dans l'analogie interieure des facultez corporelles, & que la *hayne* ſoit la premiere choſe, qui ſe rencontre; or la Hayne eſt diuiſee en *auerſion*, & en *malice*, (leſquelles ſont opoſees à la *dilection*, & à la *complaiſance*) le *mal* eſt donc le propre obiet de la faculté qui *hayt*. Or l'on iuge que les choſes ſont mauuaiſes (ſuiuant leur meilleure difinition) qui peuuent particulierement empeſcher les bonnes; & i'eſtime cette difinition meilleure que les vulgaires. Elle contient pluſieurs choſes que ie laiſſe maintenant, pour venir à la fonction des facultez corporelles, leſquelles eſtant bien conformees doiuent eſtre employees à chaſſer ce mal. De ſorte que comme les facultez intellectuelles diuines regardent la fin, les corporelles regardent les moyens d'y paruenir. Conſiderez cependant que noſtre eſprit peut auoir de *l'auerſion*, mais qu'il ne peut *hayr*, ſe *couroucer*, *craindre*, &c. & lors que vous ſentirez que ces ſentimens impetueux s'éleueront en vous, pensez que l'ame vsant des communes notions, comme de la sagesse de la nature, quoy qu'elle les aperçoiue de loin, y peut neanmoins aporter du remede, en donnant ordre à ces mouuemens, & en les apaisant. Voyons les conditions qui seruent pour bien conformer cette faculté (qui a coûtume de se multiplier suiuant le nombre des antipaties) auec son obiet, à sçauoir *Si tu hays le mal, & non l'auteur du mal, s'il ne s'en arriue nul danger, si ta passion n'est pas trop grande*, & choses semblables, qui sont toutes des notions communes : ce que l'on prouue par le *sens interieur*. La *colere* & les autres afections de mesme ordre, dont i'ay donné le nombre cy-deuant, ont quasi les mesmes loix. Quant aux facultez qui endurent de la *douleur*, elles sont en grand nombre, car l'experience nous montre que nous pouuons estre tourmentez en mesme temps par plusieurs douleurs.

Or ie ne veux pas parler des exterieures & grossieres, lesquelles ie laisse aux Medecins, mais ie parleray seulement de l'afection interieure, qui vient de l'ame ; suiuant laquelle il arriue que ce qui a preuariqué dans nous, a du sentiment. Il faut donc conclure que ce sentiment n'est point dans l'esprit, atendu qu'il a seulement la *foy*, *l'esperance*, & *l'amour* : c'est donc le corps qui se ressent par l'impulsion de l'esprit, entant qu'il suplee quelque partie de la Iustice diuine. Or le *peché* est le propre obiet de cette faculté, comme l'on prouue par le *sentiment interieur*; & partant c'est en vain qu'on l'employe ailleurs, c'est pourquoy il ne rend point les parens, les enfans, ou les richesses que l'on a perdu.

Neanmoins la conscience nous dicte que Dieu s'apaiſe, lors que ce ſens interieur eſt pieux, c'eſt à dire legitimement conformé. Il eſt donc fort vtile que les Predicateurs traitent de cecy, or le ſentiment eſt bien conformé, *ſi tu as enuie de t'amender, s'il ne te fait point perdre l'eſperance*, &c. qui ſont des notions communes, comme l'on prouue par le *ſens interieur*, la faculté qui *craint* ſuit apres: or comme la *hayne* regarde le *mal*, qui eſt deſia arriué, & la *colere* le *mal* preſent, de meſme la *crainte* regarde quelque *mal* futur, mais il eſt dificile de moderer cette afection, & de la borner. Cependant il eſt ayſé de voir combien elle eſt importune en ce qu'au lieu de preuenir le mal, elle l'auance ſouuent & l'anticipe. De ſorte que cette afection eſt non ſeulement fort irreguliere, mais auſſi quelques fois impertinente, s'ingerant par tout; car à peine y trouue t'on du repos aſſeuré, ſans quelque aprehenſion ou crainte; de ſorte, que ſi nous ne nous confions entierement à la prouidence diuine (laquelle ie propoſe auſſi comme la meilleure loy de la conformation) ce ſentiment nous tourmente merueilleuſement; ce qui ſe prouue par le *ſens interieur*. A quoy l'on pouroit ajoûter pluſieurs choſes, qu'il faut atendre des Predicateurs. Cependant notre Eſprit peut *preuoir*, & ſe tenir ſur ſes gardes, mais il ne peut *craindre*: partant les craintes iniuſtes & profanes ſont de certaines haynes & ignorances: car celuy qui dit, que Dieu eſt ſi redoutable que l'on ne peut iamais aſſez craindre ſa iuſtice diuine, fait vn blaſpheme. Partant conſidere que tous maux viennent de ton crime, & non des conſeils eternels de Dieu: & de cette ſorte, l'on ne peut iamais aſſez agrandir la crainte de Dieu: car bien que tu puiſſe chaſſer & ſurmonter les autres craintes, il faut que tu ſucombe, malgré que tu

en aye,

en aye, ſous la crainte de Dieu, ſoit que tu en ſois frapé par luy-meſme, ou par ton eſprit.

Quant aux ſens compliquez & meſlez, dont les facultez conformantes regardent indiferemment le bien & le mal, ie parleray des plus celebres, comme ſont la *vergongne*, la *pitié*, & *l'emulation*, leſquelles ſont deuëment conformees, lors qu'elles excitent à la vertu. Ce que ie prouue par le ſentiment interieur. Or cecy ſoit dit de la conformation des facultez, qui concernent la nature corporelle, ſuiuant les noms ordinaires: où il ſufit d'auoir propoſé la metode, car c'eſt à faire aux Academies à y mettre la perfection, pourueu qu'elles vſent des noms, ſuiuant mes diuiſions: car ie deſire que l'on ne ſe ſerue pas des manieres vulgaires de parler pour vne doctrine ſi dificile: or ie n'ay pas entrepris icy de faire vn amas entier des afections, car pourquoy m'étendroy-je dauantage ez choſes dont tout le monde eſt d'acord? il n'y a iamais eu de nation ſi barbare, qui n'ayt voulu embraſſer la vertu, quoy qu'elle en ſoit decheuë: partant toute la Philoſophie morale eſt vne commune notion, & vn ouurage ſouuerain de l'inſtinct naturel: comme eſtant pluſtoſt deriuee de la nature, que les vices tres-hideux, & tres-infames, qui ſont hays de tous. Que l'on ceſſe donc de difamer, & de reietter la nature, ou la prouidence commune, de laquelle ſi tous les hommes ne prennent la faculté de croire lors qu'on leur dit des choſes veritables, l'on n'aura rien qui puiſſe établir la creance. C'eſt donc vne impieté de dire que la nature, ou la commune prouidence eſt contraire à la grace, ou à la prouidence particuliere des choſes; ou qu'elles ſe font la guerre, puis qu'elles viennent toutes deux de Dieu.

Considere cependant, mon cher Lecteur, que tous les attributs diuins agissent ensemble, & que la grace reluit dans la nature, & la nature dans la grace, comme fait la misericorde dans la Iustice, & au contraire.

Et en quelque sorte que les secrets iugemens de Dieu moderent ces choses, il ne faut pas neanmoins iuger autrement des actions diuines. L'on doit donc icy considerer en ce qui concerne Dieu, pourquoy nous auons receu la puissance, & la force de *tuer*, & de *tromper*, de *calomnier*, de *maudire*, &c. & voir quant & quant, auant toutes choses, si dans toutes ces paroles, les obiets & les facultez sont enoncees ensemble, car le *blaspheme* signifie l'vne & l'autre. Il faut donc particulierement examiner tout cecy, & separer la calomnie qui est dans le blaspheme, d'auec la diuinité, afin de voir s'il est permis de calomnier : car i'ay souuent remarqué que toutes les facultez se peuuent mal apliquer & tordre, en changeant de place, à raison du libre arbitre (sans y comprendre les autres causes) quoy qu'il n'y ait point de faculté qui soit mauuaise, ou inutile à l'egard de son propre obiet, (pourueu que les conditions y soient) & que l'on se figure tousiours que la nature, ou la prouidence commune, ne s'étend point au delà des moyens, car i'ay souuent remarqué que l'homme n'est pas rassasié sans les alimens, ny les alimens trouuez sans dificulté & sans peine, & enfin que tout ce dont nous auons besoin est proposé à l'industrie. Et parce que ceux qui blasment la nature, ne sçauent pas cela, ils la difament, & la chargent d'iniures, comme si elle estoit entierement deprauee. Reprenant donc ce discours, ie dis que nous pouuons *reprocher*, *tuer* & *tromper*, &c. car de la part de Dieu on peut *reprocher* les pecheurs & les blasphemateurs. Il est permis de *tuer* les choses qui nous seruent d'aliment, & mesme le meurtrier qui nous ataque, si nous ne pouuons nous defendre autrement. Neanmoins il ne seroit iamais permis de *tromper*, si nous n'auions afaire auec des bestes fines & rusees : delà vient qu'il est permis de *tromper* les oyseaux, les bestes faroûches, & les poissons, & peut-estre quelquefois les malades, & les fols, (comme les enseignant par paraboles) si l'on n'a point d'autre meilleur moyen pour les guarir. Quant à notre *finesse*, nous l'auons atribuee cy-dessus à vne certaine sagacité, laquelle apartient à la nature corporelle, ou bestiale, qui se rencontre dans nous ; tant parce qu'elle trouble, que parce qu'elle se réjoüit seulement des obiets corporels ; & la conscience mesme enseigne qu'elle ne sert de rien pour les choses eternelles. Car y a-il quelqu'vn qui ait peu tromper Dieu par sa finesse, ou qui ait peu se seruir des ruses pour preparer son chemin au Ciel ? Il y a donc vne tres-grande distance de toute sorte de fraude & de finesse, d'auec la vraye & la parfaite sagesse, qui sert de gardienne à l'homme, & qui luy procure sa felicité ; mais tu diras peut estre que l'on ne peut excuser *l'ingratitude* en aucune maniere, & pourtant bien qu'on puisse *reprocher*, *tuer*, & *tromper* (comme il est dit cy-dessus) il n'est pas permis en quelque sens que ce soit d'estre ingrat, mais pourquoy ne seras-tu pas ingrat, si l'on te fait du bien à mauuaise intention ? Il ne faut pas remercier de tels bien-faits, c'est assez qu'on les pardonne. Recherche donc, ô impie ! les propres obiets des facultez simples, ou compliquees (dont il y a vn grand nombre) car il n'y a point de faculté qui soit mauuaise, ou inutile à l'égard de son propre obiet, & cesse d'ataquer la diuine Majesté par tes calomnies diaboliques. Cependant si vous broüillez & égarez tellement vos facultez, que vous suiuiez le mal & vous refusiez le bien, si vous mettez les idoles en la place que l'on doit à Dieu, si vous faites litiere des facultez intellectuelles, comme si elles estoient corporelles, si vous croyez pouuoir tromper les hommes, & Dieu mesme, comme vous faites les bestes faroûches, & finalement si vous preferez la foy à la raison, ne ruinez vous pas entierement la fabrique de l'entendement, en méprisant miserablement les dons de Dieu, & en violant méchamment le franc arbitre, sans lequel vous ne seriez guere plus que bestes? Pensez donc à tout cecy, & n'estimez point qu'il y ait d'autre *mal* dans l'interieur, que cette liberté, sans laquelle vous ne pouriez pas mesme estre *bons*; réjoüissez-vous donc d'estre libres, puis que c'est par là que vous estes faits à l'image de Dieu; car ce qui est libre est diuin & infiny, & partant il ne peut vieillir, ny auoir de bornes; réjoüissez-vous d'estre libres, car si vostre bonté estoit contrainte, & contre vostre gré, l'on attribueroit seulement la chose à Dieu, & vous n'y auriez aucune part: mais pource que la bonté immense a fait que nous pouuons agir librement, il nous a aussi donné le moyen (par sa grace infinie) d'esperer la recompense; réjoüissez-vous de ce que vous estes libres, c'est à dire que vous pouuez estre mauuais, afin que delà vous preniez occasion de vous plaire au bien; ce qui ne vous empeschera nullement que vous ne raportiez à Dieu tout le bien que vous aurez fait, puis qu'il en est l'Auteur, & la premiere cause. Ie sçay qu'il y a encore plusieurs facultez, dont ie n'ay pas donné les noms, & mesme que ie ne peux les donner : & dont le Stagyrite s'est aussi plaint autrefois. Neanmoins il faut consulter ma metode là dessus, puis qu'elles peuuent estre trouuees par les diferences des actions & des sentimens, car il y a bien du manque aux noms ordinaires : c'est pourquoy ie desirerois grandement que l'on eust inuenté des vocables pour ce suiet, car c'est vne chose honteuse que nous ayons des sentimens qui n'ont point de nom. Mais i'en laisse l'inuention aux autres, afin que l'art que ie propose ariue à sa perfection, & qu'en toutes sortes de doutes on puisse auoir recours à la faculté, dont on tire la preuue ; car ie ne desire que cette demande, *par quelle faculté prouuez vous*? Or s'il y en a quelques-vns qui pensent monter par delà leurs facultez, ou qui les defigurent, & les gâtent par vne mauuaise aplication des obiets, qu'ils considerent eux mesmes s'ils ne sont pas insensez ; dont ce liure donne assez d'auertissemens.

Ie viens à la *conscience*, qui ne se repose & ne se contente point, si toutes les facultez ne sont bien conformees; or tous les sens interieurs sont suiets à la faculté de la conscience, qui dresse & qui compose l'armee entiere des afections, de sorte qu'elle est le sens commun des sens interieurs, elle a donc pour son obiet *la conformation de toutes les autres facultez* : d'où il ariue qu'elle est bien conformee, lors que toutes les autres facultez sont bien conformees, ce que ie prouue par le *sens interieur*. Par consequent l'employ legitime des facultez depend de la *conscience*, soit que l'on ait égard à l'analogie des choses auec Dieu, ou à l'analogie mutuelle des hommes auec les choses, ou à celle des choses entr'elles : c'est pourquoy i'ay souuent remarqué que l'on enuoye les notions communes à ſon Tribunal. Or quelque recherche que puiſſe faire cette faculté par ces termes, à ſçauoir *ſi la choſe doit eſtre ainſi*, neanmoins elle ne va pas ſi auant és choſes qui nous paſſent, qu'elle puiſſe paruenir iuſques aux choſes diuines par le moyen de ſon interrogation; c'eſt pourquoy i'ay ſouuent enſeigné que c'eſtoit vne impieté de les vouloir examiner: & partant cette recherche, qui commence dans l'interieur, ſe termine à l'analogie des hommes auec les choſes. D'où il ariue que dans l'analogie que tu as auec Dieu, il ne ſe rencontre rien plus heureuſement, ſinon *Que toutes choſes ſont gouuernees iuſtement & ſagement, quoy que nous n'en connoiſſions pas les raiſons & les cauſes*; partant il faut conclure que toutes choſes cooperent, & aydent au bien en quelque ſorte qu'elles ſoient moderees par les ſecrets iugemens de Dieu.

Mais lors que l'on eſt ariué à la ſeconde, ou meſme à la troiſieſme analogie, cette queſtion y eſt vtile, & l'on ne peut rien demander que ſagement. C'eſt donc en ce tribunal que toutes nos cauſes ſont plaidees, atendu qu'il ne reconnoiſt rien par deſſus luy, que le ſeul tribunal de Dieu. C'eſt ainſi que les facultez, les eſprits, & les principes, qui pechent dans le corps, ſont chaſtiez, lors que cette faculté (pourueu qu'elle ſoit bien conformee) corrige ou punit ce qui a peché, & qu'en cette ſorte elle execute la Iuſtice diuine, comme i'ay dit cy-deuant. Conſiderez cependant que les facultez intellectuelles qui prononcent la ſentence, ſont extremement éloignees de celles qui patiſſent, car ſans cette remarque vous ne diſtinguerez iamais l'ame d'auec le corps. I'ay donc fait voir iuſques icy, que notre eſprit reſſemble en quelque maniere au premier moteur, qui bien qu'immobile meut toutes choſes. Ne croy pas neanmoins que tu ſois trop emancipé, en ce que i'oſte la paſſion de l'eſprit : car la maſſe corporelle, ou ce qui patit en ſoy auec ſon vnité, peut ſoufrir eternellement (ſi Dieu le veut) & qui plus eſt, quand Dieu a enleué & repris les facultez diuines, il ne demeure rien qui te puiſſe ſoulager, mais il faut que tu ſois tourmenté eternellement par la *hayne*, *l'horreur*, & le *deſeſpoir*. C'eſt donc à toy de prendre garde à cultiuer les choſes corporelles par la lumiere des facultez diuines qui ſont en toy, tandis que tu as le temps, afin que tu ioüiſſe de ton monde, par deſſus lequel l'on ne peut rien penſer de plus grand, ny qui ſoit plus conuenable à la bonté diuine.

Il faut puiſer le reſte dans les notions communes, car où peut-on trouuer de plus grands & de plus illuſtres teſmoignages de la prouidence vniuerſelle, que dans ces notions, leſquelles ſont la ſageſſe de la nature, la doctrine de l'inſtinct naturel, & vne regle tres-fidele & aſſuree de la verité Catholique, leſquelles nous regardons auſſi comme la cauſe & la raiſon, non ſeulement du conſeil des hommes, mais auſſi du conſeil diuin eternel & vniuerſel, & qui ſont tellement requiſes pour acomplir l'image de Dieu en nous, que l'on ne peut pas meſme penſer le contraire ſans blaſpheme. Or puis qu'il y a vn tel ordre dans le ſyſteme harmonic du monde, que les obiets & les facultez s'entre-répondent mutuellement, c'eſt à toy, mon Lecteur, de puiſer les notions communes de toutes ſortes d'obiets, de liures, & de diſcours, & de les mettre à part, & de les arranger. Imagine-toy cependant que iuſques icy tu as pluſtoſt paſſé par delà la verité, que tu ne t'es areſté au deçà, mais ie parleray ailleurs de tout cecy, & de la conſcience, car ie viens maintenant aux ſens externes.

Les ſens exterieurs (*ainſi nommez, parce que leurs organes ont leur ſituation exterieure, comme auſsi pour ce qu'ils conforment ſeulement l'analogie exterieure des choſes*) *ſont des actes de la Conformité des obiets auec les facultez, qui ſont en tout homme ſain & entier, leſquelles ſont expoſees par le moyen de quelque ſens interieur, pour aprendre les notions particulieres de l'analogie des choſes, en troiſieſme lieu, conditionnellement, & à raiſon de quelque ſens interieur, comme de la cauſe prochaine, & à raiſon de l'inſtinct naturel comme de la cauſe plus éloignee, mais qui eſt neanmoins la principale.*

Toutes les facultez, excepté le *diſcours*, ſemblent agir en meſme moment, lors qu'elles aperçoiuent quelque obiet que ce ſoit, bien qu'elles ſoient aſſez diſtinctes par leurs operations diferentes. Mais il n'eſt pas ayſé de remarquer celles qui ſont alterees les premieres (comme ils diſent) ſi l'on ne ſuit l'ordre de la nature, en examinant ſubtilement quelle eſt l'afection qui s'imprime la premiere en toute ſorte de ſenſation; Et par ce moyen on apereeura qu'au premier abord de l'obiet, ou en ſa premiere conformation ſe preſente quelque choſe qui n'eſt ny *couleur*, ny *ſaueur*, ny *nombre*, ny *diſtance*, ny *mouuement*, ny *repos*, ny aucun autre obiet particulier ou commun des ſens externes. Or i'attribuë cette premiere alteration à la conformation de quelque faculté interieure, laquelle depend de l'inſtinct naturel; de ſorte que nous pouuons auoir quelque auant-gouſt, ou prénotion, (qui prouient de la merueilleuſe analogie que les choſes ont entr'elles) auant que le ſens opere: ce que i'attribuë au ſyſteme harmonique des choſes. Ie mets donc le *ſens ex-*

terne au troisiesme rang, auquel on doit toute la connoissance des termes exterieurs, lors qu'il a mesuré, & marqué l'analogie exterieure. Par consequent quelques facultez interieures que l'on mette comme des auant-couriers, elles ne seruent de rien sans les exterieures, non plus que celles-cy, sans celles-là : de sorte que nous ne sçaurions auoir vne connoissance parfaite des choses, qu'apres auoir fait la reueuë de tout par l'entremise de quelques notions communes, des sens interieurs, & du discours.

Or ie ne puis assez admirer que les Escoles n'ayent mis que cinq sens, ce que ie iuge ridicule, car il y a autant de sens, comme il y a de diferences d'obiets; ce qui se prouue par le sentiment mesme, mais parce qu'ils le méprisent, ils manquent quasi par tout en leurs demonstrations. Ils concluent qu'il n'y a pas dauantage de sens, parce qu'il n'y a que cinq organes de sensation : mais ie nie l'argument, puis que l'experience iournaliere enseigne que plusieurs choses entrent à la foule par chaque organe : mais ie montre, en me seruant du mesme argument, qu'il n'y a qu'vn seul sens, parce que tous les sens exterieurs se peuuent reduire à celuy du toucher. Ie sçay qu'ils diront qu'ils mettent lesdits organes, à raison des sept paires de nerfs qui s'y étendent, & de l'os spongieux, ou des eminences, ou boutons mammillaires. I'auouë aussi qu'il y a de certaines entrees fort remarquables, pour seruir de passages à l'interieur (si l'on y adiouste les pores) mais s'ensuit-il de là que demeurant au sueil, on doiue iuger de toute la maison par la seule porte, & par les fenestres, sans se soucier du dedans? I'auouë franchement qu'il n'y a rien dans l'entendement qui n'ait premierement esté dans le sens, mais à condition que tu y raporte l'analogie vniuerselle des diferences tant exterieures qu'interieures. Voyez ie vous prie les detresses, où nous reduisent les écoles, lors qu'elles nous enseignent qu'il ne passe rien par les organes des sens, & qu'en fin il n'y a rien dans l'entendement que la *couleur*, *le son*, *l'odeur*, *la saueur*, *ce qui se peut toucher*, *la grandeur*, *la figure*, *le nombre*, *la distance & le repos*, (ce qu'ils tirent aussi des quatre qualitez) mais quoy? en quel rang mettez-vous donc toute l'analogie interieure, & toutes les maximes des communes notions; & à fin de tout dire en peu de paroles, tout ce qui est compris par tous les vocables des dictionaires?

Ils veulent de plus que l'on comprenne la couleur par elle mesme, & que la substance, ou l'essence de la chose ne soit entenduë que par accident, comme s'il n'y auoit point de faculté conformante pour comprendre les choses qui dependent du consentement vniuersel. Quant à moy ie dis que l'on aperçoit la substance par elle mesme, & la couleur par accident, car c'est vne notion commune qu'il y a vne substance, ou vn sujet d'inhesion des choses qui peuuent estre absentes, ce qu'ils ne sçauroient nier, à moins que de fermer les yeux, quoy qu'ils ayent la liberté de faire l'vn & l'autre; mais il n'est pas besoin d'en parler dauantage, puis que le sentiment mesme, qui sert d'vn tesmoin souuerain dans ses obiets, enseigne qu'il y a autant de sentimens, comme il y a de diferences d'obiets, de sorte que ie ne m'areste pas icy aux Auteurs, par ce qu'ils n'ont pas suposé dans leurs doctrines les propres obiets des facultez, ny les loix qui les conforment, ny mesme aucune definition de la verité: & partant ils sont demeurez comme des vagabonds, non seulement en eux-mesmes, mais presque par tout ailleurs. Or il faut premierement remarquer, pour distinguer les sens exterieurs d'auec les interieurs, que ceux-là regardent l'analogie exterieure, & ceux-cy l'interieure. En second lieu, que les especes des obiets, qui passent dans les sens exterieurs, quitent leur ferocité, car le feu ne brûle point, & la figure du loup & de l'agneau vient dans vne grande paix à la memoire; ce qui n'ariue pas aux especes interieures, car le beau, & le laid, l'agreable, & le desagreable conseruent tellement la nature des choses dont elles ont esté prises, qu'elles nous afectent de mesme façon. En troisiesme lieu, par ce qu'il est assez euident que les especes exterieures nous ont esté donnees à cause des interieures. Or il faut conclure ce qui apartient aux sens exterieurs par la definition que i'ay donnee cy-dessus; toutefois ie mettray la *couleur*, le *son*, *l'odeur*, la *saueur*, le *tactile*, la *figure*, le *nombre*, & toutes les dictions, dont les écoles se seruent en la diuision des choses, au rang des choses externes, de peur qu'il semble que ie m'éloigne trop de la maniere ordinaire de parler. Cependant il y a de certains obiets que ie nomme propres, & d'autres que i'apelle communs, à sçauoir la *quantité*, la *figure*, le *lieu*, la *situation*, la *distance*, le *nombre*, *l'ordre*, la *continuité*, & la discontinuité, le *mouuement* & le *repos*. Or ces obiets ne doiuent pas estre reputez communs, à cause qu'vne faculté en comprend plusieurs (atendu que chaque diference a sa propre faculté) mais par ce qu'ils entrent par plusieurs organes : partant toutes les choses qui sont autrement distinctes que par degrez, ont leurs propres facultez analogues, comme i'ay remarqué cy-deuant. De là vient que la *quantité* passe par tous les organes, la *figure* par la *veuë*, & par le *toucher*, & les autres obiets par plus ou moins d'organes, suiuant la necessité de l'analogie. Il y a enfin de certaines choses requises à la conformation de la *figure*, qui ne sont pas necessaires au *nombre*; quelques-vnes sont requises à la *distance*, dont le *mouuement* n'a pas de besoin, &c. D'où il est constant que ces choses sont distantes entr'elles, atendu qu'elles ne nous impriment pas seulement vn sentiment diferent, mais aussi pour ce qu'elles desirent quelque chose de diferent pour leur conformation. Examinez donc plûtost tout cecy par les choses mesmes que par les discours impertinents des Auteurs, & n'ayez pas toujours recours à l'autorité plus laschement, que n'ont les boiteux à leurs potences, ou à leurs échasses; or comme il y a de certaines facultez, suiuant l'opinion commune, qui ont pour leurs propres obiets le *son*, d'autres la *couleur* & d'autres l'*odeur*, &c. De mesme il y a quelque faculté qui a pour obiet la *quantité*, *grande* ou *petite*, *grossiere* ou *delice*, *longue* ou *large*, *égale* ou *inegale*, &c. & vne autre qui regarde la *figure*, soit *droite* ou *courbe*, *raboteuse* ou *polie*, *obtuse* ou *aiguë*, *concaue* ou *conuexe*, &c. & vne autre qui a pour son obiet le *lieu*, soit *haut* ou *bas*, *dextre* ou *senestre*, de *deuant* ou de *derriere*, &c. & pour le dire en vn mot, il y en a d'autres qui regardent les autres diferences solennelles, & leurs propres qualitez, dont les vnes répondent à la question qu'on fait par, *qu'est-ce*, les autres à la question *combien*, & *quel*; finalement il y a vne faculté qui regarde les *degrez*, & vne autre qui regarde l'*ordre*: car il y a plusieurs choses qui ne diferent que de *degré*, ou *d'ordre*, quoy qu'elles ayent des noms diferents, comme i'ay desia remarqué plusieurs fois. Il faut donc considerer ce que ie viens de dire, car bien que la *couleur*, la *figure*, le *beau* & le *desirable* passent par vn mesme organe ; ils ne sont pas neanmoins regardez par vne mesme faculté, mais chaque diference a sa propre faculté. Il y en a donc vne pour la *couleur*, vne autre pour la *figure*, & vne autre pour le *beau*, ou le *proportionné*, qu'elle examine ; l'vne *loüe*, & l'autre *desire*, comme l'on prouue par les loix des conformations (sans qu'il soit necessaire de le confirmer autrement) lesquelles l'on trouuera diferentes en chacune de ces choses. Cependant celuy qui s'étonne de la vitesse des actions qu'il sent en soy-mesme, qu'il reconnoisse quant & quant les cours de cette grande machine, d'où il a tiré son origine, & il ne la trouuera pas si étrange.

Il faut encore remarquer que les obiets, qui passent par vn plus grand nombre d'organes, aprochent de plus pres des facultez diuines intellectuelles ; & qu'ils sont plus necessaires en eux-mesmes ; car comme ceux qui se reflechissent sur les corps, sont moins necessaires, aussi sont ils plus obtus : mais les autres ont assez trauaillé sur le subject des sens externes, quoy que leur subtilité se soit seulement fait parestre en ce qui est de la veuë, comme si les autres estoient inutiles, ou sordides, ou qu'ils ne fussent suiets à nulles propres conditions dans leur conformation ; ce qui est si veritable, que l'on n'a pas encore des dictions pour exprimer les diferences des odeurs, sans les emprunter de celles qu'on donne aux saueurs. Mais il y a quelque odeur qui est agreable au *cerueau*, & quelque autre à l'*estomach* ; dont ie diray tantost quelque chose, apres auoir briefuement parlé de la *veüe* (par ce que l'on peut lire ce qu'en ont dit les Auteurs) car ie ne veux rien troubler, où les écoles se sont étenduës au long. Il sufit de donner en cette œuure la definition de la verité, & d'auoir proposé la methode, & l'art de la demonstration, dans laquelle l'on employe le temps inutilement, pour trouuer la verité, si chaque faculté bien conformee n'a la mesme certitude que la faculté de voir (lors que le propre obiet, & les vrays moyens de la conformation y interuiennent,) c'est là ce que i'en pense. Ie viens donc à la *faculté de voir*, dont l'organe est apellé dans les écoles, la porte du Soleil, le membre diuin, le *miroir de l'esprit*, &c. car on ne tire pas seulement des signes du mouuement interieur des yeux, lors qu'ils sortent dans l'audace, qu'ils s'abaissent dans la reuerence, qu'ils font les deux, & qu'ils caressent dans l'amour, qu'ils s'éfarouchent dans la hayne, qu'ils sont guais dans la ioye, & qu'ils languissent dans la tristesse; mais aussi l'on iuge de toute la santé du corps, ou de tout l'atirail de la maladie. C'est pourquoy il faut croire que tout le corps se porte bien, quand les yeux sont bien disposez : ioint qu'il n'y a qu'eux qui contemplent les choses du Ciel, & qui découurent aussi vn fort grand nombre de diferences : ils seruent encore grandement à la memoire, & au ressouuenir, tant parce qu'ils impriment plus auant les images des choses, que pour ce qu'ils font retrouuer les choses que l'on auoit quasi perduës, par le moyen des propres circonstances. Or il n'y a point de faculté qui soit si conditionelle, atendu qu'outre celles que i'ay mis au commencement de ce liure, elle requert que l'obiet (ie ne dis pas le milieu) soit illuminé, pour voir : or ces loix estant posees, elle n'erre iamais, quoy qu'autrement elle puisse tromper, & estre trompee dans ses obiets. Ce sont ces raisons qui m'ont fait remarquer que toute sorte de verité est suiette à ses conditions; car à quoy seruiroit la *faculté de voir*, si la *lumiere*, le *milieu requis*, la *distance*, &c. les autres conditions necessaires manquoient. Les conditions seruent donc de lien à nos veritez, dont ie recommande la recherche à ceux qui desirent considerer nos veritez, car ceux qui ont les loix, ou les conditions qui seruent aux conformitez, auront semblablement la conformité de chaque obiet, soit que l'on regarde les choses *caduques*, ou les *Eternelles*; & si l'on a ces choses, la *foy* n'y manquera pas.

Ie viens aux plus notables diferences de l'œil de l'homme, entre lesquelles l'vne est qu'il n'y a que les hommes qui ayent les yeux diferents en leurs diuerses couleurs, car les animaux les ont semblables, ou peu s'en faut (excepté, peut-estre, le cheual) comme les Auteurs de l'histoire naturelle remarquent. Enfin les Anatomistes, qui sont fort excellens en ce siecle, disent que l'homme n'a point le muscle, qui atache l'œil des bestes à la terre; d'où ils concluent fort bien, qu'il est né pour contempler les choses celestes. Ie laisse la dispute pour les écoles, à sçauoir s'ils sont de la nature de l'eau ou du feu; il est certain que la lumiere, qui est dans l'œil, n'est pas ce qu'on void, comme la chaleur qui est dans le doigt, n'est pas ce que l'on touche: tout ce que l'homme sent est hors de luy, & toute douleur qui afecte, est étrangere, laquelle tu peux surmonter par les puissances interieures, ou du moins tu peux la quiter auec le corps. Il importe grandement d'auoir cette pensee en toute sorte de rencontres, car la douleur cessera & s'euanoüira, & tu demeureras toujours. Or l'on peut icy examiner vne belle question, à sçauoir si les aparences, ou les especes des choses (qui passent par les organes) sont reellement prises, & comme separees des obiets, ou si elles sont des écoulemens perpetuels, ou si on les atire à soy : & si les esprits visuels reçoiuent quelque sorte d'empreinte, ou si on les aperçoit par vne certaine habitude, ou si toutes ces manieres y seruent, ou si cela se fait d'autre façon, à quoy ie pense que nul n'a bien répondu : mais (afin que i'examine tous les sens) puis qu'il y a des milieux hors de nous, & d'autres qui font partie de nous mesmes, ils doiuent auoir des raisons diferentes : car le feu demeurera chaud, quoy que tu sois absent & que tu ayes froid ; & la pierre sera dure malgré que tu en ayes : & si les figures n'estoient toujours les mesmes, nostre conuersation seroit comme masquee & déguisee. C'est pourquoy l'on peut dire que certains Auteurs recens ont trop de subtilité, lors qu'ils raportent les actions vniuerselles des choses à des habitudes; car bien que les obiets ne soient pas aperceus sans habitude, neanmoins ceux qui ostent le sens reel des choses, ostent la chose mesme, dont ils veulent se seruir pour estre creus. Toutefois si ces demi-sçauans ont dit quelque chose qui semble veritable, l'on ne doit pas le raporter au sens, mais à l'analogie, ou bien à vne disposition legitime des choses, laquelle on peut apeller habitude, ou de tel nom qu'on voudra, comme vne chose qui surpasse entierement la capacité de l'homme, dont la raison est si merueilleuse, que la grandeur d'vne grosse montagne entre toute dans l'œil, & conseruer dans la memoire, ne creue point la teste. De là vient que la question qu'on fait, en demandant *comment*, l'on aperçoit les cho-

ses,

ſes, eſt tres-dificile dans les choſes naturelles, ce qui ſe void aſſez dans la faculté formatrice, qui perit & reduit dans vne meſme maſſe les diferentes natures des alimens; de ſorte que tu ne comprendras iamais comme quoy vn meſme aliment peut aller en pluſieurs parties, ou comme pluſieurs aliments peuuent aller dans vne meſme partie; ce que le Lecteur doit reietter ſur le defaut des conditions requiſes pour de telles veritez; ce qui n'eſt pas vne choſe extraordinaire, comme ie montreray plus au long dans mes Zetetiques. Voyons le milieu qui eſt requis pour la veuë, à ſçauoir *l'air*, *l'eau*, & toutes ſortes de *corps tranſparents*; où il faut remarquer que le milieu, qui eſt le plus ſimple, & qui a vne plus grande pureté, eſt le plus propre de tous: or par ce qu'il eſt ſi diuers, qu'il faut qu'il ait quelque choſe de varié dans le milieu (pour le moins) pour ajuſter les diferences des veritez, i'ay dit au commencement de ce liure que l'on ne pouuoit enſeigner tout cecy enſemble, où l'on peut auſſi voir le reſte des conditions, qui ſont neceſſaires pour la viſion Quant aux erreurs de la veuë, i'en traiteray en parlant de la cauſe des erreurs; i'aioûte ſeulement que la principale raiſon pour laquelle elle ſe trompe le pluſtoſt, pour ce qu'elle a beſoin d'vn plus grand nombre de conditions que les autres ſens; or l'école ne conſiderant pas aſſez que l'on ne peut auoir de verité ſans elles, ſe trompe ſouuent dans les obiets.

Croyez donc que toute ſorte de verité eſt ſuiette à ces conditions, & que ſi elles interuiennent, l'on déployra de nouuelles facultez à de nouueaux obiets iuſques à l'infini; comme au contraire ſans leſdites conditions, celles que vous auez ne vous pouront ſeruir, mais que vous ferez dans les tenebres, & subiets aux absurditez & à la tromperie. Ce qui soit dit briefuement de la faculté visiue, atendu qu'en ce subjet, aussi bien qu'en ce qui concerne les diferences des couleurs, les Auteurs vous peuuent ayder.

Voyons la *faculté d'ouyr*, dont le son est l'obiet; les diferences des sons s'apellent *aigu*, *graue*, *aspre*, *obtus*, &c. *l'air* est le milieu requis, par où ils passent : à quoy quelques-vns ajoûtent *l'eau*; ce qu'ils s'eforcent de prouuer par le cry des grenoüilles; cette faculté est bien conformee, si elle a les conditions dont i'ay parlé au commencement de ce liure. Or il passe beaucoup de choses par l'organe de l'ouye, lesquelles ont besoin de propres loix qui seruent à leurs conformations, à sçauoir le *nombre*, la *proportion*, *l'harmonie*, les *obiets de l'entendement* & de *la foy*, &c. L'on dit cependant fort bien que les aueugles qui ont l'ouye, sont plus sages que les sourds qui ont la veuë : car l'ouye est le sens de la doctrine, pourueu que par la foy tu n'entende pas celle qui depend de l'autorité de celuy qui parle, mais celle qui procede de la bonne conformation des facultez, car cette-cy est en nous, & l'autre a son fondement de relation hors de nous : c'est ainsi que ie distingue la verité de la chose d'auec celle de l'entendement. Or quand tu sens vne foy, ou vn consentement interieur, qui vient de quelques doctrines; considere si l'obiet, dont il est question, a esté conformé comme *vray-semblable*, ou comme *possible*, ou mesme comme vne *verité eternelle*: car il peut ariuer qu'vn *discours* precipité, où l'on ne considere pas bien tout cecy, gâtera tout, de sorte que l'on prendra le *vray-semblable*, ou le *possible* pour le *veritable*, & au contraire. Il faut donc bien considerer tout cecy, si l'on n'ayme mieux auoir vne credulité, au lieu d'vne foy veritable. Cependant nous donnons non seulement vne creance particuliere aux choses passees & futures, mais nous estimons aussi qu'elle leur est necessaire, à condition qu'on les distingue d'auec les notions communes, ou d'auec les veritez eternelles vniuerselles; car elles dictent que les Histoires des choses passees, quand elles viennent de bonne part, sont vray-semblables à notre égard, comme aussi que les choses futures, quand elles ont de la probabilité, doiuent estre tenues pour possibles. Mais il faut constituer la premiere verité de ce qui est enoncé, dans la bonne conformation des facultez de ceux qui en sont les Auteurs. De sorte que quelque veritable que soit tel liure, quant à la verité de la chose, tu dois puiser la verité de l'entendement de toy-mesme. Il faut cependant examiner chaque proposition par mes Zetetiques, afin de sçauoir non seulement de quelle question il faut vser, mais aussi de quelle faculté, pour trouuer la verité proposee, n'y ayant nulle autre voye si commune & asseuree, pour sçauoir la verité. Considere cependant que les notions communes viennent plustost de la nature raisonnable, que les crimes tres-noirs & tres-vilains: car bien qu'il y ait des hommes mauuais, ou tres-méchans, il n'y a point neanmoins de commune notion qui enseigne qu'ils doiuent estre tels. Que les hommes tres-ingrats ne couurent donc point la nature, ou la prouidence generale des choses, de leurs oprobres & blasphemes, sous pretexte de recommander la grace, ou la prouidence particuliere; comme si les atributs diuins ne pouuoient pas demeurer ensemble, & qu'il y eust des choses contradictoires en Dieu. Il faut donc conclure que l'ouurage ordinaire de Dieu ne peut estre mauuais, (car d'où pouroit venir d'ailleurs la nature des choses) quoy que la grace, ou la prouidence particuliere soit plus eminente (car Dieu n'a point trouué de bornes ny dans ses œuures, ny dans soy-mesme) ce sont donc ces choses que ie mets soubz le titre de l'ouye, qu'il faut que tu retienne.

Voyons maintenant l'organe de l'ouye, où ie conseille qu'on voye le *labyrinte*, *l'enclume*, & le *maillet*, &c. Dont les Anatomistes enseignent beaucoup de choses fort remarquables; or tu trouueras vne tres-grande correspondance entre les oreilles, le larynx, & le palais de la bouche, à raison de la paire des nerfs qui se répand en ses parties; or l'on attribuë la *voix* aux animaux, & le *son* aux choses inanimees: & il y a de certaines voix qui se font dans l'homme auec l'imagination, & d'autres sans elle: ce qui fait que l'on distingue les paroles d'auec la *toux*, le *cracher*, &c. Or il semble que le *son* soit quelque chose de *materiel*, car l'on ne l'oyt pas si bien lors que le vent est contraire, que lors qu'il fauorise. L'on dit encore fort bien qu'il se fait par l'efort d'vn air enfermé dans vn obstacle solide, car ce n'est pas bien dit, que le *son* est l'efort mesme. Ie traiteray des erreurs de l'oüye, qui sont en grand nombre, & qui engendrent de grandes terreurs, lors que ie parleray de la cause des erreurs. Mais ie ne puis assez admirer le *larynx*, lequel estant au haut de l'artere vocale, sert à donner les premiers rudiments, & la matiere de la voix, par sa cauité remplie d'air, lequel estant poussé à la langue, & puis repercuté du gosier, se torne en voix par plusieurs pressions, reflexions, tours & retours, &c. car s'il aloit toujours droit, nul ne s'entendroit parler; ce qui seroit fort desagreable à plusieurs qui prennent vn singulier plaisir à s'écouter, & s'entendre eux-mesmes.

Quant à la *faculté de l'odorat* elle est comme au mitan de tous les sens : or les diferentes *odeurs* sont le *crud*, le *doux*, le *puant*, le *pouri*, *ranci*, *moisi*, *chanci*, &c. ausquels on peut aioûter les saueurs diferentes, à sçauoir *l'aspre*, *l'acide*, &c. & les odeurs diferentes des fleurs, des herbes, & des racines, comme de la *rose*, & de *l'hysope*, de *l'angelique*, &c. dont ie te donne cette verité.

Les choses qui afectent nos facultez d'vne mesme maniere, sont les mesmes à notre égard, pourueu qu'il n'y arriue point de nouueau caractere, ou de plus forte signature : mais ie parleray tantost de cecy en proposant la metode d'vne Philosophie plus exacte. Le milieu requis pour la conformation, est *l'air* & *l'eau*, comme disent les Auteurs, qui le prouuent par l'exemple des poissons, quoy qu'à notre égard le seul *air* soit le propre milieu des odeurs : de sorte que si les conditions requises, dont i'ay parlé au commencement de ce liure, sont iointes audit milieu, la *faculté de l'odorat* sera bien conformee auec son obiet.

L'on dispute encore de *l'organe* de cette faculté, il est certain qu'il commence aux narines, car nous ne sentons rien lors qu'elles sont bouchees ; mais il y a raison de douter de l'organe immediat ; neanmoins puis qu'il est veritable que les sept paires de nerfs (qui viennent du cerueau & qui sont épanduës par nos organes) sont les *organes* prochains de nos sens, il est vray-semblable que l'acrimonie des odeurs est diminuee, adoucie, & preparee vers la partie inferieure de l'os qui est percé comme vn crible, & que l'on apelle l'os spongieux, à raison de ſa molleſſe ; & puis que ces odeurs ſont tranſportees aux boutons mammilaires, qui ſont des nerfs tres-mols, & qui ſont l'organe immediat de la faculté du flairer. Or le plaiſir de ce ſens eſt fort groſſier, & par conſequent il eſt corporel : c'eſt pourquoy il n'a quaſi rien de commun auec la *veüe* & *l'ouye*, & ne iuge tout au plus que fort imparfaitement du *nombre*, de la *figure* du *repos*, &c. quoy que le ſens du toucher, qui ſert de baſe, & de fondement aux autres, aperçoiue ces choſes ; & l'on peut dire que l'odorat des beſtes eſt plus ſubtil, par ce qu'ils l'ont comme pour vn ſens de doctrine, afin de chercher leur vie ; c'eſt pourquoy il a eſté neceſſaire qu'il fuſt merueilleuſement vif, car i'ay ſouuent remarqué que la nature ne manque point aux choſes neceſſaires. Quant à la tardiueté & groſſiereté de nos odorats, ie ne l'attribuë pas tant à la fluxion pituiteuſe du cerueau (qui ariue rarement aux autres animaux) qu'à la prouidence de la nature, qui n'a pas voulu que nous euſſions vne ſi grande ſubtilité de l'odorat, de peur que nous ne peuſſions ſoufrir nos propres odeurs. Quoy que ce ne ſoit pas hors de propos d'examiner ſi cette faculté nous fait comprendre vn plus grand nombre de diferentes odeurs qu'aux beſtes : il eſt certain que l'analogie des odeurs eſt grandement diferente ; de là vient que celuy qui nous *plaiſt*, eſt ſouuent *deſagreable* aux beſtes, & au contraire ; c'eſt ainſi que le ſens qui leur ſert pour la doctrine : ne nous ſert, ce ſemble, que pour le plaiſir, ou pour le deſplaiſir, l'on peut neanmoins vſer de l'odorat pour commencer à iuger ce qui apartient au corps & aux alimens. Or i'ay remarqué deux ſortes d'odeurs, à ſçauoir celuy qui plaiſt au *cerueau*, & celuy qui eſt agreable à *l'eſtomac* ; en faueur duquel ie dis que *l'aliment est sain toutes & quantefois qu'il imprime vn agreable sentiment à l'odorat, & au goust*: l'on doit cependant s'abstenir de l'aliment *insipide*, & de celuy qui n'a point d'odeur, si ce n'est que l'experience nous aprenne autre chose, car la nature, ou la prouidence generale nous auertit de nous donner garde, lors qu'il n'y a point *d'odeur* ny de *saueur*, (puis que l'aliment qui en est priué, n'est pas marque d'aucun caractere de la nature.) Or le sens doit estre bien subtil pour examiner la diference des odeurs, suiuant la diuision precedente. Il ne faut donc pas donner du musc, ou de la ciuette pour aliment, parce que leur odeur est plustost agreable au cerueau qu'à l'estomac, car quant à l'odeur crud, les Apoticaireries mesmes enseignent qu'il est aydé par la cuisson. Remarque cependant cette regle de l'aliment, laquelle conuient fort bien à ceux qui ont bon nez, il y a vne grande ressemblance entre *l'odorat* & le *goust*, car tout ce qui a de l'odeur, a de la saueur, & le plus souuent au contraire; pourueu que tu rumine, & que toutes les autres conditions, dont i'ay parlé au commencement du liure, s'y rencontrent. Ie ne nie pas neanmoins qu'il y a certains alimens, dont l'odeur est desagreable, qui peuuent profiter, & dont on peut se seruir sans aucun danger: mais si l'on prend bien garde à tout, l'on trouuera qu'ils ont vne odeur agreable à l'estomach, quoy qu'elle deplaise au cerueau: ce que l'on remarque dans l'air, &c. Ie laisse cependant au Lecteur à examiner toutes ces choses plus exactement, afin de venir à ce qui concerne le goust; qui a de grands raports auec l'odorat.

I'estime neanmoins que cettuy-cy est plus parfait, par ce qu'il aproche dauantage du toucher, lequel est plus ſubtil dans l'homme que dans les autres animaux. Or les Ecoles diſputent ſi les odeurs ſont *materielles* ou *immaterielles* (quoy qu'elles ne diſent pas que c'eſt que matiere:) cependant les vents qui les diſſipent, la reſpiration dont l'homme vſe en flairant, & vne odeur meſme qui chaſſe la force de l'autre, témoignent qu'elles ſont materielles. Au contraire la difuſion qui s'en fait en haut & en bas de tous coſtez, & tres-loin quaſi dans vn moment, perſuadent qu'elles ſont *immaterielles*. Or cette faculté eſt fort vtile pour herboriſer, ou pour connoiſtre les herbes: de ſorte que l'on doit auſſi bien prendre les premiers indices des medicamens, comme de ceux des alimens, par le moyen de l'odeur: car les ſignatures que l'on remarque par le moyen de la veuë, ſont trompeuſes (quoy que dient les Auteurs recens) & les meilleurs remedes ne ſont pas découuerts par leurs caracteres exterieurs, quoy que la veuë remarque aſſez ayſément par les caracteres de quelques racines, qu'ils ſont deſtinez à la morſure des ſerpens, dont on peut voir (parmy les Herboriſtes) pluſieurs Hiſtoires tant icy qu'aux Indes. Il faut donc dans cet examen donner le premier rang à *l'odorat*, & le ſecond au *gouſt*, comme à des facultez voiſines.

La *ſaueur* eſt le propre obiet de la *faculté qui gouſte*, & le milieu n'eſt autre choſe qu'vne certaine *ſaliue inſipide*, dont la preſence iointe aux conditions ſuſdites, fait que cette faculté eſt conformee. Or les diferentes ſaueurs ſont la *crüe*, la *cuite*, la *douce*, *l'amere*, *l'aſpre*, *l'acre*, la *piquante*, *l'acide*, la *ſalee*, *l'aſtringente*, ou *l'auſtere*, la *graſſe*, & *l'inſipide*, qui ſemble eſtre remarquee par la priuation de la ſaueur. Il y a encore pluſieurs ſaueurs diferentes, qui n'ont point de nom, comme l'on void dans la grande

varieté

varieté des herbes, des racines, &c. au lieu qu'il y en a d'autres qui ont plusieurs noms, car le *pontique* & le *styptique* semblent n'estre point diferens de quelques-vnes des precedentes.

L'on trouue aussi des saueurs composees de plusieurs des precedentes; car la rose a quelque chose de *doux*, *d'amer*, & *d'astringent*. Cependant il faut aussi bien remarquer pour les *saueurs*, comme nous auons fait pour les *odeurs*, que celles qui font vne mesme impression sur nos facultez, sont vne mesme chose à notre égard, pourueu qu'il n'y ait point de nouueau caractere, ou de plus fort. Or ie desire que le sens, qui dicerne les saueurs, soit bien aigu & bien vif, afin qu'il atribuë à chaque saueur la force qui luy apartient, & qu'il connoisse combien il peut donner à *l'amer*, & combien aussi à *l'acide*, &c. dans la grande varieté des compositions qui se font des saueurs, voyons quelques-vnes des definitions que leur donnent les Ecoles. Nous disons que la saueur *crue* est celle qui peut estre aydee par la cuisson, & la *cuite* celle qui a commencé par la cruë: la *douce* est celle qui égale & polit les parties de la langue auec plaisir, en adoucissant, & en flatant ses fibres, tels que sont le *lait*, le *sucre*, & *quelques fruits meurs*. Les Medecins tiennent que cette saueur *se torne facilement en bile*.

Quant à *l'amer*, ils disent qu'il racle la langue, & qu'il la rend rude entant qu'il en fait fondre quelque partie; & remarquent particulierement que *tout ce qui est amer est chaud*, excepté le ius qu'on apelle *opium*, lequel nous enseigne assez qu'il a plusieurs choses diferentes en sa composition, & des parties dissemblables, par l'entremise de ces nouueaux caracteres, à sçauoir de sa *puanteur*, &

de la *pesanteur* qu'il engendre dans les membres ; ioint qu'il est *visqueux*, & *épais* au toucher, car il s'atache aux mains, & qu'il brusle la bouche : de sorte qu'il faut considerer plusieurs choses dans *l'opium*, si l'on veut connoistre sa vertu, dont ie donneray par apres la metode.

Les Medecins remarquent en second lieu, que *la saueur amere ne se pourrit point* : & en troisiesme lieu, *que nul animal n'en veut vser pour aliment* : de sorte que cette saueur est medicinale. Or les Herboristes disent que tout ce qui est amer *est d'autant plus sain en son espece, qu'il est plus amer, excepté le seul aloës*, parce que la nature abhore les extremitez en chaque genre. Or cette saueur profite grandement lors qu'elle est meslee auec le *styptique* : de là vient que l'absynthe est le simple le plus sain de toutes les choses ameres, ce qui n'ariue pas à celles qui ont l'aigre meslé, comme l'on experimente ez fruits, qui ne sont pas meurs, & aux pesches. La *saueur aspre*, que quelques-vns apellent *pontique*, ou *styptique*, desseiche, étraint, & écorche la langue ; il est distingué de *l'austere*, parce que celuy-cy tire sur l'humide, & celuy-là tient de la terre : on le remarque dans les *cormes, qui ne sont pas meures*, & dans les *nefles*. Les Medecins disent que cette saueur est froide & seche, & partant que la cuisson luy sert de fort peu, ou de rien du tout. La *saueur acre & mordicante*, qui est la plus chaude de toutes, est celle qui mord, qui ronge, & qui brusle, comme *l'euphorbe*, & le *pyrethre* ; or cette saueur a plusieurs especes, à sçauoir *l'ignee*, & la *seiche*, que l'on experimente dans la *chaux* ; *l'ignee & l'humide*, comme l'on void à *l'oignon*, & à *l'ail* : *l'ignee meslee auec l'humide & la seiche*, laquelle se trouue à la *galange*, & au *poyure* ; & qui est plus temperee dans *l'hysope*, & dans le *thym*,

&c. Il y en a qui sont *acres* & *acides*, comme *l'huyle de vitriol*: d'autres qui sont *acres & styptiques*, comme *l'epithyme*. Les Medecins remarquent touchant cette *saueur acre*, *qu'elle est d'elle mesme ennemie de la nature, quoy qu'elle puisse estre saine par le meslange d'vne autre saueur, particulierement quand elle rencontre des humeurs, qui sont dificiles à resoudre.*

La *saueur acide* pince la langue sans l'échaufer, comme l'on experimente au suc de *limon, d'orange*, & *d'ozeille*,&c. Cette saueur est meslee auec la *douce* dans la *grenade*: auec *l'amere* dans les *pesches*, & à *l'acre* dans le *vinaigre*. La saueur *salee* nettoye & laue la langue, & est si peu astringente, qu'elle est en cela distincte de *l'austere*, & de *l'aspre*: or elle est ou *naturelle*, comme dans le *sel fossile*, ou *artificielle*, comme dans les *cendres*. L'on a aussi coûtume de trouuer cette saueur dans les herbes, qui croissent pres de la mer, lors particulierement qu'elles sont lauees par les marees: on remarque aussi que la saueur *salee*, qui a vne certaine astriction, s'apelle *nitreuse*. Or les Medecins disent *que la saueur salee est la plus contraire de toutes à la pouriture*. La saueur *austere*, ou *styptique* desseiche, & étreint la langue auec vne froideur, & conuient particulierement aux *pommes de coin*, & aux *poires sauuages*: elle est distinguee de *l'aspre*, en ce qu'elle tient plus de la nature de l'eau, & qu'elle astreint dauantage. Les Medecins remarquent *qu'elle chasse les fluxions, qu'elle est aydee par la cuisson, qu'elle peut seruir d'aliment, & qu'elle rend meilleures toutes les choses auec lesquelles elle est meslee*. La saueur *grasse, onctueuse*, & *oleagineuse* a quasi la mesme description que le *doux*, excepté que cettuy-cy est plus agreable: or l'on remarque ladite saueur dans le *beure*, dans la *moüelle*, & dans *l'huile*: elle se mesle auec *l'humide*, comme dans la racine de *guimauue*, & de *lys*.

Les Medecins disent qu'estant prise dans le corps elle s'enflame incontinent : & qu'elle est propre pour les playes (parce qu'elle est plûtost ordonnee pour *l'atouchement* que pour le *goust*.) C'est pourquoy elle apaise les douleurs. *L'insipide* est vne certaine priuation de saueur, tel qu'on le rencontre en quelques eaües, & dans la *citroüille*, &c. Les Medecins disent qu'il tire sur le froid, & partant que tout aliment pris des choses insipides, est pituiteux. Il y a beaucoup d'autres saueurs qui n'ont point de noms, dont il faut tirer la connoissance en goûtant les choses mesmes, sans se precipiter, afin que le goust y employe assez de temps. Cependant il importe que tu prenne garde combien l'on doit atribuer à chaque agent dans la diferente composition des saueurs ; & s'il y a quelque nouueau caractere, car ainsi faisant, tu iugeras fort bien des saueurs connuës, & tu procederas prudemment en ce qui concerne les inconnuës. Car, comme i'ay souuent dit, *les choses qui afectent les facultez de mesme façon, sont mesmes choses à notre égard, s'il n'y a quelque caractere nouueau, qui soit plus puissant*. Il faut donc conclure que la vraye metode pour rechercher la verité dans les choses naturelles, depend des notions communes, aydees par l'experience.

Or il y a vne infinité de choses qui nous sont cachees dans les herbes, lesquelles enfin pouront estre découuertes par notre metode. D'où l'on peut tirer de fort beaux Corollaires pour seruir à l'histoire naturelle; car cette metode enseigne ce qui est propre pour la santé, pour la Medecine, & pour la Chirurgie. Il faut seulement separer les diuerses parties qui entrent dans la composition des mixtes, excepté lors que toute l'herbe est vtile, & pour ce sujet la nature a destiné le feu, comme la raison, pour les choses qui se peuuent sçauoir par son moyen. Car comme i'ay souuent remarqué, la nature ne va point au delà des moyens: cependant ceux qui comprennent l'Histoire naturelle, remarquent le bien au mesme lieu, où ils remarquent le mal. C'est ainsi que ces derniers siecles ont montré que l'on pouuoit tirer de tres-puissans remedes par le moyen de la separation des parties heterogenes des corps metalliques, bien que la nature, ou la prouidence generale des choses, les ait tellement renfermez dans ses entrailles, qu'il semble qu'elle les a voulu cacher; par où l'on void que la preparation, & l'aplication que l'on fait bien à propos, rend bonnes les choses qui semblent les plus mauuaises: comme de l'autre costé, les choses les meilleures deuiennent *mauuaises*, si elles sortent hors des bornes de l'analogie & de leurs conformations. C'est donc icy où la nature desire vn disciple bien expert & diligent: mais afin que ie donne les enseignes qui seruent pour connoistre les *alimens*, ou les *medicamens*, il faut se ressouuenir que tout ce qui enuoye vne odeur agreable à *l'estomac*, & vne agreable saueur au *palais*, est vn aliment qui est sain, & qu'on en peut vser en toute asseurance, en le prenant dans le corps; c'est pourquoy ces deux signes seruiront de regle pour dicerner ce qui est sain dans les alimens; au lieu que le corps ne peut seruir d'aliment quand son odeur est desagreable & mauuaise, & qu'elle fait mal au cœur, ou qu'il n'a ny odeur ny saueur, quoy qu'il puisse seruir de medicament. Cependant, mon cher Lecteur, les signes les plus euidens qui seruent pour choisir les alimens, & les medicamens dans les herbes, sont les suiuans.

La *veuë* remarque premierement le *lieu* & le *temps*, & puis la *grandeur*, ou la *petitesse*, le *nombre*, & la *figure*: quant au *toucher* il comprend le *dur*, le *mol*, le *poly*, l'*aspre*, & *raboteux*, le *pointu*, le *mince*, le *grossier*, le *delié*, le *pesant*, le *leger*, le *gluant*, le *friable*, &c. Aquoy l'on peut aioûter tout ce que connoist l'*odorat*, & le *goust*, à sçauoir l'odeur, & la saueur *cruë*, *amere*, *acre*, &c. afin que le Lecteur estant fourni de toutes ces choses, & des conclusions precedentes, que i'ay pour la plus grande part tiré des Medecins les plus excellens, il puisse experimenter toutes choses. Quant à ce que remarque quelquefois l'*ouye*, par exemple dans la semence du *cartame* & dans la *casse*, quand elle est trop seiche & vieille, il faut croire que cela se fait par accident. Or puis que le *lieu* se rencontre le premier, il faut remarquer s'il est *sauuage*, & en *friche*, ou *cultiué* & *domestique*; Et puis si la plante est *naturelle*, ou *étrangere*, si le lieu est à l'*ombre*, ou au *soleil*, s'il est sur vne *montagne*, ou dans vne *valee*, ou dans la *campagne*, ou dans les *marais*; s'il est proche d'vn fleuue, ou d'vn fossé, s'il est dans vne terre engraissee de fumier; ou si l'herbe vient sans la cultiuer; & si la terre est *chaude*, *froide*, *humide*, *seiche*, ou *metallique* (car tout cecy aporte du changement) si l'herbe suit la *premiere intention de la semence*, ou si elle en degenere, ou si elle est *hermaphrodite*: où il faut remarquer que celles qui viennent dans vn lieu libre, sont meilleures en leur genre, que celles qui viennent dans les iardins cultiuez, remplis de pouriture. Et que les chaudes sont meilleures dans des lieux frais, & au contraire. Ie laisse plusieurs autres obseruations qu'il faut faire ; l'on doit enfin examiner la ſympatie, & l'antipatie des choſes, lors que l'on ſera deuenu plus ſçauant, car le voiſinage des *lapins* aydent la *vigne* : les *raues* ſeruent aux *hermodactiles* : les Medecins font eſtat de la *tigne de thyn*, & reietent celle du *baſilic*. Dauantage, le pays & le temperament ont toujours quelque choſe de particulier; delà vient que *l'opium de Thebes*, & *la manne de Calabre*, &c. ſont les meilleurs en leur genre, d'ailleurs ſi nous aprochons plus pres de la plante, l'on tire des indices de la *grandeur*, ou *petiteſſe*, & du *nombre*, de la *couleur*, & de la *figure* de ſes fueilles : mais parce que la *couleur* eſt le ſigne le moins certain de tous apres la *figure* (lors qu'il eſt queſtion de la force, & de l'operation interieure,) il faut conſiderer les indices plus certains. L'on doit donc vſer du *toucher*, comme d'vn moyen tres-aſſuré, pour voir ſi la plante eſt *molle*, *polie*, *rude*, &c. tant en ſes fueilles qu'en ſon *fruit*, & ſa *racine*, &c. parce que l'on tire des ſignes particuliers de toutes ces choſes. Enfin il faut ſe ſeruir de *l'odeur*, & de la *ſaueur* (qui ſont fort analogues à cet examen) afin que par le moyen des concluſions ſuſdites, que ie confeſſe auoir pris fort ſouuent des Medecins, (car ie reconnois par tout en ce liure, ce qui n'eſt pas de mon inuention) l'on forme vn iugement. Il ne faut donc pas ſeulement conſulter les Arboriſtes ſur ce ſujet, mais les choſes meſmes : ce que l'on ne doit pas eſtimer fâcheux, puis qu'il n'y a point de meilleure, ou de plus agreable ſcience dans les choſes naturelles. Les Apoticaires enſeignent encore à cueillir les *fleurs*, & les *fueilles* auant qu'elles tombent, les *fruits* quand ils ſont meurs, les *ſemences* quand elles commencent à ſe ſeicher, les *ſucs* des herbes & des fueilles, quand les petites branches commencent à boutonner au Printemps, & que les *tiges* & les *branches* sont ariuez à leur perfection; dont les vnes se doiuent cueillir en toutes les saisons de l'annee, comme la *reglisse*; les autres lors qu'elles quitent leurs fleurs, comme *l'aunee*; les autres auant que la force s'e-pande en toutes les parties, comme le *polypode*, & la *flambe*; & finalement ils enseignent qu'il faut cueillir toutes ces choses en temps serain. Quant à leur duree, ils remarquent que les herbes, dont les parties sont plus delicates, & plus minces, ou qui abondent en humidité, durent moins que celles qui sont grossieres & solides; & que les *ameres* durent plus que nulles autres. C'est pourquoy il faut voir si elles auront entierement conserué les caracteres de leur *odeur*, & de leur *saueur*, ou si ces qualitez se seront euanoüies; car il y a des choses qui deuiennent meilleures en vieillissant, à raison qu'auec le temps elles perdent leur acrimonie, comme fait *l'euforbe*: il y en a d'autres qui sont en leur bonté, au milieu de leur aage, comme sont les choses *douces*, *salees*, & *insipides*, parce que ce qui est *doux* & *salé*, deuient enfin *amer*; & *l'insipide* deuient comme mol & amorty.

Le Lecteur doit cependant se persuader que la nature vse constamment d'vne metode bien facile, car elle ne se dément point: & si elle t'auertit par quelque signe nouueau, crois qu'il y a quelque chose de nouueau, dont l'experience t'est vtile, pourueu qu'il te souuienne de ce que i'ay dit. Mais il faut consulter les Auteurs sur ce suject, dont ils ont traité fort exactement; or il se peut remarquer qu'entre tous les sens, le *goust* a la moindre sphere d'actiuité; quoy que l'on puisse obiecter que l'amertume de l'absinthe s'aperçoit de bien loin, mais cela se fait

parce

parce que son odeur grossier estant dissous par l'humidite de la bouche, tombe sur la langue, & afecte le goust; mais que l'on en pense ce que l'on voudra. Au reste *l'eau de la saliue* (qui est le *milieu du goust*) se peut fort aysement corompre; delà vient que tout semble amer aux malades, dont la raison se prend de la conclusion precedente, à sçauoir que les choses douces & salees, qui composent nos alimens, se tornent aysément en amertume. De sorte que l'on ne pourra mesme gouster si le milieu, par où passent les saueurs, n'est pur, & si les conditions, dont i'ay parlé au commencement, ne s'y rencontrent. Certes ie ne peux assez m'étonner des écoles, qui ont dit que le *chaud* & le *froid*, ou *l'humide*, & le *sec* estoient les principes des odeurs, atendu qu'elles admettent des choses impossibles, contraires & absurdes: quant à moy ie donne vn principe particulier à *l'odeur*, & à la *saueur*. Car en quelque maniere que tu mesle & confonde le chaud & le froid, & l'humide & le sec, tu n'auras autre chose que ces qualitez plus ou moins meslees. C'est pourquoy les principes des *odeurs*, des *saueurs*, & des *couleurs* ne viennent point du chaud, du froid, de l'humide, & du sec en quelque façon qu'ils puissent estre cachez dans les elemens: or ie viens au toucher que l'on croit estre plus vif dans l'homme, que dans les autres animaux. Les Ecoles mettent plusieurs choses pour l'obiet de cette faculté, car laissant les quatre qualitez si recõnuës, à sçauoir le *chaud*, le *froid*, *l'humide* & le *sec*, elles tiennent que le *pesant* & le *leger*, le *gluant* & le *friable*, &c. apartiennent à l'obiet du *toucher*; de sorte que ie m'étonne qu'elles n'ont point ajoûté la *couleur*, la *saueur*, *l'odeur*, & le *son* mesme, puis que ces qualitez nous touchent, & qu'elles sont comprises dans l'étenduë de la faculté qui sent, ou qui touche; or ie iuge plustost icy des sens par les diferences des choses (qui sont les seuls moyens de la demonstration) que par celles des organes, & en cette maniere tout obiet situé entre deux contraires aura vn certain principe d'indiuiduation, lequel répondra à sa faculté analogue dans la question, *qu'est ce* : & quant aux degrez dans la question, *quelle est la chose, & de quelle estenduë ou grandeur*, mais voyons les definitions que les Academies donnent à leurs obiets du toucher ; elles apellent *dur*, ou vne chose *dure*, lors que la chair du doigt ou de quelqu'autre partie du corps luy cede ; & *mol* ce qui fait place à la mesme chair. Elles disent que le *poli* est vn corps, qui a sa surface égale, & que *l'aspre* ou le *rude* est celuy qui l'a raboteuse & inegale : que *l'aigu* est le corps qui peut percer par vn seul de ses points, & que *l'obtus* est ce qui ne peut percer par aucun des siens ; que le *rare* ou *delié* est celuy qui a plusieurs pores ; & que le *dense* est celuy qui en a peu ou point : que le *leger* qui acompagne le rare, est celuy qui peut monter en haut ; & que le *pesant* qui acompagne le dense, est celuy qui se peut porter en bas : que le *grossier* est celuy qui à peine est diuisé en des parties deliees; que le *delié* est celuy qui se diuise aysément en menuës parties : que le *lent* est celuy qui ne peut quasi obeïr à celuy qui le tire, dont le dernier degré est *gluant* : que le *friable* est celuy qui s'émie, & lequel estant pilé, se torne aysément en poudre : que le *visqueux* est ce qui s'atache aux mains ; que le *liquide* est ce qui se nettoye aysément, que ce qui est *tenace*, ou ce qui *consiste*, est ce qui est ramassé dans soy-mesme ; que ce qui est *glissant* s'échape aysément. Or ces diferences sont analogues à certaines facultez distinctes en nous, pourueu que l'on supose qu'il y a toujours vn milieu entre les choses que l'on apelle vulgairement contraires, dont les extremitez ne diferent que de degré : c'est ainsi que le *poids* est entre *le pesant* & le *leger*, auquel corespond la faculté qui pese, ou qui examine les poids, ou qui iuge des degrez diferens du pesant & du leger, dans la question, *quel*, & de *quelle grandeur*. Il faut iuger la mesme chose des autres diferences, qui enuironnent & qui afectent les contraires: de sorte que si l'on ne remarque cecy, l'on ne comprendra point ce que ie dis icy. L'organe exterieur de la conformation n'est autre que l'extremité, ou la *premiere surface de la chair*, que l'on apelle *epiderme*, laquelle estant bien temperee, & ayant les autres conditions, dont i'ay parlé, la verité du sentiment est constante.

Or cette petite peau est de mesme substance que les nerfs : où les Anatomistes remarquent que les nerfs qui seruent à sentir, sont plus mols que ceux qui seruent au mouuement, & que leurs extremitez sont les mieux disposees pour sentir. Par consequent bien qu'il y ait des nerfs particuliers qui portent les actions aux autres sens, neanmoins le sens du toucher se mesle, & penetre par tout ; & par ce qu'il reçoit plus de plaisir qu'eux, il est raisonnable qu'il ressente de plus grandes douleurs : car le mesme sens monstre assez que tout ce qui apartient aux sens corporels & grossiers, en reçoit sa derniere perfection. Or si le nerf n'auoit point de chair, le toucher seroit extremement douloureux, dont la raison n'est pas à cause que la chair sent, mais parce qu'elle diminuë & rompt la condition corruptible de l'obiet exterieur. Quant à la peau, elle a vn temperament moyen entre la chaleur du cœur & du foye, & la froideur du cerueau & des reins, afin que par son moyen la faculté qui examine les degrez des choses, juge des contraires. De là vient qu'il est necessaire que cette faculté penetre tous les autres sens exterieurs; ce qu'elle fait par ses organes, qui sont distribuez par tout le corps en la maniere d'vn ret, ou d'vn filet, dont la viuacité est rabatuë par la chair, à ce que disent les Doctes, afin que cette faculté soit temperee: autrement nous eussions senti vne douleur perpetuelle, si vn nerf eust touché l'autre immediatement. Quant aux Actions, elles s'acomplissent par le moyen des Esprits, que l'on apelle *animaux*, dont la force parest assez en ce qu'ils soustiennent la teste, quoy que fort pesante, comme l'on peut experimenter en ceux qui sont decolez. I'ay traité des causes de la *volupté*, & de la *douleur* en parlant des sens *interieurs*; & ie renuoye ceux qui en desirent dauantage, aux Auteurs qui ont assez bien traité de cette matiere.

Il faut neanmoins consulter les diuisions precedentes, afin de sçauoir ce que l'on peut attribuer à chaque agent, tant à l'égard des sens interieurs, que des exterieurs: ie laisse cependant à ceux qui ayment la dispute, la belle recherche touchant les fibres des plantes, à sçauoir si elles sentent comme les nerfs, dont elles semblent faire les fonctions: car quant à moy ie demeure dans la propre analogie, hors de laquelle nul ne peut rien sçauoir comme il faut; & il me sufit d'établir en ce liure les communes notions, afin qu'on les reçoiue comme les instrumens prochains, & immedias de la prouidence generale de Dieu, pour reduire toute sorte de dispute à cette question, *par quelle faculté prouuez-vous* ? car nous serions bien-malheureux d'auoir moyen de comprendre les *couleurs*, & les *sons*, &c. qui sont perissables, & qui ne durent qu'vn moment, & que nous n'en eussions point pour sçauoir les veritez interieures, eternelles, & necessaires, sans nous méprendre. Ie desire donc que le Lecteur se persuade que toutes choses se manifestent peu à peu par la prouidence generale de Dieu, pourueu qu'il marche droit : & que s'il quite le bon chemin, s'égarant dans les chemins perdus, il doit reuenir aux notions communes, qui seules peuuent corriger les erreurs. Car comme les sens exterieurs sont tres-certains, lors que les conditions y interuiennent ; & que la verité ne s'y trouue pas, lors qu'elles sont absentes (car à quoy sert l'œil sans lumiere, ou sans la distance requise?) Et comme l'on a la liberté interieure de fermer les yeux, ou de boucher les oreilles, encore que toutes les conditions se rencontrent, il faut faire vn pareil iugement des notions communes, dautant que la liberté peut tout dans l'interieur, n'y ayant qu'vn seul point, où elle n'est pas libre, à sçauoir en ce qu'elle ne peut qu'elle ne cherche sa beatitude eternelle en toutes choses, quoy que ce soit ineptement, & quelquefois en vain. Or ie viens au *discours*, lequel est plus sujet à se tromper qu'aucune des autres facultez, où il faut remarquer que tout ce qui luy apartient, est en quelque maniere contenu par les sens interieurs; mais parce que, suiuant ma diuision, les sens interieurs regardent l'analogie interieure, à sçauoir le *bien* & le *mal*; comme les sens exterieurs regardent *l'analogie exterieure*, il ariue que le discours embrasse, par le moyen des notions communes, tout ce qui se peut connoistre dans l'vne & l'autre analogie. C'est pourquoy c'est le propre du discours d'agir lentement, & par degrez auec les especes qu'il reçoit des facultez exterieures, ou des interieures, au moyen desquelles il examine premierement l'analogie que les choses ont entr'elles, de sorte qu'il est plus tardif que nulle autre faculté; ce qui ne se remarque pas seulement dans le grand monde, mais aussi dans l'homme; partant l'on peut dire qu'il est la derniere des facultez, & la plus conditionelle; d'où il arriue que non seulement il nuist souuent (estant sujet à de tres-grandes erreurs) mais aussi qu'il ne profite iamais lors que l'on peut vser du témoignage des autres facultez: & faute de remarquer cecy, les Academies en font souuent à croire. Par consequent le discours ne sert de rien, lors que l'on a vne *notion commune*, ou que les *sens interieurs*, ou *exterieurs* nous donnent quelque connoissance, ou sentiment des choses: & neanmoins les écoles ont coûtume d'examiner toutes choses par leur discours, enquoy elles se rendent plus ridicules, que ceux qui voudroient prendre leur refection par les oreilles; or i'ay montré en parlant de l'instinct naturel, comme quoy le discours est distingué de l'instinct, ou de la notion commune, par la *priorité*, *l'independance*, *l'vniuersalité*, la *certitude*, la *necessité*, & par le *milieu de conformation*, c'est pourquoy i'explique maintenant sa definition.

Nos discours sont des sentimens, qui procedent de la conformation des obiets, ou, pour parler plus clerement, de leurs especes auec les facultez, qui se trouuent dans tout homme sain & entier; lesquels, (apres que les obiets particuliers ont esté receus dans l'interieur) regardent la nature commune, ou particuliere des choses, par le moyen de certaines facultez zetetiques, ou recherchantes, & des notions communes; ce qu'elles font ou en composant, ou en divisant, afin de connoistre l'analogie que les choses ont entr'elles.

Le discours s'emancipe merueilleusement: les autres animaux produisent toujours des actions, ou necessaires, ou du moins immediates & égales: il n'y a que le seul homme que l'on remarque auec vne certaine faculté discourante (& ce qui est à déplorer) qui le remplit de doutes & d'inquietudes, lors qu'il se rend esclaue de ses propres opinions, ou de celles d'autruy, & que le plus souuent il ne va pas auec assez de franchise & de candeur, ny semblablement auec assez de demission & d'obeissance; d'où il est arriué que les siecles passez ont tant meslé d'erreurs auec les veritez; ce qui se fait encore maintenant, car le discours chancelle, vagabond qu'il est, & trebuche le plus souuent; & lors qu'il cherche de l'apuy dans des veritez embroüillees, qui n'ont point de raport, il détruit quasi tout le malheureux systeme de ses opinions. C'est ainsi que l'homme sucombe souz le fardeau des loix diferentes: & tandis qu'il suit la *loy naturelle*, & puis celle de la *religion*, & d'autrefois celle de son *imagination*, & que mesme il abaisse quelquefois le col sous vn ioug *inique* & pesant, à peine peut-il viure, bien qu'il s'estime fort excellent: de sorte qu'apres auoir esté baloté, & reietté de plusieurs Autels qu'il a choquez, il ne luy reste plus qu'vn chemin égaré, & remply de hazards; cependant tant s'en faut qu'il suiue constamment aucune bonne metode dans ses actions, qu'au contraire (par vn conseil tres-pernicieux) il semble s'abandonner & se perdre, en suiuant ses *vray-semblances*. Or le *discours* ne s'areste pas encore icy: il fait mesme la guerre à son auteur, de sorte que les grands pechez viennent du *discours*, car pour ce qui vient des propensions de la masse corporelle, ie les tiens plustost pour *des poids*, & pour *des inclinations* des humeurs, que simplement pour des *pechez*; & par consequent qu'il leur faut apliquer des remedes puisez de leurs purgatifs, suiuant les regles de la Medecine. Il faut donc conclure que c'est le *discours*, qui ne voulant pas s'acommoder au sens, *nie*, *renie*, *blaspheme*, *feint*, *suppose*, & *impose*. D'où il ariue que quelques-vns nient qu'ils soient libres, malgré le sens interieur, qui leur dicte le contraire; & que les autres disent qu'ils ne peuuent auoir nulle bonne pensee, ny mesme celle-là: & finalement, que le *discours* precipité s'éforce d'eneruer, & de reprouuer toutes les notions communes, & tout ce qui apartient au sens interieur & à l'interieur, quoy que bien conformez. C'est de là que vient vn si grand nombre de contradictions, d'absurditez, & de folies. Mais puis que ie pense estre le premier qui a prescrit les bornes à chaque faculté, ie remarque que l'vne des facultez n'enjambe iamais sur ce qui apartient à vne autre, qu'il n'en ariue du preiudice & du detriment. C'est pourquoy les *instincts naturels*, ou les *notions communes* se rendent elles mesmes témoignage, & ne mandient point leur verité d'ailleurs; de sorte qu'elles se rendent croyables par dessus la *raison*, c'est à dire par dessus le *discours*.

Ce qu'il faut semblablement conclure des autres facultez, qui ne veulent point regulierement estre gouuernees par les facultez inferieures: il faut donc plustost croire au *sens interieur*, en ce qui concerne son propre obiet, qu'au *sens exterieur*; & à celuy-cy, plustost qu'au *discours*, & partant ie luy donne le dernier lieu; quoy que ce ne soit pas mon dessein de le détruire entierement, puis que la nature n'a rien fait en vain, mais qu'elle nous a donné le *discours* pour vne excellente diference de l'homme; par consequent le *discours* a sa verité, quoy que si foible & si inutile, que toutes les veritez solides afermies par le consentement vniuersel, se reduisent à *l'instinct naturel*.

Partant le Lecteur peut considerer que le *discours* a vne aussi grande étenduë pour *l'erreur*, comme la *liberté* pour le *mal*. C'est pourquoy il faut estre merueilleusement sur ses gardes, lors qu'on se sert du *discours*; particulierement, quand le sujet n'a point de raport auec les facultez discourantes, car pour lors on se met en grand hazard de mal iuger; quoy qu'il faille se seruir du discours, quand on n'a point de meilleure regle pour iuger de la verité: car sans son ayde l'on ne peut pas bien tirer des consequences des principes generaux, ny les bien aranger entr'elles : ioint que le discours separe le *vray* d'auec le *faux*, dans les obiets des vocables, & ayde à trier & à auerer les notions communes, ausquelles les facultez répondent *harmoniquement* : & puis, c'est le propre du *discours* de disputer de l'analogie que les choses ont entr'elles; quoy que tant s'en faut que le *discours* puisse nous seruir en tout cecy, sans l'ayde des notions communes, qui s'expliquent mutuellement, qu'au contraire il ne commet que des absurditez : de sorte que son domaine ne s'étend pas sur l'analogie interieure, ou exterieure, ou sur les communes notions, mais seulement sur *l'analogie des choses entr'elles*; laquelle il compose, & conforme par l'entremise des notions communes; mais, à proprement parler, il ne penetre point par soy-mesme l'analogie qui est entre *nous* & la *premiere cause*, ou entre *nous* & les *ob-*

tets, bien qu'il ayde beaucoup à expliquer l'vn & l'autre.

Que le Peripatisme se contente donc des bornes de ses doutes, & de ses vray-semblances; neanmoins cette faculté est bien conformee par ses conditions, mais parce qu'elle supose la conformation de toutes les autres facultez, elle est quasi toute conditionnelle : or par ce qu'il faut considerer en premier lieu toutes les *notions communes*, auant que de venir à ce qui est du *discours*, & que nul ne les a reduites en ordre, il sufit (en atendant ce grand ouurage) de tenir pour vne regle generale, que le *discours* vse fort bien des communes notions, lors qu'il fait qu'vne de ces notions ne repugne point à l'autre, ny à nulle verité : ce qui doit seruir de maxime & de condition soueraine au *discours*. Cependant on trouuera que ces choses ont vne merueilleuse correspondance entre elles-mesmes.

La *fantaisie* (dans l'opinion des Ecoles) preside dans le ressort du *discours* (laquelle quelques-vns confondent auec le sens commun) & à laquelle ils donnent pour ayde, la faculté qui *compose*, qui *diuise*, qui *pense*, & qui *iuge*, &c. quoy que quelques autres confondent ces choses, & d'autres en mettent vn nombre plus ou moins grand à discretion. Quant à moy, ie suis d'auis de les puiser du *sens interieur*, & de ma *metode* precedente, laquelle explique ce que peuuent *l'ame*, le *corps* & les *obiets*, plustost que les Auteurs, dont les opinions ne sont guere considerables en ce sujet. Or l'on doit remarquer touchant les facultez qui *composent*, & qui *diuisent*, que celles-cy regardent la nature des choses en *general*, & celle-là en *particulier*; & qu'il y a vne autre faculté entr'elles, qui est particulierement analogue au principe d'indiuiduation,

(& dont ie m'étonne que les écoles ne se sont point auisees) laquelle considere l'obiet selon son estat naturel. Partant la faculté qui *compose*, & qui *diuise*, apartient proprement au *discours* : mais cette faculté moyenne & proportionnee au principe d'indiuiduation, apartient à *l'instinct naturel* ; & par consequent elle est la premiere de toutes, tant selon *l'ordre de la nature*, qu'à l'égard des conditions. Celle qui *compose* est bien conformee, lors que le mesme est distingué du semblable, & celle qui *diuise*, lors que les choses inferieures se reduisent à leurs dernieres diferences (dont nous montrerons la metode dans nos Zetetiques. Chap. *Que c'est que la chose.*) La faculté *cogitatiue*, *l'estimatiue*, la *iudicatiue*, & *l'electiue* vont apres, dont chacune est bien conformee, quand la premiere est bien conformee ; & partant la faculté qui *choisit*, ne sera pas bien conformee, quelque choix qu'elle fasse si toutes les autres qui la precedent, ne sont bien conformees. D'où il est aysé de conclure que la *verité* est merueilleusement *conditionnelle* & dificile, quoy que le Lecteur puisse voir par ce que i'ay dit, que ma metode est tres-belle. Ceux qui desireront de plus grandes satisfactions des facultez discourantes, n'ont qu'à consulter les écoles, pourueu qu'ils prennent garde qu'elles décriuent plustost vn fantosme, que la *fantaisie*, lors qu'elles en parlent. Or de peur que ie semble ingrat, si ie ne parle de la *memoire*, qui sert à toutes les facultez, i'en diray quelque chose, auant que de passer à mes Zetetiques. Elle sert donc à toutes les facultez, parce qu'elle retient dans son interieur, comme dans vn reseruoir, les *especes*, les *notions*, & les *conclusions* : la *reminiscence* y preside, car elle tire de dedans la memoire ce qui y estoit reserué ; & le *discours* n'acheue rien sans la memoire, dont il faut puiser le terme qui a esté conformé, encore que l'on aye l'vn des termes dans l'obiet, de là vient que si vne chose *douce* imprime maintenant le *mesme* sentiment qu'vne *autre* auoit imprimee cy-deuant, elle aura vn mesme nom. Il importe donc grandement que la *memoire* soit constante, stable & entiere.

Or les choses qui *plaisent*, qui donnent de la *terreur*, qui sont *grandes*, *nouuelles*, ou *souuent repetees*, ausquelles on *s'est apliqué plus puissamment*, qui ont esté acompagnees de leurs propres *circonstances*, & qui ont du *raport entre elles mesmes*, sont tres-bien grauees dans la memoire, & y demeurent long-temps; tous lesquels caracteres sont remplis de mysteres, pourueu que l'on separe le sens *grossier*, & *corporel* du sentiment que nous apellons *serein* & *spirituel*: cette diuision monstre que la faculté de la memoire est distincte de la reminicence, en ce que celle-cy agist, & l'autre pâtit; c'est pourquoy les especes de la memoire, qui peuuent s'enuieillir & mesme perir, peuuent estre restituees par la reminicence, laquelle se sert du raport que les especes ont l'vne auec l'autre, pour rétablir ce qui estoit aboly; suiuant quoy la memoire estant vn acte de la conformation de la faculté memoratiue, auec quelque obiet grossier & corporel, semble pouuoir perir par la mort, parce que cette sorte d'obiets est caduque & perissable: quoy qu'il semble que les notions qui sont imprimees par l'ame, ou par l'esprit, demeurent eternellement, aussi bien que la reminicence, qui fait reuenir les conformitez qui s'estoient euanoüies, par le moyen des obiets semblables, comme par les caracteres familiers des choses.

I'estime donc que tout ce qui est bien conformé dans la memoire (par le moyen desdites loix) ne perit iamais, car les veritez sont eternelles, quoy que les organes perissent, dont il est certain que la blessure blesse aussi la memoire : mais il faut croire que les connoissances formees par l'esprit ne se peuuent perdre, bien que l'on ne puisse s'en souuenir, & partant qu'il demeure perpetuellement auec ses connoissances, & mesme qu'il emporte auec soy au Ciel la conformation des obiets *grossiers* & *corporels*, comme l'vn de ses doüaires, si c'est pour son bien de s'en souuenir.

Quant à la dificulté que nous auons icy de nous souuenir de quelques obiets, elle ariue à raison que la derniere chose qui se rencontre dans *l'esprit*, n'a rien de commun auec celle dont il est pour lors question. Mais *l'entendement* comparant de nouuelles conformitez les vnes auec les autres, a toujours quelque chose de *continu* dans soy-mesme. Or l'on peut tirer vne belle raison de la nature corporelle, pour expliquer pourquoy l'on se souuient plus parfaitement des choses que l'on a *veües*, *ouyes* & *touchees*, que de celles que l'on a *goustees* ou *flairees*, laquelle on peut deduire de ce que nous auons dit cy-deuant.

Voila ce que i'ay voulu dire briefuement des *facultez* destinees pour le *discours*, dont le souuerain Art, qu'on a nommé *Logique*, a esté inuenté, pour degager de l'obscurité & de l'embaras des paroles, les notions communes, contre lesquelles il n'est pas permis de disputer, & sans lesquelles l'on ne sera iamais asseuré d'vne parfaite verité. Car celuy qui voudroit établir quelque nombre de veritez en vn corps, par le moyen de quantité d'opinions tumultuaires (auant que d'eſtre conuenu de principes) feroit pluſtoſt vn corps *d'erreurs* (qui pouroient eſtre fort dangereuſes) qu'il n'établiroit aucune *verité*, comme il ariueroit que celuy qui voudroit donner vne bataille auec des ſoldats venant à la foule (ſans leurs Capitaines & leurs autres Chefs) donneroit pluſtoſt la victoire à ſon ennemy, qu'il ne la gagneroit. D'où il eſt ayſé de conclure combien il eſt important de faire vn corps de notions communes, ſans leſquelles l'on ne peut rien prouuer, ou enſeigner qui ſoit conſtant & certain. C'eſt à quoy ſeruent nos facultez *Zetetiques*, afin que par leur moyen le *diſcours* ayt vn droit, & vn pouuoir entier ſur les obiets analogues. Or ie n'ay pas l'intention de diminuer l'autorité, & la force du *raiſonnement*, ny de le bannir, ſi ce n'eſt lors qu'en paſſant les bornes de ſon pouuoir, il ataque *l'inſtinct naturel*, *le ſens interne*, ou *l'externe*, car ſi notre ſcience eſt ſi courte dans ſa propre analogie hors de ces bornes, elle ne ſera qu'impertinente. Il faut donc que le *diſcours* ſoit diſcret & prudent, & qu'il ne ſorte point hors de ſes limites. Neanmoins la *verité* a beſoin de toutes les facultez de l'ame, particulierement lors que l'on ſe propoſe vne parfaite connoiſſance de l'obiet. Et ie n'ay dit ce que vous auez veu contre le *diſcours*, qu'à raiſon qu'il n'y a point d'erreur notable, dont il ne ſoit la cauſe, comme l'on void par les abſurditez innombrables qu'il baſtit ſur les notions communes; car i'ay ſouuent remarqué que la verité ſert auſſi bien de baſe à l'erreur, qu'à la verité meſme. De ſorte que tous les ſiecles, iuſqu'au noſtre, n'ont point tiré leurs plus agreables erreurs d'ailleurs, que de quelque verité embroüillee. C'eſt pourquoy i'inſiſte encore icy, que l'on découure la verité, en la separant d'auec le *vray-semblable*, le *poßible* & le *faux*. Car i'ose bien dire que parmy la grande multitude des erreurs, tant des Grecs, & des Barbares, que parmy les nostres, il n'y a point d'erreur qui ne soit apuyé sur quelque *verité enuelopee*. Il y a mesme quelque notion commune cachee dans l'erreur le plus detestable qui soit en vogue: mais afin que ie ne sois pas importun au Lecteur, ie passe à mes *zetetiques*, par le moyen desquelles & de l'vsage des facultez, selon notre metode, on peut distinguer l'vn d'auec l'autre; il n'est pas vray que le *discours* soit infini, comme l'on croit ordinairement, & qu'il n'y ait point de termes aux dificultez & aux doutes: car comme il y a vn nombre certain des sens tant *exterieurs*, *qu'interieurs*, il y a semblablement vn nombre determiné de discours & de questions, qui se peuuent faire de telles choses qu'on voudra, sans que l'on en puisse ajoûter d'autres. Or ces questions regardent leur analogie en diferentes manieres, car la faculté qui demande, *si la chose est*, n'est pas la mesme que celle qui demande *ce qu'elle est*, ou *d'où elle est*, &c. Et partant les mesmes facultez ne répondent pas toujours à ces questions, mais celle qui dit que la question consiste à sçauoir, *si la chose est*, hesitera dans la question, qui demande, *d'où elle est*, &c. ie suis peut-estre le premier qui ay mis, non seulement le nombre, l'ordre & la metode des facultez *Zetetiques*, mais aussi l'analogie qu'elles ont aux autres facultez; & les loix de la conformation auec leurs obiets. D'où nous tirons la raison, & la regle de discourir, d'autant que ce que l'on y pouroit ajoûter, se resoût par la seule diction, ou la seule liaison du verbe *est*, puis que le *non est*, se reduit à *l'est*. Il faut donc que le Lecteur se forme vn ordre de la connoiſſance des choſes, en remarquant *premierement*, qu'il y a pluſieurs *diferences* des choſes en ſon analogie, comme il verra dans les Dictionaires, & dans les choſes meſmes.

Secondement, que toutes ces *diferences* nous donnent vn *nouueau ſentiment*. En troiſieſme lieu, que tout *ſentiment nouueau* produit vne *nouuelle eſpece*; & cecy eſtant poſé, l'on remarquera vne certaine analogie entre les eſpeces, laquelle ne peut eſtre trouuee ſans de certaines facultez qui nous ont eſté donnees pour ce ſujet, & qui ſont les meſmes dont chacun ſe ſert, mais ſans ordre & ſans choix, car ie n'ay point remarqué ailleurs qu'on ayt dreſſé la metode de s'en ſeruir. C'eſt pourquoy ie nomme cet art mes *Zetetiques*, lequel ie mets en lumiere comme la clef de toute ſorte de ſciences, car les Philoſophes, les Theologiens, &c. ſoit vieux, ou nouueaux, n'ont peu, ou ne peuuent ariuer à la connoiſſance des choſes ſans cet art; & ceux qui ont ignoré ma metode de rechercher la verité, ou qui l'ignorent encore, à ſçauoir *par quelle faculté l'on prouue*, ont bien peu former des doutes, mais ils n'ont peu les reſoudre par leur faculté analogue; ie donne donc icy l'art qui ſert pour leur ſolution, afin que les écoles ne nous impoſent plus dorenauant. Car ſi l'on a les meſmes facultez, & les meſmes obiets, & que les conditions ne manquent point (à ſçauoir la vraye metode) pourquoy l'vn ſera-il plus ſage que l'autre? Que les faineans n'ayent donc plus recours à des noms magnifiques, pour autoriſer leurs erreurs; l'autorité eſt l'vnique azile de l'ignorance: or il eſt ſi veritable que l'on ne ſçauroit aprendre aucune verité que par ſoy-meſme, que l'on n'a ny enfans ny honneur, que l'on puiſſe dire eſtre

proprement

proprement à soy, que par cette voye. Car quant à la verité, si tu ne trouue pas qu'elle t'apartienne particulierement, ou qu'elle soit generale par tout, il faut la laisser à ceux qui l'ont écrite ou proposee. C'est ainsi que l'on distinguera la verité des choses, ou les veritez particulieres, d'auec celles de l'entendement, ou d'auec les veritez eternelles : sans qu'il faille craindre que la foy en reçoiue du preiudice, car bien que ce soit vne commune notion que les choses peuuent estre lors qu'elles ne repugnent point, neanmoins nous ne sçauons pas qu'elles soient en éfet, si l'on ne nous le dit, mais nous auons assez parlé de ce sujet : il faut donc que chacun rentre en soy-mesme, & qu'il reduise toutes les opinions des Auteurs à ses propres facultez. Car l'on trouuera qu'en les lisant, & en les examinant, elles excitent les notions communes.

L'on doit cependant vser de ma metode pour separer le *vray-semblable*, le *possible* & le *faux*, puis qu'il n'y a nul autre moyen pour trouuer la certitude. C'est pourquoy ceux qui l'ayment, ne doiuent pas trouuer ma metode dificile, ou ennuyeuse, atendu que chacun, pour ignorant qu'il soit, peut faire des volumes entiers sur tel sujet qu'il voudra, par le moyen de mes *Zetetiques*. Car il n'importe pas que mes questions (principalement quand elles sont compliquees) soient enoncees barbarement, pourueu que cela nous fasse rentrer dans nos propres facultez. Cependant, par ce qu'il n'y a rien de plus impertinent, & qui autorise tant d'absurditez que les predicamens vulgaires, ie desire que l'on ne s'en serue point; *premierement*, par ce qu'ils n'embrassent pas la generalité de toutes les choses, comme l'on pretend, car les *causes*

& les *fins*, & plusieurs autres choses n'y sont pas comprises. ***En second lieu***, l'on ne donne aucune veritable diuision des choses qui soit profitable, auant que de parler de ces predicamens. ***Troisiesmement***, les *substances*, & les *qualitez* des choses, suiuant l'opinion vulgaire, ne sont que des fictions & des chimeres, car elles ne sont nulle part d'elles mesmes, mais seulement par quelque sorte de raport. Quatriesmement, ils ne mettent point (en suite de leurs Categories) les facultez qui répondent, & preuuent leur verité, mais ils tâchent d'établir tout par la force d'vn miserable discours, sans considerer que chaque faculté deçoit, ou est deçeuë, quand elle s'étend hors de son raport. Voila les raisons qui m'ont fait quiter ces predicaments ordinaires, qui arangent si mal les choses; au lieu desquels ie mets toutes les questions qui se peuuent faire sur toute sorte de sujet (ie dis toutes, parce que l'on ne sçauroit penser aucune autre chose) & semblablement toutes les facultez qui répondent proprement ausdites questions: de maniere que l'on a icy les termes & les bornes de la science humaine, sans que l'on puisse passer outre, comme le Lecteur sera contraint de confesser.

Ie dis donc que les questions qui suiuent, dont les simples vont deuant les composees, contiennent tellement tout ce que l'on peut s'imaginer de chaque obiet, soit qu'il *concerne les choses* mesmes, ou les *paroles*, ou les *signes*, & qu'il soit *simple* ou *composé*; que la proposition soit *fausse* ou *veritable*, *generale*, ou *particuliere*, & que l'obiet regarde le *sens interne*, ou *l'externe*, ou le *discours*: & finalement que l'on prenne telle diference qu'on voudra, qu'il n'est pas possible de former aucun doute & dificulté qui ne s'y rencontrent. Or les simples questions (dont ie remarque les synonymes quand il est necessaire) sont premierement, *si la chose est*, & puis *ce quelle est*; en apres, *quelle elle est*: en outre, *de quelle grandeur*; *A quoy elle est*; *comment elle est*; *quand elle est*: *où elle est*; *d'où elle est*; & finalement *pourquoy elle est*: d'où ie prends sujet d'établir vn ordre de predicamens, suiuant les facultez qui y répondent; quoy qu'il ne falle pas en demeurer là, car il faut ajoûter les questions composees ou compliquees (qui seruent à parfaire le nombre entier des questions & des facultez:) iusques à la troisiesme, quatriesme, & mesme iusques à la dixiesme composition ou combination: ausquelles ie voudrois que les Ecoles eussent donné des noms, puis qu'elles contiennent l'étenduë de toutes les facultez de l'homme. Il y a desia long-temps que l'on a trouué des noms pour quelques-vnes, par exemple, l'on raporte l'essence, ou la quiddité des choses, à la question *ce qu'elle est*, leur qualité à la question, *quelle elle est*; leur étenduë à la question *de quelle grandeur elle est*: mais ie remets au iugement du Lecteur, si l'on peut receuoir d'autres noms pour les autres questions, sans ofencer l'oreille des Philosophes ordinaires: par exemple, pour réponse à la premiere question, *si la chose est*, l'on peut dire, son *entité*: & pour la seconde question, sa *quiddité*, & pour la cinquiesme question. *A quoy*, ou en Latin *ad quid* son *Ad quiddité*; & particulierement lors que l'on traite de la seconde, troisiesme & quatriesme coniugaison. Ie voudrois bien que l'on trouuast des vocables, qui fussent plus latins, mais pource que ny les Romains, ny les Grecs mesmes ne nous fournissent pas des dictions propres pour exprimer l'energie de ces questions, il ne le faut pas atendre des langues vulgaires: c'eſt pourquoy il ſera à propos de voir leurs Explications dans les Chapitres ſuiuans, afin de les mieux compoſer par apres. Car nos queſtions s'entrelaſſent tellement, qu'on les peut compliquer iuſques à la dixieſme combination, & dauantage ſi beſoin eſt en commençant par celle qu'on voudra, pourueu qu'on ſoit aſſeuré de la premiere, c'eſt à dire *que la choſe eſt*; mais ie laiſſe cela à la liberté d'vn chacun, pourueu que l'on garde toujours l'ordre requis, car l'on ne peut faire d'autres queſtions, ny trouuer d'autre metode qui ſeruent pour examiner toutes choſes en toutes ſortes de façons, ſi l'on a égard aux parties qui ſont neceſſaires pour les ſciences; quoy que l'on puiſſe ajoûter ce qui y a du raport, de la reſſemblance, ou ce qui en eſt diferent, bien qu'il ne s'y faille pas beaucoup areſter, (car la reſſemblance eſt la pepiniere de l'erreur) atendu particulierement que ce que i'ay dit ſufit pour la verité des choſes; neanmoins l'on a vne queſtion particuliere pour la conſcience, à ſçauoir *ſi la choſe doit eſtre ainſi*, lors qu'on vient au reſſort interieur, & qu'on paſſe de la verité des choſes, (entant qu'elles ont le fondement de la relation hors de nous) aux veritez que nous auons dans nous meſmes; mais ie parle ailleurs de cette queſtion, & commence maintenant par la queſtion, *ſi la choſe eſt*.

La faculté qui propoſe la queſtion, à ſçauoir ſi la choſe eſt, ou ſi la choſe a vne exiſtence, entité ou *eſſence*. En latin, *An res ſit*.

Cette queſtion eſt la premiere de toutes celles que

l'on peut faire touchant cette diference qu'on voudra,& c'est se hazarder d'aller aux autres, sans auoir consideré celle-cy, par laquelle on examine, *si la chose est*, car elle sert pour distinguer vn obiet proposé, tant d'auec *le non estre feint*, ou *faux*, que d'auec le *vray-semblable*, & le *possible*; l'on fait donc sagement de commencer par cette question; & ie voudrois que les Ecoles considerassent cecy dans vne infinité de propositions que les siecles precedens, ou le nostre ont inuenté, afin qu'elles veissent & seussent quelle est la faculté dont elles vsent en leurs preuues. Or les facultez qui se raportent à cette question, sont *l'instinct naturel*, le *sens interieur*, le *sens exterieur*, & le *discours*, dont les loix consistent, *premierement* en ce que l'on ne doit iamais renuerser & troubler l'ordre, & que l'on doit employer chaque faculté en son propre obiet. Car ce qui apartient à l'instinct naturel, ne peut estre prouué par le *sens interne*, ou *externe*, ou par le *discours*, ny au contraire. Secondement, lors que l'on considere les obiets auec les facultez composees, il faut remarquer que l'on n'a pas besoin des facultez inferieures, lors que l'on peut auoir le tesmoignage des superieures: de là vient que la *notion commune* iointe au *sens interieur* merite qu'on s'y fie; bien que toutes les autres facultez y resistent: il faut dire la mesme chose du *sens interne* comparé au *discours*, pourueu que l'on garde bien l'analogie, hors de laquelle nulle faculté ne peut faire son deuoir. En troisiesme lieu, tant s'en faut, que le *discours* y treuue aucun auantage, qu'au contraire il y faut auoir fort peu de creance, pour ce qui concerne cette question, sinon entant qu'il deuelope les *notions communes* de l'embaras des paroles; & c'est en ce sens qu'il faut particulierement se seruir du *discours*, c'est à dire de la *veritable Logique*. En quatriesme lieu, il faut toujours remarquer que bien que par l'indice des facultez, on peust venir à la preuue, que les choses sont telles reellement & de fait, on ne sçauroit se seruir de cette metode, pour conuaincre aucun, que les choses ne sont pas telles, si quelque contradiction n'y est impliquee.

La verité est donc seulement *affirmatiue* dans son analogie; & peut d'elle-mesme enoncer & afirmer quelque chose, quoy qu'elle ne puisse rien nier, s'il ne repugne à quelque commune notion: & c'est par ce moyen que le Lecteur distinguera la *verité* d'auec le *vray-semblable*, du *passé*, du *possible*, du *futur*, & du *faux*.

Il faut enfin remarquer que les facultez qui répondent à cette question, resoluent tellement plusieurs choses qui la concernent, que l'on ne peut passer outre, du moins pour sçauoir la chose en perfection; ce qu'il importe toujours grandement de considerer, lors que l'on a afaire à ceux qui nient tout à fait l'existence des choses: pource que les autres questions qui regardent *l'essence*, la *qualité* & la *grandeur* des choses, sont au delà de l'analogie des facultez: car nous remarquons que les facultez se terminent diferemment, & inegalement aux obiets, & au contraire. De là vient que les facultez qui seruent à trois, ou plusieurs de ces questions, peuuent estre inutiles pour les autres: ce qu'il a fallu remarquer dés le commencement de notre doctrine, de peur que le Lecteur ne s'emancipe trop, & qu'il ne pense que comme il n'y a rien dont il ne puisse former des doutes, & des questions, il n'y ait aussi rien qu'il ne puisse sçauoir. Par exemple, c'est vne notion commune enseignee mesme par le ſens,que le Soleil eſt obſcurci, comme on remarque dans les Eclipſes; or bien que le peuple meſme ſoit d'acord touchant la verité de la choſe, dans la premiere, ſeptieſme & huictieſme queſtion, toute-fois il n'y a que les ſçauans qui peuuent répondre doctement dans la ſeconde, ſixieſme & neufieſme queſtion; mais dans la cinquieſme ils ne comprendront gueres dauantage que l'ordinaire: & dans la dixieſme quaſi rien du tout.

Il eſt neanmoins tres-vtile d'auoir deuant les yeux toutes les queſtions qui ſe peuuent faire, afin de mettre des bornes tant à la ſcience, qu'à l'ignorance, car l'on ne peut ny ſçauoir, ny ignorer par delà nos queſtions ſimples, ou compliquees. Ayant ſuppoſé tout cecy, il faut voir les diferentes conionctions ou complications, dont voicy les premieres *ſi la choſe dont il s'agit*, *à vne exiſtence*, *entité*, *ou quiddité*, vne *qualité*, vne *grandeur*, vn *raport*, vn *comment*, vn *où*, vn *quand*, vn *d'où*, vne *fin*: pour s'informer par apres, de *l'exiſtence*, ou *eſſence de la quiddité*, de *la qualité de la grandeur*, des *raports*, ou *relations diferentes*, &c. iuſques à ce qu'on ayt paſſé toutes nos queſtions, tant ſimples que compliquees. C'eſt à dire pour ſçauoir ſi toutes les queſtions ſuiuantes ſe rencontrent dans l'obiet propoſé. Au reſte nous parlerons apres des facultez qui répondent à ces complications, & nous montrerons qu'elles ſont compliquees ſelon les queſtions: or l'on doit garder la meſme metode dans la *ſeconde*, *troiſieſme* & *quatrieſme* conionction, iuſques à la *dixieſme*, comme l'on entendra par les diſcours qui ſuiuent.

La faculté qui propose la question, que c'est que la chose. En latin, *Quid sit.*

Le Lecteur doit icy penser que cette question qui concerne la *quiddité des choses*, est extremement dificile ; l'element, la plante, la beste, & l'homme sont plusieurs choses : il n'y a rien dans le monde, qui ne soit emprunté, & composé de pieces diferentes : les choses entrent les vnes dans les autres, & l'on ne trouue rien si pur, & si sincere qui ne se sente nullement de la composition : de sorte que l'on ne peut dire ce *qu'est vne chose*, si l'on n'en considere plusieurs autres. C'est pourquoy cette question doit estre la derniere dans la resolution, comme estant celle à laquelle seruent toutes les autres.

Commençons par la diuision des choses, & disons que chaque chose est *naturelle*, ou *artificielle*, ou *meslee* des deux ; les Ecoles n'ont point fait mention de cette diuision dans leurs predicamens, ce qui empesche l'ordre entier des choses. Or apres auoir obserué tout cecy par le moyen des facultez qui sont destinees à la neufiesme question, *d'où* ie viens aux facultez, qui sont pour la seconde & la cinquiesme question : & de cette maniere l'on trouuera qu'il y a deux sortes de natures dans chaque obiet, à sçauoir la *commune* & la *particuliere* : l'obiet a donc vne double *quiddité*. Or ie commence par la *commune*, afin de parler apres de la *particuliere*, ou *indiuiduelle*, qui determine la nature de la chose ; où il faut remarquer, que cette question estant dificile de soy-mesme, est tres-dificile dans les choses naturelles, atendu que nos facultez estant limitees par leur propre analogie, ne penetrent

pas

pas les *essences internes des choses*; c'est pourquoy nous ne pouuons parfaitement connoistre ce qu'vne chose naturelle *est en soy-mesme*, quelque raport que nous ayons auec elle; mais il en ariue autrement dans les choses artificielles, parce qu'elles dependent de notre esprit: & partant bien que les ouurages de la nature, (mesmes ceux qui sont en nous) nous soient cachez, puis qu'il n'y a personne qui ayt iamais aperceu comme se fait la *generation*, la *nutrition*, *l'augmentation*, &c. neanmoins ceux qui sont habiles dans les arts peuuent découurir la raison de ce qui se fait dans les choses artificielles; par exemple le Cordonnier sçait comme se fait vn soulier. Mais puis qu'il est raisonnable de croire que cette question peut en quelque maniere ateindre l'obiet naturel, ie conseille qu'on commence par les diferences, qui seruent de marques, & de caracteres tres-fideles aux *quidditez*. Or les diferences dont ie parle icy, sont toutes sortes de signatures, de raisons, ou de caracteres, qui determinent & constituent tellement les obiets, qu'ils seruent pour nous les faire distinguer de tous les autres, & pour nous les faire connoistre diferens d'auec eux. Mais il faut remarquer deux choses en cette definition, dont la *premiere* est que l'on ne connoist point les obiets *essentiellement*, si l'on n'en connoist les diferences; & le *second* est, que l'on ne connoist point *essentiellement* leurs diferences, si l'on ne connoist les extremes, afin que de prime abord l'on confesse ingenuëment qu'il n'est pas possible de connoistre aucune chose *essentiellement*, lors que l'on n'a nul indice de ses extremes. Il faut donc considerer les extremes en toutes sortes de diferences, de quelque costé qu'ils soient proposez, afin d'acomplir notre dessein en retormant aux parties integrantes. C'eſt ainſi qu'il faut trouuer ce qui conſtituë la choſe, ſoit que l'obiet réponde *à l'inſtinct naturel, au ſens interne, à l'externe, ou au diſcours.*

Cecy poſé, vous trouuerez que dans l'vnité de tel obiet que ce ſoit (excepté le poinct) il y a quelque choſe d'aioûté au principe tres-ſimple dont il eſt permis de rechercher la nature, ſoit ſeparément, ou par ſoy-meſme, ou enſemblement, ſuiuant les facultez deſtinees à ce ſuiet : & bien que cecy ſoit aſſez dificile, neanmoins l'vſage & l'exercice l'a déja rendu aiſé en pluſieurs choſes : l'on trouuera donc cette double nature (dont nous auons parlé) en conſiderant chaque obiet, à ſçauoir la *commune*, & la *particuliere*. Or l'on conſidere la *commune*, ou dans le raport que l'obiet a à ſoy-meſme, ou aux autres choſes ; dont le premier ſignifie la *nature* ou la *quiddité* de la choſe, & l'autre la *relation* ou ce qui la concerne. Partant tout ce qui afecte nos facultez de meſme maniere en toute ſorte d'obiet, apartient à l'étenduë de la diference, qui ſe remarque particulierement dans l'obiet, dont il faut auſſi conſiderer les tenans & les aboutiſſans de toutes ſortes de façons. Et finalement tout ce qui frape nos facultez de la meſme ſorte qu'elles l'ont eſté autrefois frapees, doit eſtre reduit à ce qui ſe raporte à la *commune nature* de la choſe, entant qu'il ſuit vne meſme analogie. C'eſt donc icy que notre eſprit compare les termes entr'eux, & qu'il afirme que ce qui afecte nos facultez d'vne meſme maniere, n'eſt qu'vne meſme choſe à notre égard. C'eſt ainſi que l'on trouue les natures *communes* des choſes par ce qui leur eſt de *commun*, & les *particulieres* par ce qu'elles ont de *particulier* ; & par conſequent ces deux conſiderations nous font reconnoiſtre les conuenances & les diferences des choses : ce que ie propose en peu de paroles, comme le secret de la science (quelque obiet que l'on prenne) car iamais l'on ne void de nouueaux efets sans de nouueaux caracteres, qui doiuent nous seruir pour découurir les *natures* interieures des choses : cecy posé, nous auons trois genres, ou manieres d'enoncer, à sçauoir le *quidilatif*, *l'analogic*, & le *composé*. L'enonciation peut estre *quidditatiue*, lors que les termes qui constituent les obiets sont tellement disposez, que les conditions ou circonstances estant donnees, les conformitez des obiets sont aussi donnees. Elle est *analogique*, lors que les termes constituans (quoy que connus par le moyen de l'opinion commune) nous sont tellement cachez, faute des circonstances, que nous ne pouuons en coniecturer aucune chose, que par des similitudes éloignees; dont nos facultez ne sont pas cause, puis qu'elles peuuent connoistre toutes choses (pourueu qu'on ayt toutes les circonstances necessaires) mais l'absence des conditions requises. Ie donne vn exemple de cecy, afin que nul n'y trouue de la dificulté. Nous ne pouuons iuger de la maniere dont la *premiere cause agit*, & *quelle* est la mesure de *l'Eternité*, si ce n'est par nos actions, & par nostre temps (quoy qu'assez grossierement :) car les notions communes nous enseignent que la *premiere cause agit*, & qu'il y a quelque *Eternité*.

L'enonciation *composee*, ou *meslee* est tiree en partie des diferences essentielles & quidditatiues, & en partie des coniectures, comme si nous iugions hardiment de toute la *figure*, ou de la *lumiere* d'vn Astre, dont nous ne voyons qu'vne partie, car pour lors il y a des termes qui nous sont cachez ; ou comme si nous parlions demonstratiuement du *premier moteur*, à raiſon qu'il y a des choſes aſſez certaines du mouuement.

Or cette maniere d'énonciation eſt d'vne tres-grande étenduë, parce que le *diſcours* ſe meſle par tout, & ajoûte le plus ſouuent mille erreurs ſur le fondement de chaque verité : c'eſt de là que ſont venuës tant de fictions & de reſueries, comme ie diray en parlant des cauſes de l'erreur : cependant i'ay expliqué le nombre des diferences par les termes, comme le nombre des veritez par les diferences, leſquelles ſe reduiſent à leurs termes en dernier reſſort ; de ſorte que la ſcience ſera defectueuſe ſi tu ne les connois parfaitement. Et partant le tout depend de l'inuention des termes, ſoit que l'obiet paroiſſe dans la *choſe* meſme, ou dans la *diction* qui l'explique, ou dans le *ſigne* qui le peut manifeſter ; & qu'il ſoit *ſimple* ou *composé*. Il faut donc que ceux qui font eſtime de la verité, recherchent les termes qui ſont cachez, qu'ils expliquent les dificiles, & qu'ils diſtinguent les douteux, afin d'ariuer aux facultez qui y reſpondent, & aux loix des conformations.

Apres auoir remarqué cecy touchant l'eſſence des diferences, tu en trouueras quelques-vnes de *communes*, quelques autres qui ſont *propres*, ou du moins quelqu'vne qui eſt *propre* & particuliere dans chaque obiet naturel : & entre les *communes*, quelques-vnes qui ſont plus ou moins communes : mais il faut commencer cette recherche (en vſant des facultez qui y ſont deſtinees) par celles qui ſont les plus communes (comme eſt *l'eſtre*,) afin de paſſer des diferences moins communes aux dernieres, qui determinent la nature plus particulierement; or l'on trouuera icy par tout la conſpiration, ou l'aſſemblee des caracteres (pour toutes sortes de facultez) afin d'établir les *genres souuerains* par les signatures qui sont les plus generales & communes, & par les moins communes les *genres subalternes*, (dont les definitions ordinaires ne parlent point, quoy que leur nombre soit tres-grand) iusques à ce que l'on ariue à quelque *espece*, & à quelque *indiuidu*, & finalement à ce qui est le plus analogue, ou proportionné au *principe de l'indiuiduation*. Où il est bon de remarquer que ce qu'aioûte le *genre* à la nature des *diferences communes* (comme l'on dit tres-bien dans les Ecoles) n'est autre chose que cette conuenance & conspiration oculte des principes de l'indiuiduation; laquelle est plus grande en son genre, pource qu'vne plus grande multitude de rayons des vertus concurrent ensemble, soit que l'on parle des choses en elles-mesmes, ou de leurs especes conseruees dans la memoire.

Or les diferences que i'apelle les *plus communes* en chaque obiet, sont celles qui estant communes à *l'indiuidu*, & à *l'espece* sont encore tres-communes à d'autres choses: & partant les *moins communes* sont celles qui sont tellement communes à l'indiuidu auec l'espece, qu'elles ne sont pas si communes à d'autres choses. Cette metode seruira (comme i'ay dit) à établir les *genres suprêmes* & les *sous-ordonnez*, iusques à ce qu'on ariue aux *diferences*, ou à la *diference*, qui constituë particulierement la nature ou *quiddité* de la chose.

Apres cecy il faut donner des noms aux *genres*, ou aux *diferences communes*, afin qu'ils seruent pour former les definitions; ce que l'on ne trouuera pas malaysé, si l'on ayme la *verité*, car l'on ne peut rétablir les definitions, ou les diuisions des choses, ny treuuer leur nature commu ne ou particuliere (laquelle sert pour faire la recherche des secrets de la nature) si l'on ne fait ce que ie viens de dire. C'est pourquoy i'ay souuent auerty que tout ce qui est de nouueau dans chaque obiet, à quelque nouuelle diference, soit que l'on considere l'homme, & les brutes, &c. ce que la prouidence diuine vniuerselle a voulu, de peur que ce qui parest en ce theatre du monde, nous acable sans y penser.

Apres auoir distingué les diferences *communes* d'auec les *particulieres*, voyons quelles sont les *diferences* qui constituent & perfectionnent tellement la chose, qu'elles ne puissent estre ostees, qu'elle ne perde quant & quant quelque chose de sa nature.

Car ie ne pense pas qu'il y ayt personne qui ne sache qu'il y a toujours quelque chose en tout obiet naturel, qui ne luy est pas entierement necessaire: c'est pourquoy les diferences qui constituent & perfectionnent la chose, répondent par la seconde question, à sçauoir *ce que c'est*; comme celles qui viennent & ariuent apres, répondent par la troisiesme question *quelle elle est*. Mais les questions *qui conuiennent à tous*, à *plusieurs*, à *quelques-vns*, *toujours*, *quelquefois*, *rarement*, & à *ceux-là seulement*, &c. seruent grandement à cette recherche, afin d'vser en suite des questions composees, qui conuiennent à *tous toujours*, à *tous quelquefois*, &c. & puis qui conuiennent à *plusieurs toujours*, à *plusieurs quelquefois*, & ainsi des autres, iusques à ce que l'on connoisse la nature de la chose; soit que l'on considere les *diferences communes* ou les *particulieres*, les *essentielles* & les *constitutiues*, ou les *accidentelles*. Il faut toujours vser de cette metode, soit qu'on examine les *indiuidus*, les *especes*, ou les *genres*, & que l'obiet apartienne à *l'instinct naturel*, ou au *sens interne*, *à l'externe*, ou au *discours*.

Entre les diferences celles qui conuiennent *à tous*, *toujours*, & *à eux seulement*, marquant quelque *genre* ou *espece*, comme aussi celle qui conuient *seulement à quelqu'vn*, marque l'indiuidu. I'apelle donc cette sorte de diferences, essentielles & constitutiues, soit qu'on regarde l'indiuidu, l'espece, ou les genres. Par exemple, dans l'analogie exterieure, la *chaleur*, la *figure*, & le *mouuement* sont les diferences constitutiues du viuant, puis que tout ce qui vit a quelque *chaleur*, *figure* & *mouuement* ; & lors qu'on sera ariué à *l'espece*, cette *chaleur*, cette *figure*, ce *mouuement* seront les diferences essentielles, constitutiues, de cette espece ; & finalement telle, ou telle chaleur, &c. en particulier conuient proprement & particulierement à l'indiuidu. C'est ainsi qu'il faut examiner tout ce qui conuient à l'indiuidu, à l'espece & aux genres des choses, afin que nos facultez nous montrent les diferences plus ou moins communes, & que l'on descende iusques aux dernieres diferences, qui marquent la nature ou *quiddité* d'vne chose, & qui la distinguent de toutes les autres. C'est ainsi que l'égal éloignement d'vne ligne courbe d'auec le centre, est *la diference essentielle & constitutiue du cercle*, par ce qu'elle le distingue de toute autre figure, & qu'elle le constituë tellement, que si on luy oste, ou qu'on luy ajoûte quelque chose, il en vient vn nouuel obiet.

Voila donc ce qui regarde la question *qu'est-ce que c'est*, comme les diferences suruenantes qu'on apelle accidents, regardent la question *qu'elle elle est*, & *de quelle grandeur* ; de sorte qu'il se faut bien garder de mettre la *chaleur*, le *mouuement*, & la *figure* entre les accidens, puis que ce qui vit ne peut eſtre ſans elle : car bien qu'eſtant conſiderees en particulier, comme telles ou telles, elles fuſſent des accidens, elles ne le ſeroient pas neanmoins eſtant conſiderees en general ; & partant encore que ce mouuement, cette chaleur, & cette figure conuienne à l'homme & au cheual, ils ne ſont pas neanmoins des accidens à leur égard, puis qu'ils ne peuuent ſubſiſter autrement : mais il n'en ariue pas ainſi quand la *chaleur*, & le *mouuement* ſont conſiderez dans du *fer* : car elles luy ſont accidens, quoy que la *figure* priſe en general ſoit ſa diference eſſentielle conſtitutiue ; par conſequent on ne les doit pas apeller accidens, à raiſon de leur propre nature, mais parce qu'ils peuuent ariuer à d'autres ſuiets, car le fer demeure entier en ſa nature ſans aucune chaleur ou mouuement, mais ſi on l'oſte de l'homme il meurt, ces choſes ſont doncques manifeſtees : d'où il s'enſuit que ce qui eſt ſubſtance à l'égard d'vn obiet, eſt accident au reſpect de l'autre, & au contraire, comme le *ſens* meſme, & les *notions communes* enſeignent, ſans qu'il ſoit beſoin d'autres raiſons.

Il faut donc laiſſer les predicamens ordinaires, ſi nous ne voulons deſeſperer de trouuer la verité ; au lieu deſquels ie propoſe ma metode, quoy que briefuement, & peut-eſtre moins clerement qu'il euſt fallu, pour penetrer auſſi auant qu'il eſt poſſible dans les ſecrets de la nature, dont ie laiſſe le iugement à ceux qui la comprendront.

I'ajoûte cependant pour ſon éclairciſſement, que les diferences que l'on aperçoit conuenir *toujours*, *à tous les ſuiets* (quand on compare les choſes entr'elles) établiſſent les genres ſouuerains des choſes ; apres leſquelles suiuent celles qui conuiennent à plusieurs, toujours, & à eux seuls; & puis celles qui conuiennent à tous, & aux *seuls*, mais non *toujours*, & puis celles qui conuiennent *à plusieurs* & aux *seuls*, mais non *toujours*; & en fin celles qui conuiennent à *quelques-vnes*, en *quelque façon*, & à *eux seuls*, afin de paruenir en dernier lieu à celles qui conuiennent seulement, à *quelques certains obiets*, pour auoir les principes de l'indiuiduation; où il faut remarquer que ce qui conuient à *toute sorte* d'obiet, & à *luy seul*, (comme le ris à l'homme) ne doit pas estre mis parmy les accidens, encore qu'il ne se trouue pas toujours, par ce qu'il perfectionne la nature des hommes: partant bien que les diferences qui ne sont pas toujours presentes, & sans lesquelles la nature des choses peut estre conseruee, apartiennent à la troisiesme question, *quelles elles sont*, comme i'ay dit cy-deuant, neanmoins il en arriue autrement ez diferences, qui marquent tellement vne chose, qu'elle en reçoit quelque proprieté particuliere: ce que i'ay voulu remarquer tant icy qu'ailleurs. Il faut donc que ceux qui desirent penetrer plus auant dans les essences des choses, recherchent les causes, & les sources de ces diferences; ou s'ils ne peuuent entrer si auant, l'on doit penser qu'il y a quelque chose de particulier qui se peut rencontrer par l'vsage & l'experience; car la nature ne trompe point, & ne montre iamais de caracteres sans la chose, ny de chose sans son caractere: & cependant l'on doit premierement assigner les *diferences essentielles*, & *constitutiues* de toutes sortes d'obiets, afin que ce qui parest nouueau, ayt son obseruation particuliere.

Apres auoir consideré les diferences qui constituent l'obiet, & celles qui suruiennent, l'on trouuera qu'il y a quelque perfection en toutes ſortes d'obiets, qu'il eſt neceſſaire de connoiſtre, auant que de ſçauoir ce qui les *ſurpaſſe*, ou ce qui eſt *moindre*: & bien que cette *perfection* ayt quelque étenduë, l'on ne peut ſçauoir *ce que c'eſt* ſans cette regle. Mais parce que toute *diference* qui diſtingue vne eſpece ſuperieure d'vne inferieure, eſt en quelque maniere ſa *perfection* & ſon acompliſſement, c'eſt fait ſagement que de ſe ſeruir de ces diferences pour paſſer outre, car les *diferences* qui conuiennent à *l'eſpece*, ſeruent de fondement aux autres que l'on ajoûte, pourueu que l'on examine l'ordre des choſes: il en ariue neanmoins autrement aux *indiuidus*, dont les diferences marquent de *l'imperfection*, car l'on s'éloigne de l'eſtat qui a du moins quelque ſommet de perfection; mais ie veux donner vn exemple de la *quiddité de l'homme* ſuiuant ma metode, afin de me rendre plus cler.

Or apres auoir conſideré la nature commune, par le moyen de toutes les facultez analogues (où il faut particulierement auoir égard à la queſtion *ce que c'eſt*, & *quelle elle eſt*) ſuiuant les genres ſouuerains & ſubalternes, ie treuue que les diferences de l'homme, qui viennent de l'analogie de *l'inſtinct naturel*, ſont quaſi toutes les *notions communes*, (car les beſtes brutes en ont quelques-vnes de communes auec nous) celles qui viennent de l'analogie des facultez interieures, ſont la *foy*, *l'amour*, la *ioye* & la *liberté*, qui ſe porte indiferemment aux contraires, car i'ay demontré ailleurs tres-clerement, que cecy ne peut ſe remarquer dans les beſtes, ce que le Lecteur doit reuoir.

Dans l'analogie des facultez exterieures bien expliquées & deduites par le moyen des notions communes, on trouue quelque *figure* & *symmetrie* qui eſt propre à l'homme, à ſçauoir la *main*, les *organes de la parole*, vn *mouuement*, vne *chaleur*, & leur *politeſſe particuliere*.

Dans l'analogie des facultez qui diſcourent, l'on peut remarquer la grande promptitude & *viuacité de diſcourir*, la contemplation, & pluſieurs autres choſes, par le moyen de notre metode, & des facultez analogues, qui montrent ce qui conuient à *tous* & *toujours*, dont les diferences qui apartiennent à l'analogie interne, ſont celles qui perfectionnent l'homme, car les externes nous aſſiſtent fort peu, ſinon en ce qu'elles aydent nos facultez intellectuelles : c'eſt pourquoy dans la *figure* exterieure, l'on doit auoir égard à la proportion des lineamens, dans le *mouuement* aux degrez de force & de viteſſe ; dans le *temperament* aux qualitez elementaires de chaleur, de froid, &c. pour raporter en derniere inſtance toutes les diferences exterieures aux facultez de l'ame, pourueu que l'on conſidere toujours les loix des conformations, & la faculté qui s'y raporte. Il faut cependant tirer ce que nous deſirons des diferences qui conuiennent à l'eſpece : car la nature n'ajoûte rien à *l'eſpece*, dans tout ce qui ſe fait depuis les elemens iuſques à l'homme, qui ne luy donne quelque ſorte de *perfection*, comme i'ay dit; de là vient qu'on dit fort bien que le Sanglier ofence de la *dent*, & le Taureau de la *corne*. Mais l'on doit autrement iuger des diferences, qui conuiennent à l'indiuidu, qui ſignifient ſouuent de *l'imperfection*, & quelque malheur. C'eſt ce que i'ay voulu dire briefuement touchant l'vſage de ma metode apliquee aux eſſences ou quidditez des choſes, dont il eſt euident que la definition vulgaire de l'homme eſt fort éloignee, comme ie fais voir en peu de paroles : la definition eſt que l'homme eſt vn animal raiſonnable, dont l'imperfection ſe void en ſes deux termes, car comme l'homme eſt animal à l'égard d'vne action, il ſera vegetable par vne autre, & Element par vne autre, puis qu'il a quelque choſe de commun auec toutes ces choſes : ioint qu'il n'eſt pas toujours animal, car il mene la vie de vegetal dans les flancs de la mere; & qu'il n'eſt pas tout ſeul animal, puis que tout ce qui a du ſentiment l'eſt auſſi.

Enfin l'homme n'eſt pas toujours raiſonnable, car il a la *non-raiſon* commune auec les beſtes, d'où il ariue qu'il a les proprietez de la brebis, de l'oyſeau, du loup & du chien, &c. & il n'eſt pas ſeul (pour ne rien dire des beſtes) qui aye ſoin de ſa propre conſeruation, (au delà de laquelle on ne ſçauroit paſſer) car les Elemens meſme ont ſoin de la leur; de ſorte que ce que nous auons dit eſt vray, à ſçauoir que toutes les notions communes, & particulierement celles qui concernent la religion, & toutes les facultez qui apartiennent à *l'eſperance*, à *la foy*, à *l'amour*, à *la ioye*, à la *liberté*, & à la *contemplation*, &c. perfectionnent & acompliſſent l'eſſence ou la quiddité de l'homme, parce qu'elles conuiennent *toujours*, & *ſeulement* à tous les hommes; pourueu que les circonſtances s'y treuuent, ſans leſquelles l'homme ne ſeroit pas meſme animal ny raiſonnable, car Dieu n'a pas voulu qu'aucune faculté peuſt nous ſeruir ſans le moyen des conditions, afin que nous éprouuaſſions tous les iours ſa faueur par le moyen de nos vœux, & de nos prieres. D'où il s'enſuit que l'homme a toujours les facultez propres pour la raiſon, (quoy que la raiſon luy manquaſt) ce qu'il faut particulierement conſiderer dans la diction *rai-*

ſonnable: & c'eſt en ce ſens que i'ay agi contre la definition ordinaire, pluſtoſt parce qu'elle n'eſt pas aſſez étenduë, que pource qu'elle ſoit fauſſe. Mais afin qu'il ne manque rien en ce ſujet, il faut rechercher quelqu'vne des dernieres diferences de l'homme, laquelle ne puiſſe conuenir à nulle autre nature, ſoit ſuperieure, ou inferieure; car nous auons la *non raiſon*, la *concupiſcence* & la *neceßité* communes auec les beſtes, comme nous auons *l'entendement*, *l'amour* & la *liberté* communes auec Dieu. Or cette recherche nous montre que l'homme n'a point d'autres dernieres diferences que *la Religion*, & *la Foy*: i'entens la *vraye Foy*, & la *vraye Religion*, laquelle eſt produite par la bonne conformation des facultez, qui ont la religion pour leur obiet: & qui ne nous ſeruent pas ſeulement pour nous porter aux choſes ſuprêmes, mais auſſi pour les faire deſcendre iuſques à nous, car elles ſont comme les liens des extremes, & partant elles font leur reſidence dans l'homme, lequel eſt comme l'horizon & le milieu des choſes ſuperieures & des inferieures. Mais afin que l'on entende mieux tout cecy, i'ay dit que ces diferences conuiennent à tout *homme*, *toujours & à luy ſeul*; à *tout homme*, parce qu'il n'y a point d'homme de bon ſens qui ne reconnoiſſe & venere vne puiſſance ſouueraine, ſoit qu'on l'apelle *Dieu*, ou par autre nom; & il n'y a nul homme qui n'ayt *toujours* quelque foy ou confiance, car bien que l'on perde la foy de telle ou telle *religion*, quelque autre prend ſa place, de maniere que le deſeſpoir meſme s'aboutit dans quelque fiance, à *l'homme ſeulement*, parce que la Diuinité eſt ſi parfaite qu'elle n'en a pas beſoin, puis que l'on ne peut rien ajoûter à ſon infinie perfection; & la beſte eſt ſi imparfaite, qu'elle n'en eſt pas capable, ioint que ce ſeroit pour neant qu'elle auroit cette perfection, ſi elle ne doit point ioüir d'vn meilleur eſtat que de celuy de cette vie.

Quoy qu'il en ſoit, il eſt certain qu'il n'y a nulle forme remarquable de religion entre les beſtes brutes; & ſuposant donc que *l'entendement*, *l'amour*, la *ioye*, & la *liberté* ſoient des atributs diuins; & que toute ſorte d'afection brutale apartienne à la nature inferieure & corporelle, nous auons toujours *la religion* & *la foy*, qui nous apartiennent tellement en propre, que c'eſt à bon droit qu'on les prend pour les dernieres diferences de l'homme; de là vient que nous experimentons que la religion & la foy, ioint non ſeulement les choſes *ſuperieures* aux *inferieures*, mais auſſi le *paſſé* à *l'auenir*, tant elle eſt immenſe; de ſorte que l'on croit fort bien qu'il n'y a rien qu'elle ne puiſſe concilier & vnir enſemble. Or bien qu'elle émane de Dieu infiny, & qu'elle ſe réjoüiſſe de ſe conformer auec luy, il eſt aſſez euident qu'elle n'eſt ny en Dieu, ny dans les brutes: par où l'on void que notre *axiome*, à ſçauoir que chaque eſpece reçoit de la perfection des diferences que luy donne la nature, ſe verifie dans l'homme: ce que l'on trouuera ſemblablement ez autres eſpeces auec vtilité. Et cependant il eſt bon que le Lecteur étudie à ſe connoiſtre par le moyen de ma metode: car ie ne m'eſtendray pas icy dauantage. Mais il ſe faut bien garder de mettre nos *diferences eſſentielles conſtitutiues* (ſoit des indiuidus, des eſpeces, ou des genres) entre les accidens qui periſſent, comme s'ils pouuoient ſe rencontrer ou eſtre abſens ſans la coruption du ſuiet: & bien que la diction ſi ſolennelle *de ſubſtance* ſoit cauſe de cet erreur, neanmoins parce que ce n'eſt pas mon intention d'écrire icy contre les Auteurs, il suffit que les Lecteurs reçoiuent ma metode pour rechercher la *quiddité* ou l'essence des choses : par où, moyennant les propres facultez, i'ose dire que le Lecteur deuiendra plus sage, que par les voyes dont on vse dans les écoles, pourueu qu'il considere toujours les loix des conformations. Il ne nous reste plus qu'à expliquer les facultez que l'on doit employer en cette question, à sçauoir *l'instinct naturel, le sens interne, l'externe, & le discours*, & particulierement celles qui touchent de plus pres les extremitez des choses. Quant aux premieres questions *compliquees* ou composees, qui concernent cette question, ce sont celles qui suiuent, à sçauoir *si la quiddité, ou l'essence est, ce que c'est, qu'elle est, de quelle estenduë, quel raport elle a, comment elle est, où elle est, quand elle est, d'où elle est, & pourquoy, ou pour quelle fin elle est* : dont celles-cy ont vne plus grande connexité; *quelle est l'essence, de quelle estenduë, & à quoy elle se raporte*, car il semble qu'on ne les puisse separer de la question *qu'est ce*.

La faculté qui forme la question quelle elle est.
En latin, *Quale sit*.

Cette question depend de la precedente, car si l'on ne sçait *que c'est* que la chose, l'on ne sçaura iamais *quelle elle est*; de sorte qu'elles gardent vn ordre mutuel, quoy que la qualité ayt aussi quelque sorte de *quiddité*, d'où il ariue que l'on trouue la question *de la quiddité de la qualité* dans les combinaisons de mes questions : mais parce que toute diference qui répond à cette question, vient de la prenotion de quelque *quiddité* ou essence, & qu'elle semble tellement luy estre iointe, qu'elle en reçoit quelque *intension*, ou *remission*, elle fait qu'on nomme le sujet tel, ou tel, il faut donc premierement examiner l'estat de chaque chose par les facultez proportionnees & par la metode, dont i'ay vsé dans la question precedente, afin d'ariuer à cette question; car il n'y a nulle *qualité* sans raport à la *quiddité* ou à l'essence; de là vient que tout ce qui est *par dessus l'Estat naturel* de chaque chose, ou ce *qui luy manque*, apartient à cette question; Et cependant il importe grandement, non seulement aux Philosophes, mais aussi aux Medecins, de sçauoir cecy, car ils vsent particulierement de *dissimilitude* pour connoistre les maladies, l'on doit donc rechercher les *degrez* & les *afections* &c. des choses, apres auoir connu leurs *diferences essentielles* constitutiues: & se seruir à ce sujet des questions, qui considerent ce qui conuient *à tous, à plusieurs, toujours & quelquesfois*, &c. & c'est ainsi que ce qui est de *superflu* à l'estat de la chose, ou ce qui luy *manque* se reduit à cette question. Et partant ceux-là se trompent qui croyent pouuoir connoistre les qualitez des choses, auant que d'en sçauoir les quidditez, & comme l'on exprime les termes des quidditez par la recherche de la *quantité de la quiddité*, de mesme l'on explique ceux des qualitez par la question de la *quantité de la qualité*.

Mais pour comprendre cecy plus aysément, il faut remarquer que l'on trouue les caracteres suiuans des qualitez, par la recherche qui se fait auec les questions precedentes, à sçauoir ce qui conuient *à tous, à plusieurs, toujours, & quelquesfois*. *Premierement*, que les qualitez ne sont pas *toujours* dans le sujet: où ie conseille de mettre à part celles qui se rencontrent *souuent, rarement, quelques-*

sois, & *extraordinairement*, car cela sert grandement pour euiter les erreurs. *Secondement*, que les choses conseruent leur nature sans elles; par où les *diferences constitutiues* sont distinctes des *qualitez*, encore qu'elles ne soient pas toujours dans le sujet: partant bien que l'homme ne rie pas toujours, ie mets neanmoins le ris entre ses *diferences essentielles constitutiues*, parce qu'il conuient à luy seul & toujours. *Troisiesmement*, que le suiet reçoit *intention*, ou *remißion*, par le moyen des qualitez qui les distingue aussi d'auec la *quantité*. Or l'on en viendra plus aysément à bout, si l'on vse de ces questions pour tirer de sa propre source tout ce qui concerne l'accident, & si l'on examine curieusement *d'où il a qu'il est tel, combien il est tel, quelles relations il a, par quel moyen il est tel, à quelle fin, & quand il est tel*, &c.

Mais pour en donner vn exemple, il faut se ressouuenir que i'ay mis *la chaleur*, *le mouuement*, *& la figure* parmy les diferences essentielles constitutiues du viuant; & partant qu'elles apartiennent à la question *qu'est-ce*. Or *la chaleur de la sueur*, *la figure d'vne teste reserree*, *le mouuement plus vîte ou plus lent qu'à l'ordinaire*, apartiennent à la question *quelle*, & comme *bien telle*, parce qu'elles qualifient l'obiet: de mesme en ce qui est de la faim ou de la soif, bien qu'elles soient naturelles à l'homme; si les maladies qu'on apelle Boulimos & Ascites, donnent vne faim & soif continuelle, ils le qualifient tel: comme fait aussi le ris excessif, parce que la nature de l'homme est entiere sans cela. Ie ne dis donc pas que la *qualité* soit vn accident, mais ie reduis les *qualitez* à toutes les diferences, qui se rencontrent au *dessus*, ou au *dessous* de sa condition naturelle; & lors qu'elles l'afectent d'vn costé & d'autre, elles sont dans vn degré contraire : & bien que l'on donne quelque *étenduë à chaque estat naturel*, dans laquelle il peut subsister assez aisément (comme quand le foye d'vn homme est vn peu trop chaud, & le cerueau vn peu trop froid) neanmoins lors que les qualitez afectent trop, soit par excez, comme dans la *fievre*, ou par defaut, comme dans la *letargie*, bien que ces diferences soient *essentielles constitutiues du fievreux*, & du *letargique*, elles ne le sont pas d'vn homme qui se porte bien : & partant encore que ces *excez*, & ces *defaux* soient reduits à la question *de la qualité*, neanmoins si l'on considere la constitution naturelle de l'homme, la *chaleur* sans laquelle ny l'homme, ny ce qui a vie ne peut subsister, apartient à la question *de la quiddité ou essence*, & est contenu souz les propres conditions de l'agent, comme vn éfet determiné de sa cause. Par où l'on void que ce qui est substantiel & naturel à *l'homme*, est étranger & accidentel au *fer*, & partant que ce qui n'est *qu'accident* à l'vn, est de *l'essence* de l'autre, comme i'ay dit cy-deuant. Or cette question regarde les choses que i'estime caduques, parce qu'il n'y a qu'elles qui soient suiettes à la *remission*, & à *l'intention*, & par consequent à la *coruption*; dont les facultez diuines intellectuelles sont exemptes : c'est pourquoy ie ne dis point quels sont *l'entendement*, *la foy*, *l'amour*, *la liberté*, &c. mais combien ils sont grands. Et il est raisonnable de croire que ces facultez diuines de l'esprit ne s'augmentent point, mais qu'elles se découurent de plus en plus seulement pour se faire connoistre. Car en ce qui concerne la forme interne, la question se doit faire *de quelle grandeur elle est*, parce que les facultez essentielles de l'ame n'ayant point de suiet dans lequel elles puissent resider (suiuant la proprieté des accidens) elles ne sont point dans l'ame, mais sont l'ame mesme. Et afin que le Lecteur n'ayt point de peine à entendre ce que ie dis, ie veux remarquer que la question *dans quoy*, apartient à la question de la *qualité*, parce que les qualitez ont les essences pour leur suiet; c'est pourquoy i'ay compris en cela toute l'étenduë des accidens : de sorte que les écoles se trompent de mettre entre les accidens les choses, sans lesquelles les *genres*, les *especes*, & les *indiuidus* ne peuuent subsister. Or les facultez qui répondent (dans nous) à cette question, sont *l'instinct naturel*, & le *sens interne corporel*; (hors de nous) *l'instinct naturel & le discours*; car bien que les *qualitez* soient dans le corps, comme dans leur suiet, neanmoins leur connoissance apartient proprement à *l'intellect*. Les premieres combinations de cette question sont, *quelle est l'existence*, *quelle est la quiddité*, *quelle est la grandeur*, *quel le raport*, *quel le comment*, *quel l'où*, *quel est le quand*, *quel le d'où*, *quel le pourquoy*.

La faculté qui propose la question de la quantité. En latin, *Quantum sit*.

La recherche des termes apartient à cette question (soit qu'on parle du *fini* qui a des termes, ou de *l'infini* qui n'en a point) puis qu'on ne peut dire la *grandeur*, ou selon notre metode, *la quantité de la quantité* de la chose, si l'on ne sçait tous ses termes : de sorte que tout ce que l'on trouue apres l'examen des termes, doit estre mis pour le contenu ou l'étenduë de la chose : ce qui seruira toujours, soit que l'on considere la *chose*, ou les *paroles*, ou les *signes*, tant *dans nous*, que *hors de nous*, atendu que c'eſt par ce moyen que l'on doit determiner la grandeur ou la quantité de toute ſorte de queſtion; car bien que l'on ne puiſſe rien trouuer hors de cette queſtion que le ſeul *infini*, qui n'a point de bornes, toutes les facultez auront de l'employ dans elle, atendu que l'on y trouuera toujours quelque choſe proportionnee en toute ſorte de ſuiet qui a de la *grandeur*; mais parce que nous parlons maintenant de ce qui ſe peut proprement ſçauoir par cette recherche, il faut remarquer les deux ſortes de quantité dont on parle dans les écoles, à ſçauoir la *continüe*, & la *diſcrete*, dont celle-cy doit eſtre apellee *quantité*, ſuiuant leur langage, & l'autre *quotité*: Et parce qu'elles donnent des ſentimens diferens, & que les milieux de leur conformation ſont diferens, elles apartiennent à des facultez diferentes.

Le *point* eſt le commencement de *la continüe*, & *l'vnité* de la quantité *diſcrete*. Les principales proprietez de la continuë eſt *l'égal* & *l'inégal*; comme le *pair* & *l'impair* ſont celles du nombre; or toute *quantité* ou *quotité* eſt diferente d'auec la *qualité*: *premierement*, en ce qu'elles n'ont point *de contraire*, ny par conſequent de mouuement ny de corruption: *ſecondement*, parce qu'elles ne ſont capables ny *d'intention* ny de *remiſſion*, car *l'adition* & la *ſouztraction* ne ſont ny *l'intention* ny *remiſſion*. *Troiſieſmement*, parce qu'elles n'afectent nullement les *ſens internes*, qui regardent le *bien* & le *mal*, ou *l'vtile* & le *nuiſible*, car la *quantité* ou quotité (conſideree dans ſoy-meſme ſans *figure* & *proportion*) n'afecte point les ſens internes, & ne ſemble eſtre ny *bien* ny *mal* de ſa nature.

Voyons comme quoy la *quantité* & la *quotité* ſont diſtinctes par le moyen de ma metode, qui examine tout par la proportion des facultez. Ce que l'on comprendra facilement, si l'on considere que les facultez qui regardent la *quantité continüe*, se seruent seulement des organes du *toucher* & de la *veüe*, mais que celles qui regardent la *discrete*, se seruent aussi pour ce sujet de l'organe de *l'ouye*: c'est pourquoy les facultez, dont on aproche par le moyen des oreilles, qui reçoiuent du plaisir des *consonances*, & qui sont blessees par les *dissonances*, ont vne merueilleuse conformité auec les nombres proportionnez. Mais l'on ne comprend rien de l'vn ou l'autre de ces quantitez par l'entremise du *goust* ou de *l'odorat*, car ce sont les nerfs qui passent par les genciues denoncent leur fonction lors qu'on oyt le son d'vn Luth, dont on touche le manche auec les dents, bien que les oreilles soient bouchees. Apres auoir expliqué le raport qu'ont les sens, tant interieurs qu'exterieurs à l'vne & l'autre quantité, il faut montrer ce que font *l'instinct naturel* & le *discours* dans cette question. Ledit *instinct* nous enseigne plusieurs choses de ces deux quantitez, de là vient que les *notions communes* sont si familieres aux Matematiciens; c'est pourquoy on les apelle *postulats* ou *demandes*, parce que *l'on n'a rien par delà*, à quoy l'on puisse prouoquer: & il n'y a point d'autre raison pourquoy les sciences de Matematique sont les plus certaines de toutes, sinon que l'on rencontre vn consentement general & souuerain touchant le *point* & *l'vnité*, qui en sont les principes, & touchant les notions communes, qui seruent de fondement à toute ladite Matematique: de là vient que le discours polit & perfectionne leur regle auec plus de certitude, que celle des autres Philosophes. Car quant aux principes formels des *odeurs*, des *saueurs*, & des *couleurs*, &c. ils sont si cachez, que nous ne pouuons rien dire de certain touchant leurs principes, sinon qu'elles ne répondent pas aux qualitez ordinaires des Elemens; atendu que le bleu n'a rien de commun auec le chaud, le sec, l'humide & le froid: l'école a donc tort d'auoir voulu tirer toutes les diferences de ces quatre qualitez, bien qu'en quelque sorte elles soient enuelopees dans le sein des Elemens: mais il sufit d'auoir dit tout cecy en faueur de cette question, & des facultez qui luy sont proportionnees. Quant à ses combinaisons, celles qui suiuent en sont les premieres *qu'elle est la quantité de l'entité ou existence*; *qu'elle est la quantité de la quiddité*, celle de la *qualité*, celle de la *quantité*, de la *relation*, du *commun*, de *l'où*, du *quand*, du *d'où*, & du *pourquoy*.

La faculté qui forme la question à quoy, ou celle de la Relation. En latin, *Adquid sit*.

I'ay expliqué la *quiddité* ou l'essence des choses, ou leur nature indiuiduelle dans son propre lieu, il faut maintenant voir leurs relations: car comme celle là recherche ce que les choses sont d'elles mesmes, celle-cy cherche ce que sont au regard des autres choses: de sorte que ces deux questions sont tres-étroitement iointes, quoy que ma metode les separe pour les mieux expliquer. Or i'atribuë toute l'analogie des choses à cette question, comme à la plus ample de toutes, car elle examine aussi bien les *disproportions* & les *diformitez*, & mesme les *contradictoires*, les *separez*, les *oposez*, & les *contraires*, comme les *conuenances* & les *conformitez*, c'est pourquoy i'ay icy traité des *actions*, des *passions* & des *sympaties* & *antipa-*

ties, parce qu'il n'y peut auoir *d'action* ny de *paßion*, si quelque relation n'a precedé : ce qu'il faut poser pour la souueraine regle des *paßions* & des *actions*, qui dependent tellement de cette proportion mutuelle, qui embrasse toutes choses, qu'elles sont reduites en acte, si tost que les conditions precedentes s'y rencontrent (sans lesquelles toutes les vertus languissent ou perissent.) C'est pourquoy cette question se combine auec les questions, *comment*, ou *quand*, &c. neantmoins ie mets les *paßions* & les *actions* auec les *relations*, parce que ie n'vse que des questions qui sont les plus distinctes, afin de soulager la memoire : & certes sans la relation, (dont la force parest merueilleusement dans celle des principes) toute la matiere *demeure ensevelie*, & oyseuse dans ses Elemens, i'explique donc premierement l'ordre des relations, & puis les *actions* & les *paßions*, comme vn éfet desdites relations, afin de ioindre la *combinaison de cette question* auec les autres questions : & cecy posé, i'étens la *relation* indiferemment à toute la masse des choses, en faisant de trois sortes, dont la premiere est *reelle*, la seconde *d'attribution*, & la troisiesme est *meslee*; & chacune est encore consideree en trois manieres : *premierement* dans le *raport que les choses ont auec nous*. *Secondement*, dans celuy *qu'elles ont entr'elles*, & *tiercement* en celuy *qu'elles ont auec Dieu*, ou auec la *premiere cause* qui dispose de tout. Mais pour bien expliquer tout cecy, il faut se ressouuenir des termes qui seruent de derniers caracteres aux diferences, lesquels sont de trois sortes, à sçauoir, *essentiels*, *analogues*, & *meslez*. I'ay dit dans la question de la *quiddité* ou l'essence, que les *termes quidditatifs* sont ceux qui distinguent reellement vne chose d'auec l'autre, c'est pourquoy ie les ay mis entre les *diferences essentielles constitutiues*. Les termes *relatifs*, ou *analogues* sont ceux qui pouuant estre apellez *constitutifs* à l'égard du sujet, sont neanmoins destinez à quelque autre chose souz leurs circonstances, parce qu'ils se raportent aux choses externes. Quant aux *termes meslez*, ils participent tellement des deux precedens, que l'on peut d'vne part les apeller *quidditatifs* ou essentiels, & de l'autre *relatifs*. Et parce que i'ay dit que les termes peuuent estre ioints ensemble, il s'ensuit que les diferentes considerations des choses, mettent ou ostent de nouueaux termes; mais ie parle icy des termes *relatifs*. Or la *relation reelle*, qui consiste dans le raport des choses auec nous, est celle qui possedant ses termes vrayement & reellement sans nulle sorte d'attribution, peut estre comprise de nos facultez par le moyen du *sens*, & des *communes notions*, (lors que les circonstances necessaires s'y rencontrent.) Cette relation est de *conformité*, ou de *diformité*, la premiere regarde le *vray* & le *bien*, & pour lors il faut croire que les conditions requises y sont interuenuës: l'autre regarde *l'erreur* & *l'impieté*, où l'on doit croire que toutes les conditions, ou du moins quelques-vnes ont manqué. La *relation reelle* posee dans le raport des choses entr'elles, est celle qui ayant ses *termes relatifs* veritablement & reellement hors de nous, sans aucune *atribution*, peut estre comprise de nos facultez par quelque resultat prouenant du raport reciproque des choses, lequel se termine à nos facultez par le moyen des conditions requises, & regarde la *conformité*, ou la *diformité des choses entr'elles*; de sorte que les *actions naturelles des Elemens*, des *mineraux*, des *vegetaux*, & des *animaux* se raportent icy; aussi bien que la *maiorité*, la *minorité*, le *tout* & les *parties* (lors qu'elles ont de la proportion) mais les *monstres* & les autres choses, qui ne gardent ny regle ny proportion, se raportent à la *difformité*. Or bien que la *relation reelle* posee dans le *raport* que les choses ont à la *premiere cause*, puisse estre prise de nostre costé, neanmoins puis que les termes de cette relation sont aussi bien hors de nous, comme dans nous, & par tout elle est assez remarquable de soy-mesme pour auoir son propre lieu. Pour ce qui concerne toutes les *relations reelles*, nous les comprenons tellement par *l'instinct naturel*, que le *discours* & le *sens interne* y concurrent particulierement: mais celle où le *discours* semble auoir droit tout seul, apartiennent à *l'attribution*. La *relation* de *l'attribution* est celle qui tient son fondement (quant à l'vn & l'autre terme) dans l'opinion & pensee de l'entendement, & non pas dans la reelle existence de la chose, comme l'on void en certains reglemens, & dans les *seruitudes*, les *honneurs*, les *loüanges*, les *ceremonies*, &c. Quant à la *relation meslee*, c'est celle qui a son fondement partie reel, & partie *d'attribution*, & s'étend plus que les autres, car n'y ayant rien si sincere dans les sciences qui ne soit suiet à coruption, & à la fourbe des esprits les plus subtils, ou des plus grossiers, chaque obiet tient quelque chose de *l'attribution*, qui n'est pas de sa nature, dont on n'a peut-estre pas encore assez de connoissance; de là vient que plusieurs choses sont peruerties, deprauees & renduës profanes dans l'education des enfans, dans les loix, dans les religions, &c. c'est pourquoy il faut toujours considerer tant qu'on peut les fondemens des relations dans la question, *d'où vient le raport*: puis qu'entre tous les fondemens qui peuuent se rencontrer (car il faut croire qu'ils sont mutuels dans la relation qu'on void dans les *actions* & les *paßions*) le veritable fondement est celuy qui est particulierement le principe de l'action. Et bien que ce soit vne marque legitime *des relations*, qu'elles sont engendrees ou détruites auec leurs *correlatifs*, il faut neanmoins remarquer que si le *fondement* demeure entier, *l'action* se peut reïterer & rengendrer en quelque maniere : ce qui ne peut ariuer de l'autre part : car encore que par la mort du *fils*, aussi bien que du *pere*, la *relation* perisse ; toutefois il y a cela à dire, que le pere venant à manquer, la *relation* & le *fondement* de la paternité perissent ensemble. Il faut donc toujours faire le dénombrement des fondemens tant que faire se peut, afin d'ariuer du plus proche iusques au plus éloigné pour s'y reposer ; comme quand l'on porte notre bonté (qui vient du raport qu'elle a auec les obiets, suiuant les *sens internes* qui ont esté deuëment *conformez*) iusques à la *premiere cause*, comme à son dernier fondement, par le moyen de la multiplication des termes, l'vn des termes analogues residant en nous, il s'ensuit que le *bien* cessant d'estre en nous, la *relation* cesse aussi en nous, par laquelle il se raportoit à la *premiere cause* ; car i'ay dit que la relation cesse aussi bien par la mort du fils, que par celle du pere. Mais la *bonté* de la *premiere cause* estant le fondement de notre *bonté*, peut produire vne nouuelle *relation*, & faire que nous soyons *bons* comme auparauant. D'où l'on peut tirer de merueilleuses consequences; mais nous auons aussi les sources de nostre misere eternelle, à raison de la diformité reelle, qui peut ariuer de nostre costé, car nous suiuons toujours les mesmes sentiers, si vne veritable penitence ne nous en détourne.

Ie voy cependant que les Auteurs se peinent miserablement, ne pouuans distinguer les *relations reelles* du vray & du bien, d'auec le vray & le bien qui sont *relations d'attribution*, ou de *discours*; d'où il ariue qu'ils tombent en d'étranges contrarietez. Il faut encore remarquer que tout ce qui est le principe, ou le fondement de quelque *action*, se dispose en quelque sorte à sa conformité, suiuant l'analogie dans laquelle il se rencontre. C'est pourquoy le *feu* essaye de se rendre *l'eau* semblable; & *l'eau* fait la mesme chose vers le *feu*; de sorte que par cette action mutuelle les principes qui ont plus de vigueur chassent *les heterogenes*, afin d'établir quelque nature *homogene*; & lors qu'il se rencontre vn plus grand nombre de semblables, l'action en deuient plus aysee, & au contraire. Voila donc la raison, la liaison & la regle des *actions naturelles*, qui depend de telle sorte de l'analogie dans laquelle sont toutes choses (soit qu'on regarde les sympaties ou les antipaties) que si les conditions requises y sont (lesquelles sont l'ouurage immediat de Dieu) elles sont veritablement & reellement reduites en acte, ce qui est constant & dans l'analogie des choses entr'elles, & dans la nostre.

Car c'est de cette analogie & proportion de choses entr'elles, que dependent nos facultez des *sens externes*, & qui fait que nous *oyons*, nous *voyons*, nous *touchons*, &c. La veuë que les sens internes ont du bien & du mal, subit les mesmes loix, pourueu que nous suposions toujours, *Que toutes les choses dont nous ne pouuons sçauoir les causes, sont temperees par les occultes iugemens de Dieu*; ce que ie propose comme vne *commune notion*, qui sert pour expliquer toutes sortes de semblables doutes: dont le Lecteur trouuera vn excellent vsage en tout ce qu'il le pourra tourmenter.

Il faut remarquer en dernier lieu, pour comprendre l'vsage de cette doctrine des *fondemens* des *relations*, qu'il y a quelques-vnes, ou du moins quelque *notion commune* en toutes sortes de *ceremonies*, de *folies*, *d'erreurs* & de *fictions*, sur le fondement de laquelle elles sont basties & apuyees: c'est pourquoy i'ay conseillé, & conseille encore de les examiner, & de les separer, afin de les mettre au rang des autres notions communes, & afin que le Lecteur ayt premierement ce qu'il doit sçauoir, & puis ce qu'il doit croire. Car l'on trouue quasi en toute sorte de doctrine, & particulierement en la Theologie, des obiets d'entendement & de foy, de maniere qu'il y en a assez pour l'exercice de l'vn & de l'autre. Or la *relation* est distincte de la *quiddité*, en ce qu'elle est *naturellement posterieure*, en ce qu'elle a *ses termes hors de soy-mesme*, & qu'elle a *raport à d'autres choses*: de la *qualité*, parce qu'elle ne reçoit *intention* ny *remission*, ny mesme *coruption*, quand elle est *reelle*; & de *la quantité*, quasi en *toutes ses afections*. Quant aux facultez qui répondent à cette question, ce sont les *instincts naturels*, les *sens internes* & les *discours*, car les *sens externes* n'aydent nullement en cette question, si ce n'est entant qu'ils se raportent aux sens superieurs; mais i'ay montré cy-dessus comme *l'instinct naturel*, & les *sens internes* regardent principalement les *relations reelles*, le discours celles *d'attribution*, & comme tous ensemble ils regardent les raports qui sont meslez.

Ie viens à la combinaison de cette question auec les autres questions, dont le Lecteur doit remarquer la necessité, à cause de sa prodigieuse étenduë. Voicy donc les premieres combinaiſons de cette queſtion, *quelle relation ou raport à l'exiſtence, quelle relation ou raport à ſa quiddité, quelle relation ou raport à ſa qualité, à ſa quantité*, à ſon *pourquoy*, à ſon *comment*, à ſon *où*, à ſon *quand*, à ſon *d'où*, & à ſon *pourquoy*.

La faculté qui propoſe la queſtion comment, par quelle choſe, & par quels moyens.

En latin, *Quomodo, per quod, vel quibus mediis*.

Cette faculté examine les moyens, ou les *conditions* neceſſaires pour la perfection des *actions* de chaque genre; or ces moyens ſont diferens ſuiuant la diference de *l'obiet*, de la *faculté* & de *l'analogie*; car ce qui ſe paſſe par l'organe de la *veuë* requert d'autres *milieux*, que ce qui paſſe par ceux de *l'odorat*, du *gouſt* & du *toucher*: & certaines choſes ſont requiſes à la conformation des *ſens internes*, qui n'apartiennent pas proprement aux *externes*: & finalement il y a des choſes qui ſont propres à la conformation du *diſcours*, qui n'apartiennent point à *l'inſtinct naturel*, & au contraire, comme i'ay deja dit cy-deuant; de ſorte que toute la dificulté conſiſte (ſoit dans l'analogie que les choſes ont auec nous, ou entr'elles) à trouuer les *moyens*, par l'entremiſe deſquelles toutes choſes peuuent mutuellement agir les vnes ſur les autres: & c'eſt pour cette raiſon que tout le ſecret de la ſcience conſiſte à trouuer les *moyens*. Partant les loix & les regles generales des actions doiuent eſtre priſes de cette queſtion; & lors qu'on les aura, la Magie naturelle ſi renommee chez les Anciens, reprendra ſa vigueur. Ce ſont donc ces *moyens* qu'il faut diuiser en de certaines classes, afin de passer à leurs combinaisons, & de voir si ceux qui sont necessaires dans les obiets composez (soit des *choses*, des *paroles*, ou des *figures*) s'y rencontrent. Car les *milieux* se meslent ensemble, & ce qui est *principe* à l'égard de l'vn, est *moyen* à l'égard de l'autre, comme l'on remarque par tout. Or puis qu'il est constant que les simples obiets desirent d'autres *moyens* que les obiets *composez*, qui ne se comprennent pas sans le discours : il faut remarquer que bien que les moyens qui seruent à conformer ces deux sortes d'obiets auec leurs facultez, soient faciles à trouuer, nous ne sçauons pas neanmoins le plus souuent, par quel moyen ils ont cette proprieté en eux mesmes. Par exemple, bien que tu sente que le feu, dont tu t'aproche, t'échaufe, tu ne sçauras iamais comment le feu est chaud en soy-mesme. Il faut dire la mesme chose de la *couleur*, du *son*, &c. (s'il n'y a quelque notion commune) parce que ces choses dependent de la nature. Mais il en va autrement dans les choses artificielles, dautant qu'elles dependent de notre esprit, c'est pourquoy les moyens de l'art peuuent estre connus, & sont tellement necessaires, que sans eux l'on ne peut établir les fondemens de l'art : Partant il faut croire que ce qui est le plus beau dans la speculation de la nature & de l'art, comme aussi le plus dificile, consiste dans la recherche des *moyens*, & lors que le *discours* essaye de suppleer à toutes sortes de defaux, s'étendant plus qu'il ne doit, il tombe aysément dans l'erreur, y ayant fort peu de choses dans *la nature* que nous puissions remarquer exactement : car nul ne comprendra iamais la raison du mouuement du poulx & des arteres, quoy qu'il le sente en soy-mesme : i'expliqueray neanmoins la cause *eficiente*, & *la formelle*, & mesme la *materielle*, en ce qu'elle est cause, dans la question *d'où*, cependant le defaut des *moyens* est la cause de toute notre ignorance : car les facultez ne peuuent manquer par quelque obiet que ce soit, ny la *creance* pour leur conformation : car qui peut nier qu'il ne doiue comprendre toute sorte d'obiet, (soit *humain* ou *diuin*) lors que les *milieux*, ou moyens necessaires se rencontrent ?de sorte qu'il n'y a point d'autre cause qui nous empesche d'entendre toute sorte de *verité*, ou de la *croire*, que le defaut des *moyens* requis, ou *l'empeschement* que nous aportent les moyens, qui ne sont pas propres, car l'esprit n'a point de bornes, & s'étend indeterminément à toutes choses : c'est pourquoy l'on dit fort bien que si l'on redonnoit à vn vieillard les organes de sa ieunesse, il comprendroit aussi bien toutes sortes d'obiets, comme il faisoit estant ieune. Si l'on oste la taye des yeux, les ordures, ou les autres empeschemens des oreilles, &c. ils feront fort bien leur deuoir, car l'ame ne vieillit point. Ce que i'ay voulu briefuement expliquer touchant les *moyens* dans la question *comment*, dont les autres questions sont tellement diferentes selon toute l'étenduë de la raison, qu'il n'est pas besoin d'en parler dauantage. Quant aux facultez qui luy sont destinees, ce sont *l'instinct naturel* & le *discours*, d'autant que les sens *internes* & les *externes* ne vont point à la maniere, ou aux loix des actions : où il faut remarquer que i'attribuë tout ce qui se trouue dans le *consentement vniuersel* des hommes, à *l'instinct naturel*, (quoy que la raison n'en trouue point de cause) & que ie *permets* le reste au *discours*. Les combinaisons de cette question sont comme *est l'existence*, co-

ment est la quiddité, comment est la qualité, comment est la quantité, comment est le raport, ou la relation, comment est le comment, ou le moyen, comment est son où, comment est son quand, son d'où, & son pourquoy.

La faculté qui propose la question où. En latin, *Vbi.*

Cette faculté s'enquert des obiets, en tant qu'ils sont en *quelque lieu*, ou en quelque *espace* hors du lieu, & se termine en la *situation* (qui répond à la question de la *quantité de l'où*) elle acomplit toutes les capacitez des choses. Or la *situation* est diferente du *lieu*, en ce que la premiere signifie *la place* & *la posture*, & que le second signifie seulement la *place* de l'obiet : ce qui importe grandement, quoy que cela semble subtil, afin d'entendre que les extremitez de l'obiet ont bien vne autre consideration que celles du lieu. Or toute sorte de *lieu* à l'égard de l'obiet, est vne circonstance tres-propre, & familiere à la memoire, c'est pourquoy les lieux seruent grandement à la reminicence ou au ressouuenir, les diferences du mouuement local sont *deuant*, *derriere*, *en haut*, *en bas*, *à droite*, *à gauche*, *à costé*, &c. car pour ce qui concerne *la situation*, (suiuant mon opinion) ie l'ay mise, au commencement du liure, entre les conditions necessaires à la conformité des obiets auec les facultez ; mais ie laisse le discours des facultez, qui aperçoiuent en quelque maniere vniuersel leurs obiets, par de tres grandes distances, (pourueu que les organes ne soient nullement empeschez) d'autant qu'il n'apartient pas à cette question ; & viens aux facultez qui y répondent, à sçauoir aux *sens ex-*

ternes, & à quelques *internes*; dont les *externes* regardent le *lieu* des choses qui sont hors de nous, & les *internes* se seruans du *discours*, regardent l'ordre, la distribution, & l'étenduë de quelques obiets interieurs, comme on peut assez comprendre par la curieuse obseruation de ce que i'ay enseigné dans ce liure. Voicy les premieres combinaisons de cette question : *où est l'existence, où est la quiddité, où est la qualité, la grandeur, la relation, le comment, le lieu, le d'où, & le pourquoy*, lesquelles se rencontrent toujours, parce que nous ne pouuons pas mesme nous figurer qu'aucune chose puisse estre sans lieu.

La faculté qui fait la question, Quand. En latin, *Quando.*

Cette question nous sert pour parler des *obiets*, entant qu'ils sont mesurez par le temps, soit *present*, *passé*, ou *auenir*, soit qu'on les considere par delà le temps, pour les descrire par leur *Eternité* : de sorte que les moments des temps apartiennent à cette question, & parce que la raison generale des temps se prend fort bien du mouuement des corps celestes, nous sommes aysément portez à l'esperance de l'immortalité, lors que nous experimentons la mesme constance & vertu, sans aucune diminution dans ces corps diuins, que nos ancestres y ont remarqué de tout temps : & que nous voyons que les mesmes herbes, & les mesmes fruits n'ont point perdu leurs forces & leurs vertus; & partant ce qui tient dans nous son origine du Ciel, ne peut mourir, quoy que chaque chose retorne au lieu d'où elle estoit partie. Mais ie viens aux facultez destinees à cette question, dont les vnes regardent le *temps present*, les autres *le passé*, & les autres *le futur*: car puis que ces temps sont diferens, & que les conditions requises à leur conformité sont diferentes, ils répondent aussi à des facultez diferentes. Ie commence par *l'instant*, car la faculté, qui regarde le *present*, ou le *moment* du temps, est vne certaine faculté analogue particuliere, qui ne peut estre tiree du *mouuement*, lequel est posterieur, puis qu'il est fait de plusieurs parties suietes à plusieurs instans: de sorte que la faculté qui considere le *mouuement*, est trop lente, & qu'il est necessaire que tout soit passé, quand cette faculté iuge de *l'instant*. Il faut donc qu'il ayt vne faculté particuliere & proportionnee en nous, ce qu'enseigne mesme le sentiment, autrement chacun aperceuroit seulement qu'il auroit esté, mais non qu'il est maintenant: & bien que le temps & le mouuement puissent encore estre comparez ensemble, ils sont neanmoins tout à fait distincts, comme l'on void en ce que tant *l'instant*, que *l'Eternité*, laquelle tous atribuent au *premier estre*, ne peuuent s'expliquer par le *mouuement*: car comme le *mouuement* n'ariue point à *l'eternité*, de mesme *l'instant* coule & se passe dans le mouuement. Il y a aussi vne faculté pour les choses *passees*, diferente de la precedente, comme l'on prouue par les *diferentes conditions*, & les *diuers sentimens*. Or cette faculté (sans parler de la memoire & de la reminicence) répond par vne certaine creance muette; laquelle ie distingue tellement de la credulité, qu'encore que ie mette l'histoire ancienne entre les *vray-semblables* (comme dependante de l'autorité de celuy qui l'a escrite,) il peut neanmoins se rencontrer de certaines choses saintes & *sacrees* dans les Auteurs (par exemple quelques iugemens de Dieu) aufquelles tout le monde croira ; ce que l'on doit pour lors reconnoistre comme vn instinct naturel, ou du moins comme le propre ouurage de la grace. Mais parce que cette sorte de sentiment est assez obscur, il faut y aporter vne grande diligence & atention : car les sentimens qu'excite la lecture des Auteurs, sont le plus souuent les notions communes, qui nous admonestent d'estre *iustes, temperans, & constans, & d'euiter la vengeance diuine*. Mais n'y a-il point de faculté pour considerer *l'auenir*, & n'en aurons nous qu'vne simple *coniecture* ? Le sens corporel priué de preuoyance, & qui s'ocupe si fort aux choses presentes, qu'il est dificile de l'en destacher, captiuera-il tellement l'homme, qu'il ne puisse vser de sa faculté plus diuine, qui semble tâtonner, & mesme goûter les siecles auenir, s'il n'est excité de quelque estrange maladie, du vin, de la furie, & de l'enthousiasme ; & n'y aura-il que les seules choses futures & eternelles que nous rechercherons en vain ? l'homme ne comprend-il pas mieux la vie à venir, que l'enfant enfermé dans les flancs de la mere ne comprend celle-cy ? Quoy qu'il en soit, il est tres-certain que ces facultez ne nous ont pas esté donnees sans raison, dont l'ame qui est preste de quiter son corps, a tellement coûtume d'vser, qu'il semble qu'elle bate des aisles pour voler. Il est donc croyable, que si elle ne se sert de ces facultez en cette vie, elle en vsera du moins apres, puis qu'il n'y a nulle aparence que la nature nous les ayt donnees en vain, & qu'il faut croire que nous connoistrons alors clerement les choses passees & les futures. I'ay parlé cy-dessus de la maniere vniuerselle, dont nous pouuons sentir, & mesme preuoir l'auenir, c'est pourquoy ie viens à la distribution des facultez destinees à cette question. Or ie mets entre les facultez corporelles, & qui apartiennent à la *nature animale*, le sens *precipité*, qui s'ocupe tout entier à ce qui est *present* (bien que l'esprit ne manque pas de faculté pour les choses presentes) car les facultez ne considerent le passé, & l'auenir, sont bien plus excellentes & s'aprochent de plus pres de la diuinité. Nous auons encore vne *faculté qui répond à l'eternité*, & laquelle ramasse en vn le *passé*, le *present* & *l'auenir*, par le moyen des notions communes. Quant aux premieres combinaisons de cette question, qui se mesle par tout (puis que *est*, *a esté*, *&* *sera*, sert de lien à toute sorte de verité) ce sont celles qui suiuent, *quand est l'existence*, *quand est la quiddité*, *quand est la qualité*, *la quantité*, *la relation*, *le comment*, *l'où*, *le temps*, *le d'où & le pourquoy*.

La faculté qui propose la question, D'où. En latin, *Vnde*.

Cette question sert pour trouuer les *causes eficientes*, *formelles* & *materielles*, car *d'où*, veut dire tout cela : c'est pourquoy les questions exprimees par les dictions, *de qui*, *pour quelle cause*, &c. se raportent à celle cy ; c'est aussi pourquoy ie les mets toutes en vne, pour abreger, afin qu'elle comprenne toutes les questions qui concernent les causes, excepté la question *pourquoy*, ou *à quelle fin* : où il faut remarquer que cette question, entant qu'elle contient la cause eficiente, est diferente de la question *comment*, en ce que celle là comprend *simplement la cause eficiente*, & celle-cy sa *maniere d'agir* ; de sorte qu'elles sont distinctes entr'elles, ce que n'a pas remarqué l'école, quoy qu'elle essaye de distinguer la cause *formelle* d'auec *l'eficiente*, bien qu'elles ſoient preſque toujours les meſmes dans les *choſes naturelles*; car s'il y auoit vne cauſe *formelle* qui n'agiſt point, il ne faudroit plus dire qu'elle euſt la nature de la cauſe *formelle*, mais celle du *principe*. Or la *cauſe*, generalement parlant, ſignifie ce dont l'eſtre de la choſe depend; par où le principe eſt diferent d'auec elle, parce qu'il eſt moins determiné, & a plus d'étenduë; vous voyez donc ce qui eſt compris dans cette queſtion: quoy que ie n'empeſche pas qu'on ne les diuiſe en diuerſes parties, atendu que la recherche des diferences eſt ce qui donne entree à la verité dans toutes ſortes de ſciences.

Or il n'y a point de queſtion qui requere vn plus grand examen que celle-cy, car puis que rien ne ſe fait ſans *cauſe*, l'on ne peut rien connoiſtre parfaitement ſans elle: c'eſt pourquoy il faut toujours venir à quelque *premiere cauſe* dans la derniere reſolution: & ce n'eſt pas merueille ſi les ſens corporels ne la connoiſſent pas, puis que l'ame ne ſe connoiſt pas elle meſme. Il ſufit que l'entendement la voye, & que chaque obiet en rende teſmoignage. La diuiſion des *cauſes* ſe fait en la *cauſe*, & en celle qui l'acompagne, qu'on peut apeller *concauſe*, ou *cauſe concomitante*; *en la cauſe par ſoy*, & en la *cauſe accidentelle*; en la *cauſe ſimple & composee*; en la *commune & propre*, en la *plus & moins principale*; & en *l'éloignee*, *la prochaine*, *& la tres-prochaine*: & c'eſt à quoy les Auteurs ont aſſez trauaillé, leſquels il faut lire, à condition que lors qu'on en ſera aux *cauſes moyennes*, qui ſe trouuent entre la premiere & la derniere, l'on ſe ſouuienne de conſiderer par quelle faculté ils prennent ce qu'ils diſent, pour ce que la recherche de la chaine de ces *cauſes* eſt fort embroüillee & tres-dificile ; & que l'on vse d'vne grande precaution auant que de iuger, lors qu'il se peut rencontrer plusieurs *causes*. Par exemple, la pierre peut estre endurcie par la *chaleur*, par la *secheresse*, par le *froid*, par le *sel*, &c. de sorte qu'il est aysé de s'abuser dans l'vne de ces causes, quoy que le vulgaire s'en tienne à l'vne, ou à l'autre; car la *notion commune* nous dictant que toutes choses ont vne *cause*, le *discours* s'en sert tellement pour descendre aux *particulieres*, qu'il conclud le plus souuent que chaque obiet n'a qu'vne cause, dont ie traiteray dans mon liure des causes de l'erreur, s'il plaist à Dieu ; & où ie montreray non seulement qu'il y a quelque verité cachee presque en toute sorte de fausseté, mais ie donneray les moyens de la trouuer. Il n'y a donc point de danger de mettre des *causes mixtes* pour les choses *meslees*, puis que la simplicité de la cause formelle, qui les ioint toutes ensemble, n'en empesche nullement : car puis que la *forme* ou *l'ame* de chaque agent naturel, ou viuant, est ce *qui a la connoissance de son espece*, elle pourra donner vn caractere à la matiere, & se deliurer elle mesme par sa vertu formatrice, & en fin s'expliquer à nos facultez. Cependant l'on décrit fort bien la *matiere* par l'aptitude qu'elle a pour les formes, car il ne faut pas croire qu'on la puisse autrement rechercher.

Pour les facultez qui répondent tres-bien à cette question, ce sont *l'instinct naturel*, & le *discours* : au reste nous auons plusieurs *notions communes* touchant les causes, qui sont merueilleusement cultiuees par le *discours*, qui ne laisse pas quelquefois de suposer ses causes, iusques à tant qu'il embroüille tout, sautant tellement de cause en cause, que si *l'instinct naturel* ne nous aprenoit qu'il y a vne premiere *cause*, il ne nous donneroit iamais du repos; il faut donc bien distinguer tout cecy, afin que l'on mette à part les connoissances qui viennent de *l'instinct naturel*, & celles qui viennent du *discours*; & que nulle faculté ne s'étende hors de son ressort, afin de fermer la porte à toute sorte d'erreur, voyez les premieres combinaisons de cette question: *d'où est l'existence, la quiddité, la qualité, la quantité, la relation, le comment, le lieu, le temps, le d'où & le pourquoy.*

La faculté qui propose la question. Pourquoy. En latin, *Cuius gratia.*

Cette question sert pour trouuer la cause finale des obiets, & se peut expliquer en plusieurs manieres; par exemple, *pourquoy, pour quelle raison, à quelle fin*, &c. Or la cause finale est celle *en faueur de laquelle la chose est*, & parce que la *notion commune* aprend que tout agent naturel agit pour quelque fin (tel qu'il soit) il faut premierement la rechercher és choses, tant que faire se peut, car toutes choses dependent de la fin en quelque maniere, c'est pourquoy l'on doit examiner auec toute sorte de diligence, s'il y a quelque fin accidentaire & souz-ordonnée, au lieu de la fin veritable; or l'on diuise les fins en la fin *par soy & par accident*, en fin *plus & moins principale*, en *commune & propre*, en *prochaine & mediate*, en *éloignee*, plus *éloignee & derniere*, où l'on doit remarquer que la *fin par soy*, n'empesche pas celle qui n'est que *par accident*, ny la *principale la moins principale*, ny la *derniere* la *moyenne*, ny la *propre la commune*, ou au contraire; si ce n'est lors qu'elles ne sont nullement souz-ordonnées; il y a donc vne chaine ordonnee des *fins* comme des *causes*, & les fins aboutissent à d'autres fins, comme les causes aux causes : quoy qu'outre la fin prochaine & la derniere, nous ayons fort peu de connoissance des fins qu'ont les choses ; & mesme il faut vser d'vne grande discretion en parlant de la derniere fin des choses (car nous ne pouuons rien sçauoir au delà de nostre analogie, si nous ne voulons surpasser nos facultez) si nous n'en auons quelque *notion commune*, partant bien que les plantes, les animaux, &c. apartiennent tellement à notre analogie, que nous en sçauons beaucoup, neanmoins il faut bien prendre garde de ne rien asseurer à la legere de la fin, pour laquelle elles ont esté produites. Cependant i'apelle la *fin derniere*, celle en faueur de laquelle sont toutes les autres *fins moyennes*, car celle qui est pour vn autre, ne peut estre la derniere. Or pource que la fin commune de toutes choses est la *beatitude eternelle*, comme estant le meilleur estat de tous pour conseruer le propre estre, toutes choses y courent de toutes leurs forces; de sorte que si elle ne se rencontroit en Dieu, ils passeroient encore plus outre. Donc toutes choses vont en quelque sorte *à Dieu*, c'est à dire *à la beatitude Eternelle* : ce qui parest encore plus clerement en considerant que l'atribut de Dieu, qui est le plus receu par le *consentement vniuersel*, est la *beatitude*, puis que ceux-là mesme qui ont nié sa *prouidence particuliere*, l'ont fait exempt de toutes sortes de miseres, afin de le reconnoistre *bien-heureux*. En fin il n'y a pas iusques aux enfans qui ne reconnoissent & desirent *Dieu* en cette maniere, quoy qu'il semble *caché* & *éloigné* de nous. Les facultez qui seruent à cette question sont *l'instinct naturel*, *& le discours*, à sçauoir les mesmes

de la

de la queſtion precedente, parce que la premiere cauſe & la derniere fin de toutes choſes, ſont vne meſme choſe.

Quant aux premieres combinaiſons de cette queſtion, ce ſont les ſuiuantes, *pourquoy eſt l'exiſtence, pourquoy eſt la quiddité, la qualité, la quantité, la relation, le comment, le lieu, le temps, la cauſe & la fin.*

Les queſtions de la *conſcience* qui ſuiuent, conſiſtent à ſçauoir, *ſi la choſe* dont on agit, doit *eſtre telle*, & *ce qu'elle doit eſtre*, &c. iuſques à ce que l'examen ſatisfaſſe au reſſort interieur : & c'eſt icy où ſe doiuent reduire toutes les queſtions qui nous apartiennent, ou qui concernent le reſſort interne de l'ame ; car quant à ce qui apartient aux choſes naturelles, qui ſont hors de notre portee, cette queſtion eſt trop licentieuſe ; mais ie trait●ay plus amplement de cecy dans mon liure de la *Conſcience.* Aquoy l'on pourroit ajoûter (ſi l'on deſiroit pallier la verité) les choſes ſemblables & diuerſes, &c. mais il en faut vſer auec diſcretion, puis que l'on peut tirer tout ce qui apartient à la verité par le moyen des queſtions precedentes, ſi l'on en ſçait bien les combinaiſons ; car ie reiette ces ſimilitudes, & ces belles equiparences, comme des preſtiges & des charlataneries, de mes veritez, puis que la *reſſemblance* nous donne autant d'ocaſion d'erreur, comme la *diference* nous en donne pour la verité.

Il reſte maintenant que ie parle des combinaiſons, & de l'vſage de mes Zeteriques, quoy que pour ce qui concerne les combinaiſons, il n'eſt pas neceſſaire que i'en parle beaucoup, puis que chacun peut conclure tout ce qui doit ſuiure iuſques à la trois & quatrieſme, & meſme la dixieſme combinaiſon, par ce qui en a eſté dit en chaque queſtion; où il faut s'arreſter lors que l'on ſe propoſe la parfaite connoiſſance de quelque choſe. Il faut donc ioindre ces queſtions *alternatiuement*, afin de connoiſtre tout ce qui ſe peut ſçauoir d'vn *obiet ſimple*, ou *composé*. N'importe que les paroles dont on vſe, ſemblent barbares en expliquant ces combinaiſons, puis que les *paroles* ne répondent pas toujours aux *choſes*, ny les *choſes* aux *paroles*, qui ſont quelquefois *ſuperfluës*, & d'autres fois elles *manquent* entierement. Il ſufit qu'elles ſeruent pour *retourner* aux facultez, & pour examiner toutes les ſciences, car il n'eſt pas poſſible de penſer autre choſe que ce que contiennent les combinaiſons de ces queſtions, faites ſuiuant ma metode, & il n'y a point d'autres facultez qui y répondent, ny qui puiſſent eſtre conformees d'autre ſorte: c'eſt pourquoy il en faut tirer toutes les conformitez des choſes.

Car quiconque abandonne mes queſtions dans quelque obiet que ce ſoit, il n'ariue point à la connoiſſance de la choſe, & l'on ne peut rien s'imaginer qui aille plus auant qu'elles font. Au reſte il faut que le Lecteur s'établiſſe vn nombre bien ordonné des *diferences*, par le moyen deſquelles, iointes à mes *queſtions*, il peut venir à bout de tout ce qu'il entreprendra: par exemple, propoſez-vous tel obiet qu'il vous plaira, ſoit *ſimple*, ou *composé*, vſer des facultez analogues pour trouuer *s'il eſt*, & puis *ce qu'il eſt*, & finalement combinez mes queſtions, & vous trouuerez qu'il ne manquera rien. Et lors que vous voudrez ajoûter vn nouuel atribut à quelque propoſition, faites la meſme choſe, en examinant *s'il eſt*, & *ce qu'il eſt*, &c. En apres voyez les facultez qui répondent à toutes ces choſes, afin que vous formiez quelque iugement.

Cependant les oyseux *admireront* peut-estre que tous les axiomes, & les dogmes des Auteurs ne sont autre chose que certaines combinaisons des diferences (à sçauoir de celles ausquelles nos facultez sont destinees) faites par le moyen de mes questions, & par le lien *Est*, (car le *non est* peut se raporter *à l'est*) & qu'ils ne peuuent passer au delà : & si l'on experimente cecy (quoy qu'il soit quelquefois dificile) l'on auoura que i'ay expliqué la metode entiere de la science.

Il faut donc essayer d'examiner toutes les propositions qui se lisent dans les Auteurs, suiuant nos questions, ausquelles elles apartiennent, afin de connoistre les facultez qui y répondent (soit dans l'ordre de *l'instinct naturel*, ou du sens *interne*, de *l'externe*, ou du *discours*) & les conditions requises aux conformitez. Et cependant il faut croire que les Auteurs font l'ofice des obiets, lors qu'ils éueillent les notions communes; ce que le sens mesme nous enseigne, si l'on y prend garde. C'est pourquoy les Auteurs, particulierement ceux qui traitent des *causes* & de la *fin* des choses, nous seruent pour ce sujet: car il nous est si naturel de demander *d'où* viennent les choses, & *pourquoy* elles sont, que *l'instinct naturel* répond le premier en cette matiere, comme i'ay déja dit : de sorte que, pour laisser la Philosophie à part, la *religion* & la *loy* iuste est aussi bien commandee par la *Conscience*, que par le *Pontife* & par le *Magistrat*, lequel ne luy commande pas dauantage, qu'elle se commande à soy-mesme. Et bien qu'il se trouue des preuaricateurs de l'vn & l'autre, la *conscience* n'en est pas cause, bien que la conscience (comme toute autre faculté) puisse estre empeschee quelque temps, & qu'elle puisse demeurer muette sans l'obiet dont elle a besoin. Partant toutes les veritez dependent de la comprehension necessaire des obiets. Car la faculté qui est empeschee, ne comprend pas son obiet, d'où il ariue que les preuentions d'esprit, & la preocupation des fausses opinions détruisent tout le systeme de la verité, comme i'ay dit au commencement de ce liure. Donc lors que tu reprends quelqu'vn d'erreur, il ne faut pas reieter toute l'opinion, puis qu'il y a quasi toujours quelque verité dans toute sorte d'erreur; & partant c'est ce qu'il faut premierement examiner, & iusques où l'on conuient. Et puis il faut montrer par nos questions, & nos propres facultez comme quoy l'erreur s'est glissé; & en cette maniere l'on quitera l'opiniastreté, qui se trouue en ceux qui veulent soûtenir leurs opinions à quelque prix que ce soit, & l'on preparera le chemin pour toutes les autres veritez. Et lors que les obiets des choses, des paroles, ou des signes réueilleront les facultez, l'on auancera merueilleusement dans la verité, particulierement si considerant la diuersité des sens, ou des afections que l'on ressent dans soy-mesme, l'on remarque dans la memoire par vn caractere nouueau ce qui sera nouueau; car l'on iuge de toutes les actions des facultez par le *sens interne*, puis qu'il n'y a nul autre moyen de distinguer *l'entendement d'auec la volonté*, *l'amour d'auec la haine*, &c. Et si l'on se sert bien de ce *sens interne*, l'on trouuera dans soy-mesme autant de *facultez interieures*, qu'il y a de *diferences quidditatiues* ou essentielles des choses, comme i'ay dit au commencement de ce Liure.

C'est pourquoy il faut donner des noms à toutes ces choses, afin que le nombre des *facultez* & des *obiets* soit certain, car i'ay expliqué vne metode bien facile de toutes les queſtions qu'on peut faire ſur ce ſuiet, ſans neanmoins qu'il ſoit tellement neceſſaire de ſuiure l'ordre que i'ay donné, que l'on n'en puiſſe ſuiure vn autre. Car en de certains obiets l'on peut examiner la queſtion *du lieu*, *du temps*, & *des cauſes*, &c. apres celle de *l'exiſtence* & de la *quiddité*. Au reſte il faut conſiderer en pluſieurs ſuiets nos queſtions *compoſees* auant les *ſimples*. Enfin l'vſage de mes queſtions conſiſte en ce que chacun s'en peut ſeruir, ſoit ſçauant ou ignorant, Grec ou Barbare, pour établir vne ſcience tres-certaine, par les ſeuls dons de nature & par l'experience, touchant toutes ſortes de *definitions*, *diuiſions & concluſions*, ſans l'ayde d'aucun Maiſtre, & peut determiner ce qui eſt *vray*, *vray-ſemblable*, *poßible* & *faux*, ſans qu'il reſte aucun doute, par le moyen des propres facultez, en donnant le premier degré de certitude aux *notions communes*, celuy d'apres aux *ſens internes*, & aux *externes*, & le dernier au *diſcours*, en condannant ou aprouuant les écrits des autres, ſuiuant les loix precedentes. Car l'on enſeigne icy tout ce qui ſe peut ſçauoir par les facultez, au delà deſquelles à peine peut-on vſer d'aucune bonne coniecture, c'eſt pourquoy les Auteurs, quelque autorité qu'ils ayent, ne doiuent plus maintenant impoſer, car puis que nous conſiderons les meſmes obiets, pourquoy l'vn deuiendra-il plus ſçauant que l'autre? Il ne faut pas cependant s'emanciper, & l'on doit pluſtoſt ſe tenir dans l'étenduë des facultez, que de paſſer au delà. Et partant que le ieune homme qui eſt tourmenté par ſon Regent, ne penſe pas que ce luy ſoit vne choſe honteuſe, de ne comprendre pas les ſubtilitez & bagatelles de l'école, pourueu qu'il ne nie point que les choſes ne puiſſent eſtre en cette façon, car les facultez qui prouuent que les choses sont ainsi, ne prouuent iamais qu'elles ne peuuent estre en autre maniere, si elles ne repugnent entierement à quelque notion commune. Il faut donc reduire tout ce qui se dispute dans les écoles à voir *par quelle faculté* elles prouuent leurs opinions, & prendre garde tres-soigneusement, comme i'ay souuent auerty, qu'elles ne prennent pas auec le *discours* ce qui sert d'obiet aux *sens externes*, ou aux *internes*, & au contraire; & qu'elles ne diminuent pas l'autorité & la creance des *notions communes*, mais qu'elles donnent tellement ce qui apartient à chaque faculté, que l'erreur ne se puisse glisser; & afin qu'il ne manque rien icy, ie montre la metode d'étudier par les Dictionaires mesmes, où l'on trouuera des vocables assez propres, non seulement pour expliquer les plus simples diferences des choses, mais aussi qui expriment quelquefois leurs combinaisons, & mélanges. C'est donc ce qu'il faut premierement considerer, en demandant de chaque chose signifiee par chaque diction, premierement *si elle est*, *ce que c'est*, *sa qualité*, *sa grandeur*, *ses raports*, &c. & puis à quelle faculté elle répond, & finalement quelles loix seruent à sa conformation; & en ce faisant l'on fera vn ramas tant des quidditez des choses, que de leurs relations diferentes, qui sont épanduës dans les Dictionaires; or il faut aussi vser des Auteurs qui sont estimez les meilleurs par les plus sages, conioinctement auec les propres facultez, & i'estime que cette metode d'étudier est la plus aysee; & rien n'arrestera, si l'on comprend parfaitement ce que i'ay dit dans la question de *la quiddité*, de l'inuention des diferences, des especes & des genres. C'est seulement à faire au Lecteur d'aprendre la Grammaire, à laquelle il pourra ajoûter la Logique, laquelle ie recommande tant que ie peux, pourueu qu'on prenne garde aux erreurs que i'ay souuent repris en ce liure.

Et mesme l'on peut retenir les noms des predicamens, pourueu qu'on les explique suiuant ce que i'ay dit. Il reste maintenant de faire voir à la fin de mes Zetetiques, le *nombre des Propositions* qui se peuuent faire de telles choses qu'on voudra, soit qu'elles soient *veritables* ou *fausses*: & pour ce sujet il faut multiplier le *premier* vocable par le *second*, & puis le *produit* par le *troisiesme*, & derechef le *quatriesme* par le *produit*, & ainsi des autres, iusques à la fin du liure; excepté les seuls synonymes, au lieu desquels l'on mettra les *modes*, & les *declinaisons* des verbes, &c. qui apartiennent à la Grammaire, & en ce faisant l'on aura le nombre entier de tout ce qu'on peut dire, soit *vray* ou *faux*. Ce que i'ay icy voulu remarquer, afin que l'on sçache qu'on peut prescrire les bornes de l'vn & de l'autre, l'inuention au reste n'en estant qu'inutile.

Ce sont là mes Zetetiques, esquelles il ne sufit pas de sçauoir simplement les questions, & les dictions, si quant & quant l'on n'imprime dans son esprit leurs *explications*, & leurs *combinaisons*, suiuant ma metode; ce que l'on trouuera plus mal-aisé, à raison que les Auteurs vsent de nos dictions en vn autre sens que nous ne faisons: ce qu'il faut particulierement remarquer, afin de faire l'anatomie, & la resolution des opinions vulgaires, car ma metode diuise les Propositions, & les presente par de petites parcelles. L'on pourroit ajouter plusieurs choses du peu d'étenduë des predicamens ordinaires, comme aussi de leur mauuaise distribution, diuision & confusion: mais ie laisse cela, pource que ie n'ay pas dessein d'écrire contre les Auteurs, & que chacun peut iuger ce qui en eſt, en conferant ce qu'ils ont dit, auec mes penſees, pour leſquelles ie voudrois que l'on euſt trouué des dictions aſſez latines.

Or afin que le Lecteur ingenu ne puiſſe rien ſouhaitter dauantage dans ma doctrine, i'aioûte icy vne definition de la verité, priſe ſelon mon ſens, ſuiuant la metode que ie viens d'enſeigner.

Queſtions.	*La definition de la Verité.*	*Preuues.*
La queſtion ſi elle eſt.	La Verité eſt	*La notion commune.*
Ce qu'elle eſt.	Vne certaine conformité conditionnelle.	*La notion commune.*
Quelle elle eſt.	Ayant des conditions, qui ne ſe trouuent pas toujours, & neceſſairement, quoy qu'elles ſoient requiſes toujours, & neceſſairement.	*La notion commune & le diſcours.*
De quelle grandeur, & auec quel raport.	Capable de la meſme étenduë que les choſes meſmes, pourueu que les conditions s'y rencontrent.	*La notion commune & le diſcours.*
Auec quelle relation.	Entre toute ſorte d'obiet, d'aparence, de concept & d'entendement.	*La notion commune & le ſens.*
Comment.	Moyennant les conditions requiſes à la verité de toute ſorte d'obiet, d'aparence, de concept & d'entendement.	*La notion commune & le diſcours.*
Quand.	Lors que les obiets ſont conformez auec leurs propres facultez	*Le ſens.*

par les

par les conditions precedentes.

Où. Constituee dans le point requis de la conformation. *La notion commune & le sens.*

D'où. Procedante de quelque cause premiere, qui dispose l'analogie des choses (&) *La notion commune.*

Pourquoy. Qui sert à la perfection de l'homme pour sa cause finale. *La notion commune.*

La Verité *a l'ignorance* pour son contraire priuatif, & *l'erreur* pour le positif.

Il reste maintenant que le Lecteur examine, par le moyen de mes questions tant *simples* que *composees*, iusques à la quatriesme combinaison, que c'est que la *conformité*, ce que sont les *conditions*, *quelles elles sont*, de quelle grandeur, &c. & puis il faut ajoûter les *facultez proportionnees*, afin qu'on iuge apres de la verité, dont l'on aura par ce moyen le systeme parfait. Par où le Lecteur peut voir l'imperfection des definitions ordinaires de l'école, lesquelles sont seulement faites de quelques genres souzalterne, & de quelque diference; & auec combien peu de retenuë, & de raison les Auteurs ont donné leurs veritez, auant que de donner la definition de la verité: quoy qu'il n'y en ayt pas vn qui ne croye donner vne pure verité, & qui ne desire qu'on le croye tout seul. Mais il est aysé de iuger ce qui en est par ce que i'ay dit; & si cela ne peut seruir à établir vn art veritable & *demonstratif*, lequel a esté ignoré iusques à present, ie m'asseure qu'il n'est pas possible d'en établir aucun, ie sçay que l'on peut ajoûter plusieurs choses à ce que i'ay dit, mais ie laisse cela pour les écoles: car il sufit d'auoir donné dans cet œuure les fondemens de la verité. Que si quelqu'vn en doute, qu'il considere les definitions des Auteurs, telles que sont celles-cy, *la verité est la conformité auec la pensee diuine, la verité est la forme des choses veritables, la verité est la proprieté de chaque chose*, &c. qui ne sont que des parcelles des definitions, & qui ne seruent pas à resoudre aucune dificulté, qu'il considere, dis-je, s'ils ont tellement defini, ou distingué la verité, qu'elle sufise pour soûtenir le poids & l'importance de leurs liures.

Nous auons parlé des facultez, des obiets & des conditions qui seruent à les conformer entr'eux, il faut maintenant parler de la metode, & d'vn bon ordre, afin que tout le systeme soit bien étably : & parce que les choses dernieres ne peuuent se ioindre aux premieres, que par celles du milieu, & que la premiere faculté, tant de l'homme que de toute autre chose, est *l'instinct naturel*, qui regarde la propre conseruation de *l'induidu*, de *l'espece*, & du *genre*; & finalement que le dernier des obiets est la *beatitude Eternelle*, laquelle est cause que l'on desire les autres biens (les autres facultez & obiets y interuenant) ie comprendray la conformation de cette beatitude dans vne seule Proposition, (entant qu'on le peut deduire des veritez de la nature, où de la prouidence generale de Dieu.) *La beatitude Eternelle se conforme, lors que toutes les facultez moyennes sont bien conformees*. I'ay expliqué cy-deuant bien amplement les facultez moyennes, & les loix, suiuant lesquelles elles se conforment en nous auec leurs obiets propres, ou communs. Le Lecteur a donc maintenant vn tres-beau systeme de la verité pris de la sagesse, ou de la prouidence generale des choses, qui sert de regle pour expliquer la sentence diuine, qui demande qu'on raporte *toute l'ame*, c'est à dire *le systeme en-*

tier des notions communes tres-bien diſpoſé ; *tout le cœur*, c'eſt à dire *tous les ſens intellectuels & diuins de l'interieur*; *toutes les forces*, c'eſt à dire *toutes les afections corporelles*, à ſon honneur. Et ie croy que cette doctrine peut ſufire aux plus ſeueres, car ce n'eſt pas aſſez d'auoir pretendu tellement quellement à quelque foy, ou credulité, ou d'auoir circonſcrit la beatitude par quelqu'vne des facultez telle qu'on aura voulu, elles doiuent toutes y contribuer : & partant la doctrine des notions communes n'eſt pas vne teinture & vne connoiſſance ſi legere que l'on pourroit s'imaginer, mais ſi ſerieuſe qu'elle demande l'homme entier. Et c'eſt ſuiuant ce ſens, que l'on doit entendre ce que tous ont en la bouche, à ſçauoir *qu'il n'y a qu'vne verité*; car puis que ce qui eſt premier, ſe ioint au dernier par ce qui eſt au milieu, par l'entremiſe de la bonne conformation des facultez, le retour ſe fait dans vne ſeule verité, ou conformité. Or afin que l'on ne puiſſe rien deſirer en ce ſujet, i'eſtime qu'il eſt à propos d'expliquer briefuement pourquoy l'école ancienne a obmis de parler de cette doctrine de la *beatitude eternelle*; quoy que ie ſoûtienne qu'elle ne l'a pas obmiſe en éfet : car ſi le *bien ſouuerain* eſt ce que tous deſirent, il eſt meſme choſe que la *beatitude Eternelle*, car à les bien conſiderer, ils ne diferent point, puis que ce qui n'eſt pas *eternel*, ne peut eſtre ſouuerain, ny *bien par eminence*, s'il ne rend pas vn homme bien-heureux en toutes façons: il faut donc conclure que le bien ſouuerain, & la beatitude Eternelle ſont vne meſme choſe ; d'où il eſt euident que la definition de cette beatitude a de grands defaux, lors qu'elle la met *dans l'honneur*, *dans les richeſſes*, *dans le plaiſir du corps*, &c. iuſques à 288. opinions : car puis que nulle des ſuſdites n'eſt ſouueraine, & que quelqu'vne n'eſt pas meſme bonne, il n'y faut pas chercher *le ſouuerain bien*. Or les raiſons pourquoy les vieux Philoſophes (remplis de tenebres) n'ont pas expliqué clerement cette beatitude eternelle, (ſont les ſuiuantes.) Premierement, parce que s'atachant ſeulement aux commoditez de cette vie, & ſe ſouciant fort peu de l'auenir, ils n'ont pas remarqué le deſir qu'ils auoient de l'Eternité, car il ne leur venoit pas ayſément en l'eſprit que ce qu'ils deſiroient eſtre *ſouuerain*, fuſt *Eternel*. En ſecond lieu, parce que l'eſperance de cette beatitude eternelle n'a point entré dans leur reſſort interieur, & dans leur eſprit, à raiſon qu'ils auoient ou deprauë les loix qui ſeruent à ajuſter, & à proportionner les facultez auec leurs obiets, ou du moins qu'ils ne les auoient pas aſſez conſiderees, c'eſt à dire, parce qu'ils auoient mépriſé, ou negligé la *verité*; quoy que le Prouerbe commun, à ſçauoir *Que nul n'eſt bien-heureux auant la mort*, leur ayt eſté connu: ce qui fait que ie ne peux aſſez m'étonner de ce que quelques-vns ont mis ſi froidement leur felicité eternelle dans le repos de leurs troubles & labeurs. Il faut donc conclure *qu'il eſt* tres-vtile d'entendre les excellens Predicateurs, lors qu'ils animent leur audience par l'eſperance d'vne meilleure vie, & qu'ils réueillent les facultez, qui s'endorment quelquefois, par les diſcours qu'ils font des veritables obiets deſdites facultez. C'eſt pour ce ſujet qu'ayant deſir de parler de la reuelation, i'ay mis icy ce qui concerne les notions communes les plus ſolennelles touchant la religion, afin de ſoulager le Lecteur dans cette recherche.

NOTIONS COMMVNES
TOVCHANT LA RELIGION.

VANT que de parler de la reuelation, il faut remarquer quelques autres choses qui la precedent, car toute Religion qui se vante d'auoir des reuelations, n'est pas bonne, & toute sorte de doctrine qui s'en sert, n'est pas toujours necessaire, ny mesme vtile; l'on en peut, & l'on en doit retrancher quelque chose. C'est à quoy la doctrine des Notions communes peut tellement seruir, qu'il n'est pas possible de bien reconnoistre, & discerner la reuelation, ny la Religion sans leur ayde. Car ce que l'on dit vulgairement de la Foy implicite, tant parmy nous, que dans les Prouinces estrangeres les plus éloignees, ne nous sert de rien en ce discours. Comme lors qu'on dit que la raison humaine est aueugle, qu'elle doit ceder à la Foy, que l'Eglise (qui ne peut errer) a droit de prescrire le culte diuin, & par consequent qu'il la faut croire & suiure en toutes choses: que nul ne doit tellement se fier aux forces de son esprit, qu'il ose examiner la puissance, & l'autorité des Prelats, & de ceux qui annoncent la parole de Dieu; qu'il y a des raisons de tout ce que l'on presche (quoy qu'il surpasse la portee de l'esprit des hommes) lesquelles sont si vrayes, qu'il faut plustost les adorer que les examiner, que Dieu peut tout cela, & des choses beaucoup plus grandes. Car tous ces arguments, & plusieurs autres semblables, dont on vse, ſelon la diuerſité des temps & des lieux, ſont auſſi propres pour établir vne Religion fauſſe, comme pour établir la vraye; puis qu'il n'y a nul impoſteur qui ne puiſſe vſer d'vn ſemblable langage pour perſuader ſes reſueries, & pour établir les loix qu'il ſe ſera imaginees; de ſorte que ſi l'on n'aplanit le chemin à la Verité, par le moyen des notions communes, & que l'on ne donne à chaque choſe ce qui luy apartient, ie ne voy pas que l'on ne puiſſe établir telle opinion que l'on voudra. Certes, quoy que dient ceux qui vſent de regles ambiguës, & Lesbiennes és matieres de la Foy, afin d'établir leur doctrine, ils ne font neanmoins autre choſe que ceux qui pour ſoulager les pauures voyageurs auſquels ils ont poché les yeux, promettent incontinent auec vne ſinguliere courtoiſie, de les conduire dans le vray chemin. Mais il en va tout autrement, car le Iuge ſouuerain ne nous fera pas rendre conte de nos actions ſur la foy d'autruy, chacun répondra de la ſienne. C'eſt pourquoy l'on doit établir les preambules, & fondemens de la Religion par la lumiere de la Sapience vniuerſelle, afin que tout ce que l'on y ajoutera apres par la force du dictamen veritable de la Foy, reſſemble aux toits des maiſons, qui ſupoſent & ſuiuent les fondemens.

D'où il apert qu'il ne faut pas receuoir toute ſorte de Religion legerement, ſans au prealable auoir remarqué tres-exactement d'où depend ſa fermeté & ſa dignité, & auoir conſulté les communes Notions, ſans leſquelles la vraye Religion ne peut ſubſiſter, comme le Lecteur auouëra franchement apres l'auoir conſideré.

Il n'y a perſonne qui ne ſe moquaſt de quelques-vns de nos liures écrits auec vne telle pompe & majeſté, &

qui ne les mist au nombre des impostures & des fables, s'ils ne sembloient s'autoriser par la sainćteté de vie qu'ils decriuent, & qu'ils proiettent. Et nul souz pretexte de ce beau nom d'Eglise, qui se rend glorieuse par la diuersité de ses ceremonies, de ses vestemens, & de ses estendars, ne voudroit s'obliger à la suiure, & à se donner toute à elle iusques à la foy implicite, si la conscience ne se proposoit le culte diuin, la pieté, la penitence, ou resipiscence, la recompense & le chastiment; & finalement nul ne croiroit mesmes aux Prophetes, & aux Apostres preschans, s'ils ne raportoient toutes leurs aćtions & paroles au souuerain Auteur de l'Vniuers.

Ie serois trop long, si ie raportois tout ce qui se peut dire sur ce sujet. Il sufit de sçauoir que l'on ne peut rien établir dans la vraye Religion sans les notions communes, dont ie fais tant d'estime, que ie croy que le liure, la Religion, & le Prophete qui aproche le plus pres de l'obseruation d'icelles, sera le meilleur. Or il sufit que nous remarquions en faueur du cours de Theologie, que lesdites notions ont esté receuës de tout temps, par toutes sortes de personnes de bon iugement, sans qu'il soit besoin de les expliquer plus particulierement.

Ie dis donc premierement que les notions communes sont la doćtrine vniuerselle, ou Catholique de l'Eglise de Dieu, laquelle n'a manqué, ny ne manquera iamais, & dans laquelle seule la Prouidence diuine vniuerselle triomphe, & pourtant reconnoissent & confessent

Qu'il y a vne puissance Souueraine.

L'on n'est pas tombé d'acord du nombre des Dieux,

comme l'on a fait de Dieu, & il n'y a nulle Religion qui n'auouë, & n'ayt auoüé, & n'auouë à l'auenir qu'il y en a vn Souuerain entre tous ceux qui se peuuent imaginer: de là vient que les Romains l'ont apellé *Opt. Max.* Les Grecs ὁ ἐπὶ πᾶσι θεὸς, αὐτοφυὴς, παντοκράτωρ. Les Iuifs יהוה Iehoua, & que toutes les Nations luy ont donné mille autres noms, chacun à sa façon. Nous apellons donc Dieu, celuy qui a esté nommé de tant de noms parmy toutes sortes de nations, lequel nous trouuons d'abord estre *bien-heureux*, lors que nous recherchons dans les Auteurs ses attributs; en apres, qu'il est la *fin de toutes choses*; en troisiesme lieu, qu'il en est *l'Auteur, du moins entant qu'elles sont bonnes*, d'où il s'ensuit (à sçauoir de sa Prouidence;) en quatriesme lieu, qu'il en est *le milieu*, car comme quoy pourroit-on passer du commencement à la fin, sans passer par vn milieu, or il ne faut point mettre en ligne de comte ce que se sont imaginez quelques Philosophes, qui ont nié la prouidence particuliere de Dieu, souz pretexte que toutes choses ne leur reussissoient pas à souhait, comme si les choses deuoient estre ordonnees selon leur fantaisie, & non pas selon l'arbitre diuin. Si toutefois on doit ainsi entendre ces Auteurs, lesquels à mon auis contestent plustost touchant l'organe, ou milieu, par lequel la prouidence diuine agit, que la prouidence mesme. Quoy que s'en soit, on demeure d'acord d'vne Prouidence diuine vniuerselle. Mais puis que toute sorte de Religion croit que l'on peut prier Dieu, & estre exaucee, il faut établir vne prouidence particuliere, ce qu'il n'est pas besoin de prouuer autrement que par le sentiment du secours diuin, qui nous assiste ordinairement, lors que nous le recherchons, és plus gran-

des

des extremitez. En cinquiesme lieu, qu'il est *eternel*, car la notion commune enseigne que ce qui est le premier entre toutes les choses qui sont, est semblablement eternel. En sixiesme lieu, les notions communes nous enseignent que Dieu est *souuerainement bon*, puis qu'il est l'Auteur, & la cause de toutes sortes de biens. En septiesme lieu, qu'il est *iuste*, parce que la notion commune, l'experience & les Histoires témoignent que les choses sont regies équitablement par sa prouidence, car comme i'ay souuent remarqué, la notion commune qui sert à la solution des questions tres-dificiles de la Theologie, & de la Philosophie, nous montre que toutes choses sont administrez auec pieté & iustice, bien que nous n'en connoissions pas les causes & les raisons. En huictiesme lieu, qu'il est *sage*, parce qu'il ne fait pas seulement parestre les éclats de sa sagesse dans les atributs dont nous auons parlé, mais aussi dans ses ouurages, où elle reluit merueilleusement.

Les atributs de la *toute-puissance*, de la *liberté* & de *l'infinité* de *Dieu* sont reuoquez en doute par quelques-vns, mais l'infinité de Dieu est prouuee par l'infinité de l'espace, lequel Dieu surpasse comme comprenant tout: car la notion commune nous enseigne que Dieu est dessus, & par delà toutes choses, cette infinité preuue aussi sa toute-puissance, car il est certain qu'il n'y a rien hors de la puissance de l'infiny. Quant à la liberté, elle est prouuee par la toute-puissance, puis que nul homme de bon esprit n'a iamais douté que celuy qui peut tout, ne fust souuerainement libre, quoy que i'estime qu'il faille agir autrement auec ceux qui ont des sentimens diferens, & par ce que la notion commune enseigne que ce qui est en nous par participation, eſt en Dieu par Eminence, s'il ſurpaſſe donc tellement noſtre portee, qu'il ne puiſſe eſtre renfermé d'aucunes limites, Dieu ſera infini: s'il a fait toutes choſes ſans ſe ſeruir d'aucune matiere preexiſtente, il ſera tout-puiſſant, & finalement s'il eſt l'Auteur de notre liberté, il la poſſedera en ſouuerainecté.

Et certes c'eſt à tort, que les Ecoles anciennes ont donné la liberté aux hommes, & l'ont niee à Dieu, en l'atachant à la premiere Sphere. Or les atributs diuins ſe preuuent mutuellement de la meſme ſorte qu'ils ſont conioints enſemble. Mais il ſufit de conſulter les meilleures Ecoles, tant ſur les atributs, que ſur leurs ſynonymes, d'autant que ie treuue que pour la pluſpart, ils en parlent aſſez à propos. Il eſt vray que i'ay remarqué que les Payens ioignent aſſez mal de certains noms des atributs, car lors qu'ils mettent l'atribut de l'infinité auec celuy de l'vnité, ils forgent pluſieurs Dieux, ou ſi vous croyez qu'ils ayent ſeulement voulu comprendre pluſieurs parties de la prouidence ſouz les noms diferens d'Apollon, de Mars & de Cerez, &c. Il n'y a du moins nul doute que les fables qu'ils ont publiez ſouz ces noms, n'ayent eſté eſtimez tres-ſottes. Quant aux atributs qui ſont reiettez par noſtre examen, ce ſont ceux qui mettent quelque nouueauté en Dieu, ou qui y introduiſent la corporalité, la multitude & la particularité, ou qui diſent qu'il damne les hommes pour ſon ſeul plaiſir: car vn tel Dieu n'eſt autre choſe qu'vne pure idole de l'imagination, dans laquelle ſeule il ſubſiſte. Ie viens à la ſeconde notion commune de Theologie.

Que cette puissance Souueraine doit estre adoree.

Bien que l'on ne soit pas d'acord de l'adoration des Dieux, des Saincts & des Anges, &c. neanmoins la notion commune, ou le consentement vniuersel enseigne que cette puissance souueraine doit estre adoree. D'où la Religion diuine (qui reluit toujours en quelque façon parmy les Nations les plus Barbares) a pris son établissement en tous lieux, non seulement à raison des biensfaits receus de la prouidence commune des choses de l'vniuers, mais aussi à cause des faueurs de la prouidence particuliere.

D'où les hommes ont conclu que l'on pouuoit prier Dieu de telle sorte, qu'il les exauceroit, comme nous auons remarqué cy-dessus; & ce qui est bien dauantage, les Prophetes l'ont consulté sur l'euenement des choses futures, de telle maniere qu'ils auoient coustume de n'entreprendre nulle chose de consequence, sans auoir recours à luy.

C'est iusques icy que les Gentils ont esté fort bien conduits par leur instinct naturel. Car l'Auteur tres-sage de l'vniuers ne se renferme pas tellement dans ses ouurages, qu'il ne fasse ressentir des graces particulieres à ceux qu'il cherit; ce qu'il n'y a nulle aparence de nier à Dieu, puis que chacun peut experimenter le semblable en soymesme. Dieu ne permettra donc pas qu'on le prie en vain & inutilement, comme témoignent les ressentimens du secours diuin, sans qu'il soit besoin de produire d'autres arguments.

C'est pourquoy ie propose la doctrine de la Grace, ou

de la prouidence particuliere, comme vne notion commune, puis que le culte diuin, dont nous venons de parler, a esté reconnu & receu en tout temps, encore que cette creance ne paroisse pas beaucoup dans les liures qui nous restent des Anciens. Les oraisons, les prieres, les sacrifices, les actions de grace, &c. apartiennent donc à ce culte diuin, aussi bien que les temples & les maisons sainctes & sacrees, qui ont esté basties pour ce sujet, & semblablement les Prestres, les Deuins, les Prophetes, les Pontifes, & tous les Ministres, dont on a vsé aux Autels; desquels bien que l'vtilité ayt paru tant dans la politique, que dans les choses saintes & diuines, neanmoins parce qu'ils ont souuent vsé de fraudes, de tromperies & d'impostures, estant emportez par le gain & l'auarice: ils ont introduit beaucoup de choses souz le nom & le pretexte de Religion, qui ne tiennent & ne ressentent rien de la Religion. D'où il est ariué qu'ils ont tellement meslé les choses saintes auec les profanes, les vrayes auec les fausses, les possibles auec les vrays-semblables, le culte legitime diuin auec les ceremonies mauuaises, folles & superstitieuses, qu'ils ont corompu & prostitué la Chasteté, & la pureté de la Religion.

Neanmoins par tout, où l'autorité des Prestres, & du Clergé a esté mesprisee, l'on a quant & quant quitté la crainte de Dieu, & le respect qu'on doit aux choses saintes & sacrees; c'est pourquoy il faut leur rendre l'honneur qui leur est deu: cependant nous prouuons ce culte exterieur (souz quelque sorte & espece de Religion) par le témoignage de tous les siecles, de tous les lieux & de tout le monde, de sorte que c'est vne des communes notions, car bien que nous ne trouuions point de temples & d'oratoires parmy les Barbares, neanmoins ils consultent les Oracles, chacun à leur façon, & n'entreprennent rien sans s'adresser à celuy qu'ils estiment Dieu. Ie sçay qu'vn Auteur de reputation a dit, qu'il y a de certains pays fort éloignez, où l'on ne remarque aucune sorte de religion, & de culte diuin. Mais vn Auteur luy a répondu que c'est faute d'entendre la langue de ces pays là. Quoy qu'il en soit, si l'on maintient qu'il y a des irreligieux au monde, ie dis qu'il n'y en a point d'vn sain iugement, qui n'ayt des facultez sufisantes pour embrasser la Religion, laquelle chacun peut ressentir en soy-mesme, bien qu'en diferente maniere, & peut-estre sans le faire parestre par aucune genuflexion, ou autre action exterieure.

Nous posons donc tout cecy comme vn fondement, d'où l'on peut conclure que la Religion est la derniere diference de l'homme, sans nous amuser à certains impies, qui mesme peuuent parestre Athees, encore qu'ils ne le soient pas en efet. Mais parce qu'ils ont veu que quelques-vns atribuent des choses fausses & horribles à Dieu, ils ont mieux aymé ne croire point de Dieu, que de le croire tel qu'on le faisoit; au lieu que si on ne luy atribuë que ce qui luy apartient, ils le croiront tellement, que mesme s'il n'y en auoit point, ils desireroient qu'il y en eust vn.

Neanmoins, si l'on s'opiniastre à soûtenir qu'il peut y auoir des gens si méchans, qu'ils deuiennent Athees, (ce que nous ne croyons pas) il faut se ressouuenir qu'il y a aussi plusieurs insensez, & plusieurs fols entre ceux qui soûtiennent que le raisonnable est la derniere diference de l'homme.

Et certes il n'y a nulle aparence qu'il y eust eu tant de Martyres en toutes sortes d'Eglises, qu'il n'y en a quasi point qui ne se vante des siens, & de ceux qui ont choisi non seulement vn genre de vie tres-austere, mais ont enduré la mort tres-librement pour témoigner leur creance (parmy des contradictions si solennelles des autres Eglises) s'il ne se fust trouué des hommes si desraisonnables, qu'ils n'ont peu reconnoistre la Verité d'auec le vray-semblable, le possible & le faux.

Ie viens maintenant aux parties du culte diuin, qui sont reconnuës par le sentiment, & l'aueu vniuersel; de sorte que ie comprens souz la bonne conformation des facultez l'Analogie, & le raport de l'homme à Dieu, celle de l'homme auec les choses, & celle des choses entr'elles mesmes, & partant ie dis

Que la bonne conformation, ou disposition des facultez de l'homme, fait la principale ou la meilleure partie du Culte diuin, & que l'on a toujours creu cela.

L'on n'est pas tombé d'acord des ceremonies, & des traditions écrites, ou non écrites, comme l'on a fait en toute Religion & Magistrature, touchant la bonne & entiere conformation des facultez. Or nous auons dit comme il faut établir cette conformation des facultez, lors que nous auons parlé des sens internes, c'est pourquoy le Lecteur y aura recours, afin de voir comme la Conscience doüée des notions communes se porte à l'esperance veritable, de cette esperance à la Foy, de la Foy à l'amour, de l'amour à la ioye, & de la vraye ioye à la Beatitude. Mais il se doit maintenant contenter de sçauoir qu'il n'y a nulle faculté qui se porte à la pieté, à la pureté de vie, à la sainteté & à la vertu, qui n'apartienne à ladite conformation.

Or afin que ie puisse faire icy quelque sorte de dénombrement, suiuant l'aage de chacun, & le degré de la sagesse qu'il a pleu à Dieu de leur departir; ie dis que les enfans cherchent Dieu en quelque sorte, souz la raison de la Beatitude, & qu'ils le reconnoissent dans vne certaine action de grace qu'ils rendent à leurs bien-facteurs. De là vient qu'on ne remarque rien de si agreable dans vn enfant, que de le voir se porter librement à cette action, ny de plus desagreable que de le trouuer ingrat; mais lors que l'on deuient plus grand & plus aagé, que la reconnoissance enuers les bien-facteurs est plus illustre, & que les notions communes se portent, & s'étendent plus amplement vers leurs obiets, le culte diuin commence aussi à s'étendre plus auant, quoy qu'il n'y ait nul culte plus excellent que cette gratitude, ou action de graces. Et lors que l'on ariue à vn aage plus meur, la pieté & la sainteté de vie, qui s'excitent & s'enflamment dans la Conscience, produisent vn grand amour, & vne grande Foy enuers Dieu.

Et finalement il ariue pour la plufpart que les superstitions impertinentes, & mesme les vices & les crimes naissent auec lesdites vertus, & viennent comme la zizanie & l'iuraye de la semence hermaphrodite du bon froment; de sorte qu'elles ariuent plustost à leur maturité, quoy qu'elles iettent leur germe plus tardiuement, si on ne les sercle, & on ne les arache de bonne heure; ce que nous atribuons à la nature des choses qui en construisent le corps.

Partant bien que l'on estime que la nature brutale & irraisonnable est en éfet la derniere & la moins noble, elle se perfectionne neanmoins en nous auant la raisonnable, ce qui n'étonne pas ceux qui sçauent que les animaux arriuent quasi dez la troisiesme annee à leur perfection, soit que cela prouienne de la transplantation, ou d'ailleurs, dont ie ne veux pas maintenant parler; cependant, de peur qu'il semble paradoxe que cette vertu aspre, rigide & austere, ayt esté loüee, & en grande veneration enuers toutes sortes de personnes, & en tous lieux, nonobstant qu'elle repugne aux sentimens corporels, & à leurs plaisirs, i'en donne la raison qui suit, laquelle ie prens de la nature, qui sert tellement à l'ame, qui doit en fin sortir de la masse corporelle, qu'elle luy a comme imprimé par vn secret dictamen. que la vertu est vn moyen & vne cause tres-excellente pour détacher, & separer peu à peu l'esprit, ou l'ame d'auec le corps, afin de la relascher & afranchir entierement apres, & la faire iouyr parfaitement de son droit.

Et bien que cecy se preuue par plusieurs raisons, neanmoins ie n'en sçache point d'argument plus illustre, que celuy que la mesme vertu nous fournit, lors qu'elle fait departir l'ame du milieu des voluptez qui l'abisment & l'engoufrent, & qu'elle la remet si heureusement dans sa premiere piste, & dans son air natal, qu'en reiettant & mesprisant la crainte de la mort, elle peut s'apliquer à ses propres fonctions, & iouyr eternellement d'vne tranquillité interieure.

Que tous les vices & les crimes se doiuent expier & éfacer par le repentir.

Tout le monde n'est pas demeuré d'acord que les pechez soient éfacez par les diferentes lustrations, purgations, purifications, sacrifices, & autres ceremonies inuentees pour ce sujet, mais l'aueu general des Religions, la qualité de la bonté diuine, & particulierement la Conscience enseigne qu'ils sont ostez par la grace de Dieu, apres vne vraye penitence, & qu'elle peut seruir à nous bien remettre auec Dieu, car le sens interne en gardant ses conditions, monstre que la mesme conscience qui defend & condamne les crimes, peut les éfacer & abolir par le moyen susdit.

Or ie ne veux pas icy examiner s'il y a quelqu'autre moyen plus conuenable pour satisfaire à la Iustice diuine, parce que i'entreprens seulement de deduire les veritez qui ne sont point debatuës, & qui sont auoüees par tout l'vniuers; ie dis seulement (nonobstant tout ce que l'on peut obiecter au contraire) que si les crimes ne peuuent s'éfacer par la seule penitence, & la Foy qu'on a en Dieu; & que si ce moyen ne sufit pour satisfaire tellement à la iustice diuine, que sa bonté serue de redemption, sans qu'on puisse apeller à vn autre Tribunal, il n'y a iamais eu, & il n'y a point encore aucun remede vniuersel, que le miserable genre humain ayt peu pratiquer dans la langueur, & le sentiment de ses pechez, pour se remettre dans la grace, & la paix interieure qu'il a perduë: & qu'il faut conclure que Dieu a creé & danné la plusspart des hommes, sans qu'ils en ayent rien sçeu, & mesme malgré eux ; ce qui est si remply d'horreur, & ce qui repugne tellement à la prouidence & à la bonté, & mesme la Iustice diuine, qu'il vaut beaucoup mieux asseurer, que tous les hommes ont toujours eu le repentir pour se bien remettre auec Dieu. De sorte que s'ils ne le pratiquent, leur ruine ne viendra pas de la volonté de Dieu, mais de leurs pechez & de leur malice, sans qu'il ayt tenu à Dieu qu'ils n'ayent esté sauuez.

Quoy qu'on die, toutes les Predications des Predicateurs les plus celebres en reuiennent là, puis que toute sorte de remede est inutile, si la penitence n'y interuient; de sorte qu'il faut croire (à raison de la bonté diuine) que ce moyen est si éficace, & d'vne si grande importance, que tout ce qui apartient au salut de ceux qui n'en ont point receu d'autre plus commode, est reduit à la penitence.

Ie sçay que ceux qui trouuent à redire en la prouidence vniuerselle, obiectent qu'il n'est pas toujours en notre puissance de nous repentir quand nous voulons, non plus que d'estre toujours sage, mais ils ne sçauent pas la distinction que i'ay donnee du volontaire, & de l'inuolontaire, & ne prennent pas garde qu'il y a des mouuemens dans le corps, qu'ils ne peuuent arester, & d'autres qu'ils ny peuuent exciter, & que l'homme ne se ressouuient pas, & qu'il ne dort, ou ne veille pas toutes & quantefois qu'il veut. Ce sont ces mouuemens, & plusieurs autres interieurs qui ont de certains degrez, & des vicissitudes. Mais l'on ne peut nier que Dieu nous ayt refusé les moyens de retourner à luy (pourueu que nous fassions tout ce qui depend de nous) sans vn blaspheme si estrange, qu'ils ostent, non seulement toute sorte de bonté humaine, mais auſſi la diuine; c'eſt donc à eux à ſe repentir de cette opinion, & du moins à vſer de modeſtie en parlant des ſecrets iugemens de Dieu, atendu qu'ils ne peuuent nier que ſi la prouidence generale ne nous fournit des moyens, du moins la prouidence particuliere en a peu reueler par vne grace ſpeciale, afin d'apaiſer la Iuſtice diuine.

Ie croy cependant que l'on ſatisfait abondamment à la grace, en diſant que c'eſt d'elle que nos œuures tirent leurs perfections, & qu'ils ſont acceptez. Or c'eſt particulierement par ce moyen que la miſericorde de Dieu ſe contente par ſa bonté, car dans l'analogie mutuelle qui nous lie enſemble, lors que les biens & les poſſeſſions viennent à eſtre pillez, la Loy des Gens, ou le conſentement vniuerſel veut qu'outre le repentir, on reſtitue. Or ſi quelqu'vn eſt ſi curieux qu'il deſire ſçauoir pourquoy nous auons la liberté de faire des crimes, nous luy répondrons ayſément, que cela depend des ſecrets iugements de Dieu; & s'il pourſuit à demander ce que l'on en peut connoiſtre humainement parlant, l'on peut répondre que l'homme eſt vn Animal fini, & partant qu'il ne fait rien qui ſoit ſimplement bon, ou mauuais; & que neanmoins les raiſons de l'vn & l'autre ſe rencontrent dans vn tel temperament en chaque action, qu'elle participe en quelque maniere de l'vn & de l'autre; de ſorte toutefois qu'elle prend ſon nom de celuy qui domine en elle. Ceux qui en deſireront dauantage, peuuent voir ce que nous auons dit en la page 84. Or ayant parcouru briefuement ce qui apartient aux premieres Notions communes, qui ſont receuës dans la Theologie, il faut traiter de l'eſtat de la vie future, lequel ie comprendray dans vne ſeule Propoſition:

Qu'il y a des recompenſes & des chaſtimens apres cette vie.

Quelques-vns ont mis, & promis la recompenſe au Ciel; d'autres ez Aſtres, ez champs Eliſiens, & dans la contemplation: pour la peine, ils l'ont miſe dans la Metempſycoſe, dans l'enfer, ſoit ardent ou ſeulement remply de fumee, comme croient les Chinois; d'autres l'ont poſee dans la moyenne region de l'air; d'autres dans la mort, ſoit temporelle, ſoit eternelle. Mais toute Religion, toutes ſortes de Loix & de Philoſophie, & qui plus eſt, la Conſcience enſeigne ouuertement ou implicitement, que nous ſerons chaſtiez ou recompenſez apres cette vie. Or elle l'enſeigne ouuertement par les noms, & les lieux precedens & implicitement, ſoit en établiſſant l'immortalité de l'ame, ou Dieu vengeur des crimes qui ſe commettent icy impunément. C'eſt en ce ſens qu'il n'y a point de nation, pour barbare qu'elle puiſſe eſtre, qui ne reconnoiſſe des chaſtimens & des recompenſes.

On demeure donc d'acord par tout, qu'il y a de la recompenſe, & de la peine apres cette vie, quoy que l'on diſpute ordinairement de la queſtion: *Ce que c'eſt, quelles en ſont les qualitez, quelle en eſt la grandeur*, & *comme elle ſe fait*, &c. Cependant il n'importe que quelques-vns diſent, que l'ame meurt auec le corps; car ils aſſeurent cela, ou comme eſtant vne peine deuë aux pechez, ou ils l'entendent ſeulement de cette partie de l'ame, dont ils ont vſé, à ſçauoir des ſens corporels, ou il les faut mettre au rang des inſenſez, puis que leurs facultez ne donnerent iamais aucune preuue de cela. Car c'eſt vne Notion commune ſi generale, que l'ame peut eſtre immortelle, ſi Dieu le veut, que les Nations tres-éloignees qui ont mille ſortes de folies, ſont demeurees d'acord que la ſainteté de vie, & la force eſt bien-heureuſe; de là vient qu'ils honorent les os meſme de leurs ennemis pris dans la guerre, quand ils les remarquent mourans (parmy les tourmens qu'on leur donne) auec pieté & conſtance; mais tout cecy nous importe ſi peu, que nous nous contentons d'auoir treuué vne tres-petite notion commune parmy le grand tas & multitude de ſotiſes & de fictions, atendu que nous ne faiſons pas la recherche des ſuperſtitions & des ceremonies, ny de ce que pluſieurs, mais ſeulement de ce que tous aſſeurent, pourueu qu'ils ne ſoient inſenſez : ce qui eſt de ſi grande conſequence, que le peuple aprend par ce moyen iuſques où il peut croire, ſans neanmoins troubler ſa creance en ce qu'on ajoûte apres, pourueu que les loix de conformation y ſoient interuenuës.

D'où il apert que les notions communes qui reconnoiſſent vn ſouuerain Auteur de toutes choſes, qui commandent qu'on l'honore, que l'on viue ſaintement, que l'on faſſe penitence de ſes crimes, & qui enſeigne qu'il y a de la recompenſe, ou de la peine apres la mort, viennent de Dieu, & ſont imprimees dans tout le genre humain; & que celles qui mettent la pluralité de Dieux, qui ne defendent point les crimes qui ſe paſſent de la penitence, & qui chancelent en ce qui eſt de l'eſtat eternel de l'ame, ne ſont ny communes notions, ny veritez. Toute Religion n'eſt donc pas bonne, (ſi l'on prend tout ce qu'elle a) & nous ne diſons pas que l'on ſe puiſſe ſauuer en toutes ſortes de Religions ; car comme se peut-il faire que celuy qui croid plus qu'il ne faut, & qui fait moins qu'il ne doit, soit sauué ? Mais nous croyons volontiers, qu'en toute Religion, & mesme dans chaque conscience, soit par la grace, ou la nature, l'on a des moyens sufisans, pour se rendre agreable à Dieu ; pourueu qu'on raporte à leurs Auteurs les moyens nouueaux & particuliers, en quelque temps qu'ils ayent esté, car il ne sufit pas qu'ils soient vieux s'ils ont esté nouueaux, puis qu'on ne sçaura pas se seruir des nouueautez pour en tirer des conclusions vniuerselles, soit pour l'auenir ou le passé ; les causes de toutes les veritez naturelles qui nous sont les plus necessaires, estant non seulement communes à tous, mais aussi eternelles. Cependant parmy toutes ces choses, la verité qui apartient à la reuelation, doit demeurer en son entier, à laquelle tant s'en faut que nous derogions, qu'au contraire nous estimons comme vn tresor tres-precieux tout ce qu'elle ajoûte.

Mais il faut établir icy les fondemens de la reuelation, afin que l'on puisse reduire toutes sortes de controuerses à la question, *Par quelle faculté le prouuez vous* ? Et en cette maniere, tant s'en faut que ce que nous auons dit iusques à present, repugne à ce que l'on enseigne d'ordinaire, que nous mettons seulement en auant le symbole des Notions communes, & ce que toute sorte de Religion a receu par tout, & en tout temps.

Nous ne nions pas aussi qu'il n'y puisse auoir des ceremonies sacrees, au contraire nous en remarquons quelques-vnes vtiles dans la Religion, bien qu'on pourra douter si elles sont des parties essentielles du culte diuin. Il faut donc qu'elles ne passent pas leurs bornes. Et qu'on les ajoûte tellement, qu'on se souuienne que la Religion estant chaste ne demande point d'autres ornemens qu'vne matrone tres-sage, à sçauoir ceux qui la rendent plus venerable & plus maiestueuse, & non ceux qui la rendent piafante & caioleuse. Ce sont donc ces notions communes, sur lesquelles l'Eglise vniuerselle est établie; car ce n'est pas l'Eglise que l'on bastit de pierre & de chaux viue, ou mesme de marbre, qui ne peut faillir, ny celle que les hommes établissent par paroles ou par écrit, y meslant quantité de leurs opinions, & en donnant leurs sufrages, ce n'est non plus celle-là qui combat souz quelque drapeau particulier, ou qui ne comprend que quelque nombre de personnes en quelque coin de la terre, ou en quelque siecle, mais c'est la seule doctrine des notions communes, laquelle comprend toutes sortes de lieux & de temps, & tous les hommes qui seule doit estre apellee Catholique, puis que c'est elle seule qui explique la prouidence diuine vniuerselle & sa sagesse, & qui monstre la raison par laquelle nous prions Dieu comme le Pere commun de l'vniuers: c'est cette Eglise, hors de laquelle il n'y a point de salut: de sorte que toutes les loüanges qu'on attribuë à l'Eglise, luy conuiennent, & que chacune des autres Eglises est d'autant moins vraye, & suiette à plus d'erreurs qu'elle s'en eloigne dauantage.

Or celle-là s'en éloigne, laquelle quittant les veritez certaines de la prouidence vniuerselle de Dieu, essaye de faire embrasser de nouueaux articles de Foy, qui sont incertains: quoy que si quelqu'vn est certain d'auoir receu quelque verité par reuelation, ce qui peut ariuer tant en dormant qu'en veillant, qu'il en vse pour son particulier, si elle n'est destinee pour le public: car il n'y a pas d'aparence que ce qui n'est pas euident par le sens commun, & l'aueu de tous apartienne à tous les hommes.

Quoy que i'aye desia remarqué que l'on peut croire plusieurs choses pieusement, & qu'il n'en faille nier aucune, lors qu'elles ne repugnent nullement aux atributs diuins. Il ne faut donc pas que personne nous blâme de ce qu'apres vne recherche particuliere des moyens de la prouidence vniuerselle, nous les mettons en leur iour. A quoy ie desire que l'on ajoûte tout ce qui augmente la pieté. Et certes quant à moy, ie reçois auec vne singuliere Foy, & auec vne tres-grande action de grace, tout ce que les siecles precedens nous aprennent de la bonté, & de la misericorde de Dieu, & croy non seulement que ce qu'ils en disent a peu ariuer, mais aussi qu'il est en éfet ariué; quoy que ie soûtienne que les fondemens de la Foy, sont fort bien apuyez sur les veritez de la prouidence vniuerselle de Dieu, atendu que ie ne peux voir que l'on puisse autrement concilier les loix de cette prouidence generale auec celle de la grace, ou de la prouidence particuliere. Cela n'empeschera pas (comme nous auons dit auparauant) que l'Eglise n'ayt son droit en tout ce qui concerne l'exterieur du culte diuin, aussi bien que la Hierarchie, & les traditions des euenemens ez siecles passez, puis que nos veritez Catholiques estant receuës dans l'ame de chacun, comme sur sa foy plus intime, tout ce qu'on ajoûtera apres poura saintement estre creu sur l'autorité de l'Eglise, pourueu qu'elle ne mette point en auant des contradictions, & que nulle autre doctrine ne soit enseignee que celle qui est charitable, pieuse & salutaire. Or ie laisse à decider à ceux à qui il apartient, si ces

moyens

moyens sufisent pour le salut eternel, car il ne m'apartient pas de faire la recherche des iugemens secrets de Dieu; mais ie ne doute point qu'en tout temps la sagesse des hommes assistee par la grace diuine, a peu ariuer iusques où i'ay dit, sans passer plus outre aux superstitions & fables (pour le moins s'ils auoient autant d'esprit en leur espece, que leurs brebis qui dans vn pré où il y a toutes sortes d'herbes, ne prenoient que les bonnes.) Quoy que ie ne veille pas disputer s'ils y sont ariuez, ou si y estans paruenus, & reietans le reste, ou le croyans au sens mystique, & sur l'authorité de leurs Superieurs & Pontifes, il est necessaire qu'ils ayent esté sauuez, comme remettant le tout à la conduite de la sagesse & la bonté diuine.

Neanmoins si quelqu'vn ie nie nous le defendrons, car il sera contraint d'auoüer que l'on ne peut autrement établir ouuertement, & en tous siecles la prouidence generale de Dieu, laquelle pourtant est son plus grand atribut.

Or si nous quitons cette piste, & la doctrine de ces notions communes (car nous auons souuent remarqué que la prouidence generale ne se porte pas au delà des moyens) & si nous nous adonnons aux blasphemes, & crimes execrables acompagnez de l'impenitence; ou bien si nous remplissons la Religion de superstitions, bigoteries & inuentions humaines, nous aurons plus grand tort en blasmant la bonté supréme de Dieu, que celuy qui condanneroit à iamais les festins acoustumez aux sacres, souz pretexte que les iurognes & gourmans y peuuent faire la débauche, car ce qui sufit vient de Dieu, & ce qui est de trop & superflu vient de nous.

De la Reuelation.

Nous ſerions ingrats ſi nous ne confeſſions qu'il y a auſſi quelque verité reuelee. dont la raiſon eſt pourtant ſi éloignee de l'autre verité, dont nous auons parlé, que le fondement de notre verité dépend de nos facultez, & celuy de la reuelee depend de l'autorité de celuy qui le reuele. Il faut donc proceder auec bien de la prudence, auant que de decider de la reuelation; car puis qu'il peut y auoir de fauſſes reuelations, i'eſtime qu'il n'eſt pas trop ſeur de s'en meſler par delà la portee de nos facultez.

Neanmoins ie conſeille que l'on croye à la reuelation, lors que les conditions ſuiuantes y interuiennent; dont la premiere eſt, qu'il faut vſer d'oraiſons, & de vœux & de toutes les facultez qui prouoquent la prouidence tant particuliere qu'vniuerſelle, auant que de conſulter la reuelation: la ſeconde eſt, que la reuelation ſoit faite à vous meſme, car lors que l'on reçoit la reuelation de ceux qui l'ont immediatement, ce n'eſt plus reuelation, mais tradition, ou hiſtoire; & parce que la verité de l'hiſtoire, ou de la tradition depend de celuy qui nous la raconte, elle a ſon fondement hors de nous, & par conſequent elle ne s'apuye pas ſimplement ſur nos facultez, ſans la legitime conformation deſquelles nous ne ſçaurions pourtant nous aſſeurer d'aucune verité intellectuelle. La troiſieſme condition eſt, que la reuelation doit nous perſuader quelque bien, car c'eſt de là que l'on diſcerne les fauſſes d'auec les vrayes. La quatrieſme eſt, que celuy qui embraſſe vne reuelation, doit ſentir particulierement le mouuement de Dieu, car c'eſt ainſi que l'on diſtingue les actions internes, auec lesquelles les facultez se portent à la verité, d'auec les reuelations externes. Et lors que ce qu'on reçoit surpasse l'esprit humain, & que les conditions precedentes s'y rencontrent, & que l'on ressent vn secours particulier de Dieu, en receuant la reuelation, il faut adorer la souueraine Majesté de Dieu; or nous ne pouuons pas tellement comprendre, ou prescrire la voye par laquelle la reuelation nous peut estre faite, que nous ne soyons contraints d'auouër qu'il est hors de nostre pouuoir d'établir des loix, pour les choses qui vont au delà de la nature. Par consequent il faut receuoir la reuelation pour diuine, soit qu'elle vienne durant le sommeil, ou en veillant, en extase, en parlant, en lisant, ou autrement, pourueu que les susdites conditions y interuiennent.

Il faut cependant prendre garde que l'on ne nous impose, comme il ariue souuent aux melancoliques, aux superstitieux & aux ignorans, dont ie parleray plus amplement, Dieu aydant, dans le Traité des causes des Erreurs: quant à ce qui est des moyens, c'est vne opinion assez commune, que les reuelations se font le plus souuent par le ministere des esprits, qui ont esté reconnus en tous siecles pour des existences, dont la nature est inuisible & inpalpable, comme n'estant point suiette à la masse corporelle, & ayant le don d'agilité, soit qu'on apelle ces Esprits, Anges, Demons, Intelligences, Genies, ou autrement. Quoy qu'on leur aye atribué vne nature si douteuse, tantost en les faisant bons, & d'autrefois mauuais, que l'on peut auoir raison d'en douter. Neanmoins il ne s'en faut point dauantage mettre en peine, pourueu que les conditions precedentes y soient, car pour lors cette reuelation ne peut venir que de la part de Dieu, quelle qu'elle soit : c'est ce que i'ay voulu dire de la reuelation prise en sa proprieté ; car si nous la prenons plus generalement, tout ce qui vient de la part de la grace de Dieu, peut estre pris pour reuelation, comme est le secours du Ciel, qui ariue à ceux qui ont fait des vœux à Dieu dans leurs aflictions : de là viennent les sentimens interieurs de la presence de Dieu, qui opere en nous par le moyen de la Foy, des bonnes œuures, & de la resipiscence, & semblablement les componctions, & les prieres iaculatoires, qui dependent de la reuelation, & qui se terminent en elle ; & afin de tout comprendre en peu de paroles, tout sentiment diuin & bien-heureux, que nous ressentons dans l'interieur de la conscience, est vne reuelation : quoy qu'à proprement parler, il n'y ayt point d'autres reuelations que celles que le sens interieur connoist estre par dessus la prouidence ordinaire des choses ; c'est pourquoy si l'on n'a ce sentiment surnaturel, il faut croire que Dieu a seulement vsé de sa prouidence ordinaire, & qu'il s'est seulement acommodé aux facultez qui seruent à la Foy, à l'oraison, & à de semblables actions ; d'où il est aisé de conclure ce qu'il faut receuoir comme venant de la prouidence vniuerselle, ou de la particuliere, & ce qu'est mesme vne intime reuelation.

Mais il faut remarquer vne fois pour toutes, que c'est par la grace que nos actions sont perfectionnees, & qu'elles sont agreables à Dieu, afin que les Docteurs qui croyent estre entierement dans la voye de la grace, ne s'imaginent point que ie ne donne pas ce qu'il faut à la grace. Quoy que ie soûtienne que les principes des bonnes actions deriuent des notions communes, ou de la sagesse diuine, qui nous est departie, comme enseigne aussi le sentiment interieur.

C'est pourquoy comme i'estime, que nul mortel ne peut tellement étouffer sa conscience, qu'il n'aperçoiue encore si ses actions sont bonnes, ou mauuaises; de mesme lors qu'apres le crime commis, ladite raison n'ayant pas esté assez consideree, le sens interne témoigne l'horreur qui bourelle le criminel, & qu'il se repent de ses méfaits, en desirant de s'estre mieux comporté en son deuoir, qu'il fait sa priere & ses vœux à Dieu, qu'il croid auoir ofencé, & finalement qu'il se prepare pour mieux viure à l'auenir, il faut penser qu'il n'est rien ariué outre la grace commune.

Voicy donc iusques où va la prouidence vniuerselle de Dieu; neanmoins lors que par vne augmentation de Foy nous nous adressons à Dieu auec plus de ferueur, & que nous nous sentons souleuer extraordinairement par son secours, nous ne doutons point que ce transport ne vienne de la grace, & de la prouidence particuliere de Dieu, dont quelque nouuel éfet remplit notre esprit d'vne lumiere qui nous soulage plus qu'à l'ordinaire.

Ie dis donc en vn mot, que ce qui perfectionne & acheue les principes des actions pris de la sagesse de la nature, ou de la prouidence commune, & que ce qui rend ces actions agreables à Dieu, vient de la grace: Et que i'estime que ce sont là les loix, & les termes tant de la nature, ou de la prouidence commune, que de la grace, ou de la prouidence particuliere. D'où il est aysé de conclure ce qui se doit apeller reuelation, tant à proprement parler, qu'en vn sens plus ample, & moins referré.

Or bien que ie considere tous les articles de la Foy, comme éclairans par leur propre lumiere, de sorte que s'ils ne reçoiuent leur autorité de la reuelation, dont nous soyons asseurez, ils sont aussi bien suiets à l'examen, comme les autres opinions, neanmoins parce que Dieu se sert de toutes sortes de moyens par sa grande bonté, il ne faut pas tant prendre garde à l'instrument & l'organe dont il vse pour nous reueler ses volontez, qu'à la raison de sentiment, dont nous auons parlé cy-dessus. Et c'est de là que chacun peut puiser les merueilles de la Religion. Il sufira cependant au Lecteur de remarquer, que tout ce qui a esté pieusement dit ou fait en tout temps, & par tout, suiuant le raport des Histoires, peut estre receu auec vne grande Foy, & auec action de graces, lors particulierement que l'on n'y aperçoit nulle contradiction.

Ie veux neanmoins briefuement examiner si les preceptes contenus au Decalogue sont des notions communes, ou des veritez reuelees, auant que de parler de ce qui n'est que vray semblable. Quant à moy, i'estime qu'il les faut mettre entre les communes notions, atendu qu'on les trouue en toute sorte de Loy & de Religion. Car i'ay déja souuent remarqué que la prouidence vniuerselle, qui paroist particulierement dans les Empires, ne manque point ez choses necessaires; il faut donc croire qu'en quelque sorte que ces notions ayent esté prises, & de quelque maniere que la composition, & le mélange de plusieurs choses, qui ne se ressentent, peut estre, pas beaucoup de la pieté, & de la Iustice, soit ariué, l'on n'a neanmoins peu rien établir qui durast, sans lesdites notions; Et il n'importe pas beaucoup, que les Pontifes ou les Legiſlateurs ayent promulgué ces loix, atendu que les plus ſçauans de l'antiquité tiennent que l'obſeruance des loix a auſſi bien eſté établie par vn culte de Religion, que par la police; elles ſont donc au nombre des communes notions. Mais parce que l'on pouuoit manquer à en faire vn iuſte denombrement, il eſt raiſonnable de croire que Dieu meſme en a donné l'explication par vne miſericorde, & vne prouidence particuliere, dont la premiere conſiſte à luy rendre l'honneur qui luy eſt deu; & de peur que les hommes s'imaginaſſent que les perſonnes illuſtres en ſainteté de vie, meritent quelque adoration particuliere, quoy qu'inferieure à celuy qu'on doit rendre à Dieu, il commande qu'on l'adore luy tout ſeul. En ſecond lieu, parce qu'on pourroit ſe former quelque image de Dieu, à laquelle on euſt rendu quelque honneur, il a deffendu toutes ſortes de ſignes & d'images. En troiſieſme lieu, parce que cette bonté ſouueraine pouuoit eſtre traitee indignement, & tomber en mépris, à raiſon de ſa grande tolerance & benignité, Dieu n'a pas permis que l'on vſaſt de ſon nom ez témoignages de choſes vaines & friuoles. En quatrieſme lieu, Dieu a voulu que les hommes trauaillaſſent ſix iours, & qu'ils ſe reposaſſent le ſeptieſme, de peur que s'ils trauailloient trop, ils épuiſaſſent leurs forces, & n'euſſent pas de temps pour vaquer au culte diuin, (car de vaquer ainſi par fois, ou chommer, eſt vne commune notion) ou que s'ils ne trauailloient pas aſſez, ils deuinſſent oyſeux. En cinquieſme lieu, afin qu'ils n'eſtimaſſent pas que leurs parens leur ſeruiſſent de premiere cauſe, & qu'ils ne leur deferaſſent pas des honneurs diuins en cette qualité, il a enſeigné quelle benediction l'on peut eſperer des parens. En sixiesme lieu, afin qu'ils ne se tuassent point eux mesmes, ou les autres, hors de la necessité de se conseruer soy-mesme, il a defendu l'homicide.

7. Et de peur que les hommes s'imaginassent que tout est permis à l'amour, il a defendu les adulteres.

8. Il a defendu le larcin, de peur que les hommes prissent le bien d'autruy pour subuenir à leurs necessitez.

9. Il a defendu le faux témoignage, afin que la Verité demeurast entiere, & que le mensonge ne l'ofusquast point. Et finalement il rend chacun possesseur de bonne foy, & en conscience de ses biens, de peur que l'on n'vsurpast rien.

Ce sont donc là les communes notions, ausquelles l'on croid pieusement que Dieu a ajoûté l'explication par reuelation, ou par sa prouidence particuliere; ce que nous croyons d'autant plus volontiers, que bien qu'il y ayt de l'aparence que les premiers hommes ayent vescu quelque temps dans l'estat d'vne nature bien reglee, neanmoins pource que par la coruption de leurs mœurs, ils ont esté preuaricateurs contre leur conscience, il est raisonnable de croire que Dieu leur a prescrit les regles précedentes pour bien viure à l'auenir.

Du Vray-semblable.

Toute sorte de tradition & d'histoire, & tout ce que l'on a iamais dit, de quelque chose que ce soit, n'est que Vray-semblable à notre égard, parce qu'il depend de la seule autorité de l'Auteur, ou de celuy qui le raconte, soit que la chose soit vraye, ou fausse, & pieuse, ou impie: de sorte qu'elle a son fondement hors de l'analogie

des

des facultez, soit que l'on considere la verité de la chose en elle mesme, ou celle de l'entendement. C'est pourquoy la creance se raporte à la verité, ou à la fausseté de l'Auteur.

Où il faut neanmoins remarquer de certains degrez: car de mesme que celuy qui raconte les choses qui sont apuyees sur le témoignage commun des hommes,& qui ont coustume de ce faire, aproche plus pres de la verité de la chose; & que celuy aproche plus pres de celle de l'entendement, qui prend garde aux circonstances du lieu & du temps, & qui donnent de l'autorité à la creance; de mesme, ceux là font douter du credit des histoires, qui narrent des choses qui n'ont pas de probabilité; ce n'est pas pourtant que ie croye qu'il faille reietter toutes celles qui raportent des choses extraordinaires & prodigieuses, car l'on en trouue quasi par tout, & il leur faut laisser leur autorité, car l'on doit auoüer que telles choses ont peu ariuer, si Dieu l'a voulu: mais s'il ariue que cela ne se soit pas fait, nous ne nous tiendrons pas moins commodément dans les veritez eternelles, parce que notre doctrine peut afirmer quelque chose, mais elle ne peut nier que les contradictoires, comme i'ay souuent dit. Quoy que s'en soit, cela ne sera pas ta propre verité, mais celle de l'Auteur. Du credit de laquelle, il ne faut rien oster ny diminuer, quand les conditions necessaires pour la conformation de l'obiet y sont interuenuës; mais puis que leur certitude ne se peut pas assez prouuer dans les Siecles suiuans, il sufit à mon auis, si tu crois candidement ce que l'autre a peu sçauoir, pourueu qu'il n'en tire aucune consequence. Car comme le iugement de la suite des choses vient de la raison commune, elle t'apartient aussi bien qu'à luy.

D'où il apert qu'il n'y a point de regle pour la verité d'autruy, & que ce qui semble veritable dans la bouche d'vn autre, peut estre faux, comme aussi ce qui semble étrange & repugnant (horsmis les seules contradictions) peut estre veritable à son égard, & par consequent que telles choses estans hors de notre analogie, ne nous apartiennent pas simplement, & qu'au lieu de veritables, elles ne nous peuuent parestre que Vray-semblables: c'est pourquoy l'on doit conclure que nous pouuons trouuer les veritez eternelles par le moyen des notions communes, & des autres facultez, par l'assistance de Dieu, bien que nul Auteur n'eust escrit des choses passees, & que l'on ne sceut rien de tout ce qui s'est fait iusques à present.

Surquoy l'on ne doit pas pourtant s'imaginer que nous veillions abolir l'histoire, comme si ceux qui nous ont donné l'histoire de la Creation du monde, & de sa Redemption, &c. n'auoient pas donné grande chose, car nous en faisons vn tres-grand estat; nous embrassons toutesfois la verité d'vn Dieu, duquel, & par lequel, & dans lequel sont toutes choses, & auquel elles visent toutes, non pas comme Histoire simplement, mais comme la Doctrine mesme des communes notions, bien qu'en ce qui concerne les moyens, dont il a vsé, & le temps, auec les autres circonstances, il s'en faut raporter aux Auteurs; de sorte que la Foy de l'histoire sacree ne reçoit aucun detriment de nos discours, à laquelle ie croy tellement auec la plus grande partie des hommes, que mesme ie croirois aysément que Dieu auroit encore fait des choses beaucoup plus grandes, si l'histoire nous les racontoit; mais ie distingue tellement la connoissance, & la Science certaine d'auec la Foy que nous receuons par l'ouye, que ie remarque ce qui se peut *sçauoir*, & ce qui se peut *croire* en toute sorte de Religion. Il faut donc faire tenir le premier degré d'entre les liures à celuy de la sainte Escriture, dont bien qu'il y ayt plusieurs Auteurs, qui se suiuent bien selon l'ordre que l'on y a mis, toutesfois que peut-on y trouuer dans la recherche de ses meilleurs passages, que des paroles, & des actions si pieuses, qu'on les peut receuoir comme prouenantes de Dieu ? C'est pourquoy nous embrassons ce liure auec vn grand respect, & nous ne trouuons nulle part vne consolation, & vne ayde si ferme & si solide; car tandis que la Science s'établit par les notions communes, dont il est tout plein, & que la Foy se nourit par les miracles, tout l'homme interieur se réueille & se prepare pour l'estat qu'il espere à l'auenir, dont ce liure parle expressement.

Toutesfois si l'on trouue qu'il se soit coulé quelque chose dans quelque liure prophane, ou sacré, par la longueur du temps, soit par negligence, ou par malice, d'où l'on prenne sujet de ronger, ou diminuer ce qui est de Dieu, ou de quelqu'vn de ses attributs, qui sont reconnus par le consentement vniuersel, si ce n'est que l'on vueille corriger le liure, (comme l'on a acoustumé de faire.) Il faut du moins acuser les Interpretes, qui ayant quitté l'intention des Auteurs, & l'analogie de la Foy, ont auancé des opinions qui repugnent aux communes notions : mais il faut parler de cecy modestement, puis que ce n'est pas mon dessein de reprendre aucun, ny d'examiner ses ouurages.

Ayant donc areſté ce que nous venons de dire de toute l'hiſtoire, laquelle ne peut eſtre veritable, par la verité de notre entendement, qui en ayt le fondement dans ſoy-meſme, quoy qu'elle ayt la verité de la choſe meſme, & partant cette verité tenant du vray-ſemblable à notre égard, (puis qu'il n'y a pas plus d'aparence que l'Auteur ſe ſoit trompé, qu'il y en a que nous ſoyons trompez maintenant en ce que nous diſons, ou en ce que nous écriuons du ſiecle preſent) il faut croire que les legitimes Hiſtoires s'éloignent ſi peu de la nature de la verité, que l'on ne peut douter ſans impudence, que les Auteurs dignes de foy n'ayent dit vray, & que ce qu'ils auancent, ne leur ayt eſté connu en qualité de ſcience, & de verité de l'entendement, quoy qu'il ne paſſe chez nous que pour Foy, ou creance.

Il faut donc icy vſer de iugement, de peur de ſe laiſſer abuſer, car comme les miracles qui ont eſté inuentez pour établir quelque Foy, ou Loy nouuelle, m'ont toujours ſemblé tenir de l'impoſture, de meſme nous auons toujours eu du reſpect pour la Loy, ou la Religion qui a eſté établie par de bons moyens, quoy que l'on ne publiaſt point de miracles; leſquels pourtant nous n'eſtimons pas ſeulement poſſibles, mais auſſi qu'ils ont eſté en éfet, lors particulierement qu'ils ont eſté publiez pour vne bonne fin. Car pourquoy quelqu'vn doutera-il tout ſeul, lors que l'autorité d'vne hiſtoire, ſoit ſainte ou prophane, a eſté receuë de tout temps, & par toutes ſortes d'écriuains en des Prouinces tres-celebres? L'on peut donc receuoir cette ſorte d'écrits, ſinon comme veritez, du moins comme choſes qui ioüiſſent de ſon priuilege. Ce qu'il faut neanmoins rétreindre à de certains termes, de peur que cet axiome trompe ceux qui seroient nais, & nourris dans vn siecle, & vn pays mal-heureux auec vn esprit de mesme trempe.

Or ces Axiomes qui sont ambigus, n'aportent pas beaucoup d'auantages à la verité, ou du moins ne peuuent pas la conseruer dans sa dignité; car si l'on les aplique mal, ils concluront le faux auec la mesme facilité, qu'ils concluent le vray estant bien apliquez : or l'argument n'est pas de ceux qu'on apelle necessaires, s'il peut conclure, & tromper en mesme temps; c'est pourquoy l'on ne doit pas se laisser persuader par le consentement d'vn Siecle, ou d'vn Pays, où l'ignorance a son regne, soit que l'on y soit né, ou que l'on y prenne seulement sa demeure.

Quant à moy, i'estime qu'il y a plusieurs choses de cette qualité, dont l'on ne peut sçauoir la verité, ou la fausseté, & qu'il faut laisser à la foy des Auteurs, & des Siecles. I'ajoûte seulement que certains miracles écrits cent ans apres la mort de ceux qui les pourroient auoir faits, ont encore esté le plus souuent creus cent autres ans apres, & il les faut encore toujours laisser en cette condition, atendu que nous n'auons point de raisons qui nous puissent éclaircir si les Auteurs ont dit vray, ou non; Toutefois, de peur que nous soyons priuez des fruits que l'on retire de la lecture de l'histoire, il faut remarquer qu'elle supplee la presence des obiets, & par consequent qu'elle nous montre des échantillons de la prouidence de Dieu, tant generale que particuliere : Quand il t'ariuera donc de lire ce qui s'est passé sagement, & auec force, pieté, iustice & prudence, tu ressentiras en toymesme vne grande satisfaction dans tes facultez analogues, ou dans tes notions communes; & tu iugeras que les choses ont esté bien faites; & aussi bien icy que par tout ailleurs, tu experimenteras en toy-mesme ce que c'est qu'vne notion commune, ou vne verité qui est sans aucun debat, car tu aperceuras vn consentement qui prend vn origine de la conformation de quelque faculté. Et en cette maniere retournant à toy-mesme tu sentiras que les facultez qui enseignent que tu dois estre sage, fort, pieux, iuste & temperant, seront suscitez en toy; & si quelques crimes ont esté commis, tu sentiras en toy-mesme vn déplaisir, & vne horreur qui se produit aussi par les notions communes qui agissent en nous.

Dauantage ce que l'on dit de la deliurance des innocens, de ce que la verité oprimee a esté reconnuë, de la malheureuse fin des traistres, de la vengeance des pariures, ou de la Foy donnee qui n'a pas esté gardee, &c. te semblera grandement ayder à l'établissement des attributs diuins, qui sont décrits dans ton interieur: Et afin que i'acheue en peu de paroles, tu trouueras dans l'histoire, & dans les anciens monumens des choses notables qui seruent à establir les loix de la prouidence de Dieu, tant particuliere que generale. Or si quelque chose ne répond pas à ton souhait suiuant les notions communes, il faut que tu concluës en toy-mesme, que les secrets iugemens de Dieu y sont interuenus, ou que l'Autheur s'est trompé, ou ne s'est pas assez étendu en l'explication des causes, & des raisons de ce qu'il propose; car quoy que les causes des choses nous soient cachees, la notion commune nous enseigne que Dieu ne peut s'éloigner de soy-mesme, ny quiter sa maniere d'agir.

Quant à l'vsage de la lecture des Histoires, tant de la

Politique, & de la Philosophie naturelle, que des autres choses, i'en laisse le discours aux autres. Ie dis seulement que puis qu'il y a plusieurs notions communes qui les concerne, la lecture de l'histoire ayde tellement à les rechercher, que l'on en peut tirer celles qui ne sont pas encore bien connuës : les douteuses seront confirmees, les certaines seront établies. C'est pourquoy le temps que l'on met à lire l'histoire, est tres-bien employé, puis que l'on en peut tirer de la verité, & du bien.

Il ariue neanmoins que l'on se trompe, non seulement touchant l'histoire des premiers siecles, mais aussi que nous auons coustume de nous seduire tellement nous mesmes en la conformation de plusieurs obiets, que nous receuons certaines choses pour veritables, lesquelles n'ont pas seulement de la vray semblance: entre lesquelles on peut nombrer toutes celles, dont la conformation est destituee d'vne partie des conditions, que i'ay raporté vers le commencement de ce liure: ausquelles bien qu'on donne quelque étenduë, dans laquelle on puisse demeurer assez commodément, neanmoins ie n'estime pas que l'on puisse embrasser aucune creance bien asseuree, lors qu'il en manque vne tout à fait. De là vient qu'à l'égard des notions communes, nous disons que les vrays-semblables sont celles qui n'ont pas encore assez d'euidence en elles-mesmes, telle qu'est toute proposition, que l'on n'a pas assez bien entenduë, examinee, reconnuë, & comparee auec les autres Propositions de mesme genre. D'où il ariue qu'il n'y a quasi autre chose qu'vne vraye semblance dans toute l'Astronomie, ou la doctrine qui s'aquiert par l'obseruation visuelle des Phenomenes, dans l'art vulgaire & superstitieux des presages, dans les Commentaires des Philosophes composez des seules coniectures, & dans certaines hypotheses, & demandes receuës dans quelques Ecoles des Theologiens. D'ailleurs nous remarquons par le moyen des sens internes, qu'estant transportez nous croyons, pour vn temps, des choses extrauagantes & absurdes, comme si elles estoient veritables. Et puis les sens externes sans les conditions requises, produisent des connoissances fort grossieres & imparfaites. Et finalement nous remarquons que les prestiges des Orateurs font naistre dans le discours des opinions, & des dogmes, qui ne s'acordent pas assez bien, desquels si la certitude n'est affermie par nos questions (afin de distinguer le vray d'auec le vray-semblable, le possible & le faux) nous nous sentirons troublez dans l'interieur par vne Foy douteuse & incertaine. Or toutes les choses que l'on iuge, apres les auoir exactement considerees & examinees, ne deuoir pas entierement estre receües ny reiettees, sont mises au nombre des vray-semblables. De sorte que les vray-semblables auront par ce moyen vne consideration, ou vn lieu à part, aussi bien que le vray ou le faux. Où il faut remarquer qu'à l'égard de la creance qu'on leur peut donner, quoy qu'obscure & vacillante, leur condition est meilleure que celle de l'histoire, laquelle on ne peut pas bonnement aprouuer ny reprouuer, à raison des circonstances qui manquent pour en decouurir entierement la Verité.

Ce que i'ay dit icy briefuement, parce que i'en traiteray Dieu aydant plus amplement dans mon liure des causes & raisons des Erreurs. Or puis que toute sorte de vray semblable, si l'on en excepte l'histoire, peut deue-

nir vray

nir vray & certain par le moyen des conditions, & d'vn examen requis, ou du moins qu'il peut eſtre abandonné comme incertain & douteux, l'on void aſſez quel eſtat l'on doit faire de ma metode dans les Zetetiques, laquelle examine toutes les Propoſitions ſouz les queſtions & facultez qui luy ſont propres & particulieres, digere & reçoit les vnes & reiette les autres, à la maniere de ceux qui n'enuoyent rien dans leur eſtomac, ſans l'auoir premierement maché. C'eſt en cette ſorte que tu ſentiras que ce que l'on entend bien ſelon ſon tout, & ſes parties, eſt receu ſans heſiter en aucune maniere; de meſme que tu aperceuras vn certain degouſt & auerſion des choſes, qui n'ont pas toutes les conditions de leurs conformations ou auſquelles il en manque quelqu'vne, ou lors que les preiugez ſeront faux, ſi les organes font bien leur fonction; d'où il apert que ce qui eſt vray en ſoy, ne peut ſeulement pas produire en nous vn ſentiment douteux, mais auſſi que les vray-ſemblables, & meſmes les choſes fauſſes peuuent eſtre repreſentez comme veritables, iuſques à ce qu'on les raporte à nos queſtions, & aux facultez ſans leſquelles l'on ne peut eſperer d'auoir vne verité parfaite & acomplie.

Car comme il ariue que les erreurs tres-palpables & vilaines, ne ſont pas ſouuent deſagreables, à raiſon du mélange de quelque verité, qui leur donne le gouſt, l'on a auſſi couſtume de reietter les veritez meſmes auec aſſez de dédain, lors qu'elles ſont meſlees auec l'erreur. De là vient que comme les choſes qui paroiſſent ſurannees, ont eſté nouuelles, à raiſon de leur origine, de meſme celles qui ſemblent nouuelles, à raiſon des fauſſes opinions dont l'eſprit eſt preuenu, peuuent eſtre des Veritez tres-anciennes, & mesme eternelles : car puis qu'il est certain que ce que ie dis icy est vray de toute eternité, quoy qu'il te semble nouueau, il ne faut pas croire qu'il soit nouueau en soy-mesme.

Cherchez donc les Veritez eternelles par le moyen d'vne bonne conformation des facultez, & finalement receuez de bonne afection ce liure, bien qu'il semble que i'aye laissé, quasi expres, plusieurs choses touchant les Auteurs & leur reputation, & ne l'attribuez à nulle arogance, mais plustost à vne certaine modestie, qui ne m'a pas permis d'examiner les écrits d'autruy. De sorte que ie croy n'auoir point donné de sujet de fascherie, ny aux Eglises ortodoxes, ny aux autres, atendu principalement que i'ay plustost voulu rechercher les notions communes qu'aucune doctrine particuliere.

Du Possible.

Nous apellons *Vray-semblable* ce qui regarde principalement *le passé*, comme nous apellons *Possible* ce qui regarde *le futur*, car c'est ainsi que nous en parlons dans tout cet œuure. Or l'on peut dire de belles choses de la nature possible : car c'est vne notion commune puisee de la sagesse de la nature, que *les milieux qui regardent la fin, estant posez, il est necessaire que la fin soit aussi posee*, soit que l'on considere les choses eternelles, ou les temporelles. Cependant, comme nous auons diuisé cy-deuant les facultez vers les choses passees, presentes & futures : de mesme si par le moyen des facultez qui se reduisent en cette classe, notre pensee & notre desir se porte d'vne telle impetuosité aux obiets eternels & infinis, qu'il ne rencontre point son repos ailleurs, pourquoy n'ariuera-il pas à la fin, les conditions y interuenant?

Ie remarque donc qu'il est vtile de receuoir ce que les Docteurs disent en leurs Predications, & en leurs liures pour exciter la Foy (laquelle est entierement diferente d'auec la credulité) qui seule preuient tellement les choses futures, & mesme les eternelles, qu'elle en ioüit en quelque sorte dez cette vie. Ne meslez donc pas la Foy qui est des choses passees auec celle-cy, si les notions communes ne vous y conuient, atendu que celle qui regarde le futur, est la vraye Foy en Dieu, & l'autre n'est peut estre que simple creance (pourueu que l'on en excepte ce qui est sacré & reuelé,) l'vne est vne faculté diuine eternelle, l'autre n'est qu'vne certaine facilité & inclination qui se conforme aux vray-semblables.

A quoy l'on peut raporter les facultez que l'on a pour les predictions vniuerselles, & celles que l'on a pour les particulieres, (quoy qu'elles soient endormies, & assoupies dans quelqu'vns) lesquelles l'on void assez souuent estre excitees dans les maladies & les fureurs, comme par l'entremise de leurs conditions. Car puis que notre esprit a coustume de s'atacher aux choses presentes, il est necessaire qu'il sorte hors de soy-mesme, lors qu'il aperçoit les choses futures; ce qu'il ne faut pas neanmoins tellement entendre, que l'on pense que celuy qui a perdu les sens humains, ayt ateint aux choses diuines, (comme l'on a dit autrefois plaisamment) c'est à dire que celuy qui deuient fol, soit Prophete; mais parce que le corps & les obiets corporels empeschent tout à fait que notre esprit n'exprime ses facultez; il ariue que s'échapant de sa masse dans l'extremité de la maladie, & tressaillant en quelque façon d'ayse & de contentement, il annonce l'auenir. C'est pour ce sujet qu'vn Auteur ancien atribuë deux visages à l'ame, laquelle s'en sert d'vn pour regarder les obiets caducs & perissables en cette vie, & de l'autre pour contempler les choses eternelles, dont elle vsera apres cette vie. Mais parce que cela est dit figurément & poëtiquement, quoy qu'auec verité, il fait peu à notre propos. Il est bien certain que les choses caduques & eternelles ne répondent pas aux mesmes facultez, & ne sont pas comprises ensemble ; (de sorte qu'il n'y a rien à admirer si cet estat inconstant se change, & si l'on se reuest d'vn corps nouueau, atendu que (suiuant ce qui a esté dit) toutes les reuelations ont vne conformation diferente de la commune;ce qu'enseigne mesme le sens, (sans vser d'autres argumens.) Et finalement les petits traits & vestiges de la vie future, qui sont non seulement dans les facultez, & connoissances touchant l'honneur, la gloire & la reputation, mais aussi ceux qui nous pressent de passer le temps doucement, nous donnent vn auant-goust d'vne meilleure vie. Car ces facultez nous conduisent par vn secret aiguillon, & nous tirent auec plaisir à la vie future. Et bien que les autres facultez manquassent à leur deuoir, celles-cy ne perissent pas tellement, qu'elles ne nous laissent vne tres-grande confiance, qu'il y a quelque chose de meilleur que notre ieunesse auec tous les passe-temps. Mais afin d'en parler plus precisément, puis que chaque faculté regarde vn meilleur estat, & finalement la beatitude eternelle, toutes les facultez s'exercent vers cet estat futur, lequel ne doit pas aussi estre estimé comme vain.

La beatitude eternelle est donc possible. Certes si l'on

pouuoit faire sçauoir à l'embrion qu'il y a vn autre monde que le ventre de sa mere, & qu'il y a vne meilleure vie que la sienne, ie pense qu'il ne le croiroit pas, ou qu'il n'en voudroit point, à raison des iniures du Ciel & de l'air; & toutefois estant prest de sortir, & le voile estant osté, il découure de nouueaux obiets, malgré qu'il en ayt, & void le second monde, lequel nous auons souuent comparé au ventre maternel, parce qu'estant si étroit, & si peu de chose comme il est, l'homme qui a toutes les sciences, en iuge comme feroit ledit embrion du ventre qui l'enferme.

Pourquoy est-ce donc, qu'il n'y aura pas vn troisiesme, ou pour mieux parler, vn quatriesme estat (car c'estoit vne vie que nous auons euë dans la semence) pourquoy n'y auroit-il pas vn autre monde, s'il n'y a nuls espaces limitez dans l'infiny ? Ce sera donc pour lors que tu entreras agile, & entier en ta patrie, apres que tu auras quité les estats passez auec le corps, comme de vieilles dépoüilles. Et les facultez que tu aporteras auec toy, s'étendront & s'apliqueront au nombre de leurs obiets, comprenant par ce moyen le passé & l'auenir; tu connoistras en fin que l'Esperance, la Foy & l'Amour, dont tu seras porté à Dieu, qui est ton propre obiet, ont bien de plus grands auantages que les fureurs, les alienations d'esprit, & les maladies dont nous auons parlé. Et partant tu confesseras que tu sçais les conseils de toutes choses, & qu'il n'y a rien dans l'infiny que tu n'espere, & que tu ne puisse aquerir & posseder.

Mais ceux qui n'ont guere de confiance, pensent que tout perit à la mort; & les Sophistes se defendent sur ce qu'ils ne voyent personne qui reuienne apres. Et comme veulent-ils que l'ame reuienne dans ce qui est moindre qu'elle ? Ils ne sçauent, peut-estre, pas, qu'elle est plus grande, apres auoir quité le corps, que tout ce qui se void icy ? Et qu'il n'est pas moins indecent, (afin que ie ne dise impossible) qu'elle reuienne en ce monde, qu'il est que l'enfant r'entre au ventre de sa mere ; & finalement que l'ame est trop sublime & trop excellente, pour reuenir dans la cauerne tenebreuse & étroite de ce monde. Certes vous pouuez croire auec moy, que l'ame ne suit pas l'étenduë du corps, mais l'étenduë des facultez : or puis que la faculté de voir se porte iusqu'au Soleil & aux Astres, & que l'entendement & la volonté ont les choses infinies, & eternelles pour leur obiet, n'embrassons-nous pas dez maintenant ces choses, ne nous en reuestons-nous pas en quelque sorte dés à present ? mais ayant peut estre vn sentiment fort petit de toy-mesme, tu pense qu'on te dit des choses incroiables, & t'arestant à ton cadavre, tu nie que tu puisse sortir de ce cloistre pour t'étendre plus loin ; mais quelle est cette pusillanimité & cette pamoison ? Ne sçais-tu pas que tu reiette en fin ce petit corps, & que tu secouë ce petit monceau de poudre sans en sortir ? Et cependant que tu es si grand & si haut, que tu ateins & t'éleues à tout ce que tu connois parfaitement, soit celeste ou eternel ? Certes, c'est vne extreme stupidité de n'aperceuoir pas que tu t'étens dans tous les costez du monde, & que tu ne trouue point de borne au sommet de ta teste, puis que les Cieux mesme ne t'arestent nullement, lors que tu recherche la raison des mouuemens celestes, & la nature de l'infini. Tu ez vn nain merueilleusement petit, si tu te renferme tout entier dans l'étenduë de deux aulnes.

N'abandonne tu pas ainsi ton ame auec le corps;croyez moy, l'homme estant vn animal diuin est trop grand pour estre compris dans ces détroits;car mesme le corps n'a pas toujours vne semblable mesure; car il s'enfle d'vne certaine ambition aueugle, cherchant en fin plustost ce qui luy est propre, que ce qui apartient à l'ame. Tu répondras peut-estre, ô Lecteur, qu'on te dit des choses inouyes, & que mesme tu ne comprends pas assez bien ny le corps ny l'ame;mais comme veux tu que l'embrion, ou mesme celuy qui est plus auancé en âge se comprenne ? Nous sommes gouuernez par vne force secrete de Dieu, & nous n'entrerons point dans la pleine ioüissance de notre droit, iusques à ce que nous sortions de ce corps, & de ce monde.

Cependant l'on connoist mieux, dés à present, ce que c'est que l'ame, que ce que c'est que le corps; d'autant que nous ne sçauons pas assez quelle est la necessité qui nous atache au corps. Car il pese & empestre,se faschant mesme de la felicité de l'ame: c'est pourquoy il n'endure pas volontiers la mort. Car ce n'est pas l'ame qui craint alors, comme desirante toujours de sortir & ioüir de sa liberté; mais le corps qui sent sa dissolution, & les ordures ausquelles il retourne. Neanmoins afin que ce que i'ay dit puisse profiter, ie diray ce qui en est, quoy qu'en enigme, à sçauoir que le corps sert de voile à ce qui est de honteux dans l'Ame sensitiue; & cependant que l'homme qui est nud ez autres choses, se porte à tout ce que comprend l'entendement & la vraye Foy, l'homme estant donc couuert de ce seul voile s'éleue par dessus les nuës, par le moyen de ses facultez intellectuelles,& contemple tres-librement tout ce qui est au Ciel & en la terre ; en atendant courageusement la mort, comme le iour de sa naissance. Toutefois parce qu'vn certain temps interuient icy, il est à propos de se ressouuenir de ce que tu as esté iadis, & conduisant ta pensee plus haut, tu peux t'araisonner en cette maniere. Lors que i'ay demeuré caché dans le ventre de ma mere en qualité de l'embrion, ie n'ay peu preuenir, ny coniecturer aucune des choses que i'ay apres enuisagees ; or estant deuenu enfant de la vie eternelle, chancelleray-ie ez choses que ie deuois embrasser de bon gré ? le bon Dieu me traiteroit-il de mauuaise Foy, comme vn Marchand, lequel m'ayant permis de voir ses denrees, & mesme d'acorder auec luy, les enleueroit subitement sans se tenir à ses promesses ? Seray-ie fraudé de cette Beatitude eternelle, dont i'estois deja comme proprietaire ? Il vaut mieux dire, que ma condition est maintenant bien meilleure, que lors que ie me roulois dans les ordures. Celuy qui m'a donné cette vie, m'en peut donner vne meilleure. I'ay autrefois habité dans les flancs d'vne mere, & du depuis ie porte vn nom qui aproche des habitans du Ciel, ne dois-je pas atendre, & m'arester aux choses qui m'ont esté asseurees si saintement ? Dieu tres-bon & tres-puissant n'acompliroit-il pas ce qui depend non seulement de ma Foy, mais aussi de la sienne ? Tu posséderas donc ce que tu esperois lors que tu seras hors de ce monde sublunaire, comme hors d'vne matrice feconde. Et lors que tu te seras acheminé, tu rencontreras premierement ce bleu, que le vulgaire estime estre le lábris des Cieux, quoy que ce ne soit autre chose que les parties tres-delices de l'air, qui par leur distance representent cette couleur, comme l'on enseigne dans l'Optique. En apres, tu verras que les Astres

n'ont

n'ont pas ſeulement eſté faits pour eſtinceler, ou pour briller, mais pour eſtre de nouueaux mondes; Et finalement pour abreger, l'infini meſme pareſtra: or quels interualles, & quelles tranſcendances penſez-vous eſtre dans l'infini? dont vous iugerez pourtant en quelque ſorte, en conſiderant qu'il n'y a nul nombre qui le puiſſe remplir, ou le deſemplir; & partant qu'il ne peut eſtre tellement augmenté par adition, ou diminué par ſouſtraction, qu'il n'aille & retourne toujours dans ſon eſtre; ſa nature eſtant ſi indeterminee, que nul lieu ne la peut enfermer, ou contraindre; de ſorte que quelque amplitude, & capacité que puiſſent auoir nos Ames apres cette vie, l'infini ſera toujours pluſtoſt acreu & élargi que rétreint. Qu'eſt-il donc de beſoin de mettre la recompence, ou la peine des Ames qui quitent ce ſeiour, dans certaines priſons, & en certains cantons, ſi l'on conſidere l'infiny?

Il eſt vray qu'vne petite vrne contient les cendres du corps, mais le monde tout entier que tu vois, ne comprendra pas l'Ame, laquelle ſeule nous n'entendons pas icy comme il faut. Que l'on ſe contente donc que les peines & les recompences ont leurs lieux tres-amples dans l'infini, lequel ne peut tellement eſtre remply par tout ce qui luy peut ariuer, qu'il n'ayt encore vne étenduë infiniment plus grande au delà: & pour le dire en vn mot, tout ce que l'on peut s'imaginer eſt dans l'infini, & meſme ce qu'on ne peut pas imaginer; Dieu ſeul qui eſt hors de toutes choſes, & qui ſeul ne dependant que de ſoy-meſme, preſide à tout eſtre, remplit & comprend l'infini par l'immenſité de ſon vnité. Ce qui eſt ſi certain, que de meſme l'on rencontre quelque veſtige de l'infini, comme tout ce qui est fini se trouue dans l'infini dans chaque fini. De là vient qu'il semble que chaque chose se peut diuiser en vne infinite de parties; mais parce qu'elle se doit en fin resoudre dans l'vnité, comme dans le dernier caractere de l'infini, il semble que l'infinité & l'vnité se rencontrent ensemble : Quant au caractere plus auguste de l'infini, qui se remarque dans notre libre arbitre, i'en ay parlé cy-deuant.

Neanmoins de peur que quelqu'vn s'en orgueillisse trop, en considerant la grande étenduë que nous donnons à l'Ame, i'ajoûte que les Ames peuuent aussi bien se rétrecir & serrer, comme elles peuuent s'étendre & amplifier, & partant que le tout ariue suiuant le bon plaisir de Dieu, qui les peut rétreindre & suprimer, & derechef si bon luy semble les remettre, & les rétablir en leur entier. Mais nous nous étendons trop sur ce sujet.

Cherchez donc les propres obiets des facultez, & les conditions qui seruent à leur conformation. Car vous trouuerez que le sens interne répond merueilleusement à ses veritez, & qu'il en est ébranlé, comme par ses propres nombres harmoniques. Et si tu t'acoustume à ces veritez, tu discerneras tellement les choses presentes, passées & futures dans toy-mesme, qu'il ne sera nullement necessaire d'y rien ajoûter : Et finalement, tu éuiteras tellement toutes sortes d'erreurs, que tu ne discerneras pas seulement la Verité d'auec la reuelation, du Vraysemblable, du Possible & du Faux par ton propre sens, tant dans les liures sacrez, que dans les prophanes, mais que tu pouras trouuer la raison de ce sens surnaturel (qui procede immediatement de Dieu,) de laquelle i'ay parlé cy-deuant : ce qui seruira pour couper chemin aux Heretiques preuaricateurs, & pour s'opoſer à leurs erreurs.

Du Faux.

Nous auons cy-deuant diuiſé toute ſorte de ſimple Verité en Verité de la choſe, Verité de l'aparence, Verité du concept, & Verité de l'entendement, & auons remarqué que toute verité de la choſe, & de l'entendement eſt abſoluë, & que celle de l'aparence & du concept eſt conditionelle; comme auſſi que la verité composee ſe trouue dans la conformation qui ſe fait entre les Veritez particulieres par l'entremiſe des notions communes: & qu'elle eſt d'autant plus ſubiete à l'erreur, qu'elle a vn plus grand nombre de conditions requiſes pour ſa conformation; nous auons auſſi expliqué le nombre des veritez par celuy des diferences, & le nombre des diferences par celuy des termes; & puis nous auons ajoûté les Loix qui ſeruent à conformer les facultez auec leurs obiets tant propres que communs; & nous auons enfin parlé de la nature de la Reuelation, du vray-ſemblable & du poſſible; de ſorte qu'il ne nous reſte plus que le faux à expliquer; ce que nous pouuons faire en peu de mots, ſi l'on ſupoſe ce qui precede. Car tout ce qui n'eſt pas vray (ſoit naturel ou reuelé) ny vray-ſemblable, ny poſſible, ſera entierement faux; ce qui n'eſt pas dit ſans raiſon, apres auoir acordé ce que nous auons poſé cy-deuant. Nous euſſions neanmoins mis le vray-ſemblable entre le vray & le faux, à raiſon des grands mélanges & des dificultez qui s'y rencontrent quelquesfois, & ſemblablement le poſſible, lors que les conditions luy manquent, n'euſt eſté qu'il les faut pluſtoſt eſtimer des veritez imparfaites, lors qu'ils se peuuent verifier par l'entendement, nous n'auons donc plus qu'à considerer la nature du faux, & le sujet de son inherence; or puis que nous auons monstré amplement que les choses, & l'entendement ne peuuent auoir de la fausseté, il la faut attribuer aux aparences & au concept, qui en peuuent estre affectez par l'absence des conditions; car il y a des especes ou aparences fausses, par ce qu'elles se corompent lors qu'elles ne sont pas circonstantiees des conditions requises pour les conformer auec leurs prototypes. Quant au concept, il peut aussi tellement se tromper qu'il produira vne nouuelle erreur, par la faute de l'aparence ou de l'espece, ou à cause du vice de l'organe. Finalement lors que l'on est passé des simples veritez aux composees, & que l'on bâtit quelque nature vniuerselle d'especes qui se sont faussement representees, & qui ont esté receuës, la simple erreur se multiplie; car les opinions qui ont esté mal anticipees, ne sont pas seulement fausses & trompeuses en elles mesmes, mais elles empeschent la connoissance de toutes autres sortes de veritez, d'où l'on tombe apres en vne infinité d'erreurs dans le discours. Car tandis que les Ecoles ayment mieux suprimer quelque notion commune, que de l'admettre ou deduire, il ariue souuent que quelqu'vn repugne à quelqu'autre, s'acoustumans ainsi tellement à faillir, qu'il n'y a guere d'argumens, dont ils ne se seruent pour imposer à leurs auditeurs: ce qui n'arriueroit pas, si l'on disposoit les notions communes selon leur ordre, comme ie montreray plus amplement, Dieu aydant, dans mon liure de la cause des Erreurs, où ie feray voir que le tres-beau systeme de la Verité, ne peut naistre d'aucunes notions communes, si elles ne s'y trouuent toutes, ny mesmes de toutes, si on ne les met dans leur rang, & dans leur ordre. Or il est maintenant constant qu'il n'y a rien de faux, que ce qui est conditionel, puis que l'intellect iuge tousiours de ce qu'on luy represente, sans se tromper ; de sorte qu'il faut que le depraué & le faux, soyent dans l'aparence de l'obiet, ou dans le concept de l'aparence, car ny la chose ny l'entendement ne peuuent faillir ; c'est pourquoy l'intellect peut faire vne nouuelle recherche de tout ce qui s'est passé, & remarquer que telle condition requise à la conformation de l'obiet a manqué, & telle aussi a esté superfluë, & conclura à la fin, que ce qui est le plus contraire aux notices communs, & au sens deuëment conformé, est le plus faux.

D'où l'on tire en fin la diference qui est entre l'erreur & l'ignorance, parce que l'erreur apartient au concept, & l'ignorance à l'entendement : puis que les notions communes n'estant point excitees, n'operent pas, mais demeurent comme dans le repos & le silence. C'est pourquoy, comme i'ay dit, on peut trouuer faute d'entendement dans l'ame, mais iamais l'erreur, puis qu'elle apartient seulement au concept depraué : d'où il s'ensuit que l'erreur est quelque chose de positif, & l'ignorance de priuatif. De sorte que nous auons aussi donné le moyen de trouuer l'explication du Faux, quoy que les Auteurs semblent ne l'auoir non plus remarqué que la Verité ; or si cecy semble vn Enigme, ou vn Gryphe au Lecteur, il en peut faire vne solution par les Veritez expliquees dans ce liure. Si ce n'est que par malheur, il s'en rencontre quelqu'vn, qui ne comprenant rien icy, ignore, ou qui comprenant quelque chose, mais non pas assez, erre, ou que comprenant tout, mais le niant par opiniatreté, s'égare exprez. Car nous auons souuent remarqué, qu'à cause de la liberté, ou à raison de l'infini, dont nous portons le caractere, l'on peut fermer les yeux, boucher les oreilles, & en fin suprimer & étoufer quasi toutes les connoissances dans l'interieur ; c'est pourquoy l'on ne doit pas permettre nos Veritez à cette sorte de gens, iusques à ce qu'ils reuiennent à eux, & qu'ils vsent comme ils doiuent de leurs facultez.

Fautes à corriger.

Page 8. ligne 7. void librement, lisez croid librement, page 9. lig 23. apres doctrine, lisez vniuerselle ou generalement receuë, p 15. l. 26. bien precieuse, l. d'vne curieuse recherche, p. 32. l. 15. vîte, l. vitié, p. 33. l. 21. rouges, l. rongez, p. 40. l. 6. des, l. de, lig. 27. etablie, l. établi, p. 41. l 5. analogie, l. analogic, p. 44. l. 8. conforme, l. conformé, p. 50 l. 25. , si, l. . Si, p. 51. l. 20. egaye, l. essaye, p. 53. l 5 mouuemens, l. monumens, p 58. l. 6. effacez que, p. 61. l. 23. crie, l. vie, l. 28. celle, l. celles, pag. 63. l. 13. des, l. sur des, l 14. de plusieurs, l. sur plusieurs, p 70 l. 1. sont, l. & sont, l. 12. tout, l. tous, p. 83. l. 6. formez, l. formees, p. 87. l. 20. auoir, l. d'auoir, p. 88. lig. derniere lesquelles, l. lesquels, p. 94. l 18. les, l. leurs, p. 99. penult. effacez nous, p. 100. l. 15. acoutumez, l. acoutumees, p. 102. l. 12 & 13. Que l'on, l. L'on, p. 105, l. 19. sensaction, l. sensation, p. 113. p. 21. vnes, l. vne, l. 23. reseruee, l. reseruees, p. 122. l. 4 effacez &c. p. 127 l. 18. liee, l. liée p. 140. l. 2. laxation, l. luxation, p. 141. l. 4. le, l. la, p. p. 149. l. 2. qu'ils, l. qu'elles p. 151. l. 14. aposee, l. oposee, p. 174. l. 15. deux, l. doux, p. 179. l. 29. conseruer, l. conseruee, p. 177. l. 23. pour l. est pour, p. 183. l. 26. l'air, l. l'ail, p. 191. l. 3. lapins, l. lupins, p. 198. l. 28. reueus, l. receus, p. 212. l. 11. d'autre meto de, l, d'autres metodes, l. 14. de, l. & de, p. 223. l. 3. marquant, l. marquent, p. 224. l. 1. elle l. elles, l. 16. manifestees, l. manifestes, p. 230. l. 5. & l. en, p. 233. l. 9. intention, l. intension, p. 236. l. 16. la, l. la quantité, lig. 23. & 24. intention, l. intension, p. 2,7. l. 10. l'vn, l. l'vne, l. 12. passant, l. passent denoncent. l. deuancent, p. 283. l. 13. commun, l. comment, l. 21. que, l. qu'elles, p. 239. l. 19. en, l. en en, l. 29. ou, l ou de, p. 244. l. 19. intention, l. intension, p. 245. l. 12. effacez se, l. 22. desquelles, lisez desquels, p. 248. l. 26. vniuersel, l. vniuerselle, p. 252 l. 5. ne, l. qui, p. 256. l. 15. vn, l. vne, l 20. ils, l. elles, p. 258. l, 25. vser, l. vsez, p. 273. l. 13. administrez, l. administrees, p. 274. l. 21. publiez, l. publiees, l. 22. estimez, l. estimees, p. 276. l. 19. vrays, l. vrayes, p. 282. lig. 28. l'on ne peut nier, l. ils ne peuuent dire, p. 283. l. 28. 84. l. 111. p. 286. ligne 24. que, lisez car.

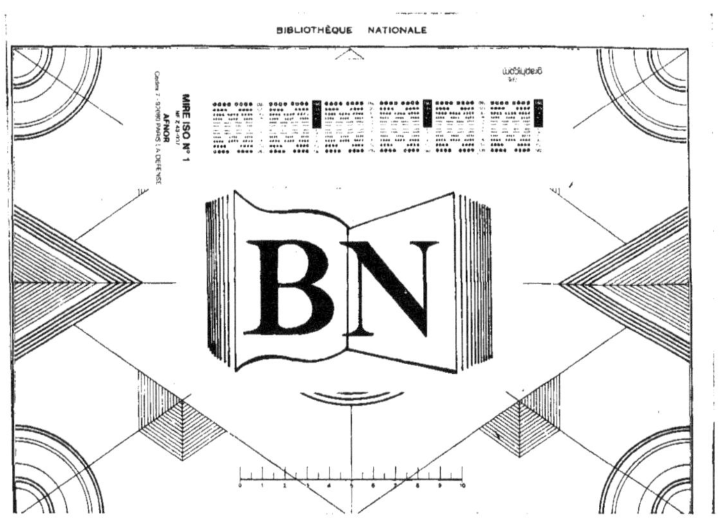
MIRE ISO N° 1
AFNOR
BN

www.ingramcontent.com/pod-product-compliance
Ingram Content Group UK Ltd.
Pitfield, Milton Keynes, MK11 3LW, UK
UKHW020602230726
13926UKWH00005B/2153

9 782013 564762